数字经济时代

大数据与人工智能
驱动新经济发展

徐翔

著

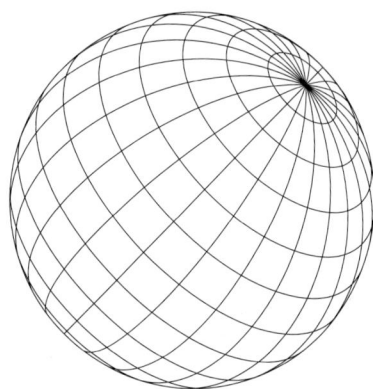

人民出版社

序　一

　　第一次工业革命(18世纪60年代—19世纪40年代)开创了以机器代替手工劳动的时代,而在它结束180余年之后的今天,我们正不知不觉地迈入一个全新的时代。在这个时代里,新的技术变革正在并将持续为人类的经济活动方式带来一系列颠覆性的变革。

　　那么,究竟是何种技术变革具有如此巨大的威力?

　　是马斯克和贝索斯这些富有创新精神的企业家正在推进的令人振奋的太空移民项目吗?在我看来,此类项目的探索更多地是在诠释人类的进取精神,为人类的发展方向树立一个更加宏大的目标。

　　是生物与医学领域的技术突破吗?尽管基因编辑可以实现"完美人类"的新闻时常占据头条,让我们有了人类可以"长生不老"的幻想,但是此刻,或者说在未来很长一段时间内,我们仍会为衰老而发愁,美国这一全世界最发达经济体的人均预期寿命在过去几年甚至不增反降。

　　在《数字经济时代:大数据与人工智能驱动新经济发展》一书中,作者给出了他的回答——大数据与人工智能,这两项技术带领我们进入一个全新的数字经济时代。

在数字经济时代，颇多传统的经济学理论将面临巨大挑战：标准化商品将变为个性化商品，企业生产的边际成本可能趋近于零，而自由市场的价格发现机制也将在平台经济面前失灵。同样，在数字经济时代，虚拟和现实的边界也将越来越难以界定：几乎不用怀疑，在人类有能力生活在浩瀚宇宙中的另外一个行星之前，我们就已经在地球上创造出了另一个世界——虚拟现实世界。复杂的现实经济活动将在虚拟世界——投射，那里不仅有虚拟货币、虚拟资产这样数字资产的终极形态，同时也会有法律、制度等一系列人类文明的高级产品。

面对这样一种可能的未来，我们每个人都必须努力改进自身的研究与认知，把握数字经济时代带来的机遇，同时也须一步步厘清这些新技术带来的风险，并找到应对之策。感谢作者的细致工作，为我们带来了一本数字经济时代的入门读物，深入浅出地总结了数字经济的发展简史，梳理出了具有代表性意义的标志性事件，让我们能够形成数字经济的基本轮廓而又不失趣味。

值得一提的是，基于作者在数字经济领域多年的学术积累，本书涉及许多对于热点与前沿问题的探讨，比如互联网平台的经济属性、数据要素的产权归属，以及大数据"杀熟"和算法歧视等各种新经济现象。书中的这些探讨无不启发着我们对于数字经济带来的变革进行更深一层的理解与思考。接下来，就让我们在书中跟随作者充满洞察的研究，一起解密这前所未有的"技术奇点"和"经济奇点"吧！

厉克奥博

清华大学中国经济思想与实践研究院（ACCEPT）常务副院长

序　二

2020 年 6 月,在人工智能领域发生了一件大事:该领域的领军者之一——OpenAI 实验室正式发布号称"史上最大、最强"的人工智能生成网络模型——GPT-3。GPT-3 的问世,意味着人工智能可以开始自行编写代码,并能模仿人类熟练使用语言和词汇。人工智能,从未如此像人,从未如此难以辨别,也从未对人类智慧与生产力带来如此大的挑战。

与一般意义上的机器人不同,GPT-3 并没有类似于人类或动物外形的实体,仅是一个服务器上的虚拟程序。然而,就是这样一个"不存在"的虚拟程序,却彻底点燃了人工智能领域的熊熊烈火。在发布后的一年内,GPT-3 就已经被全球数万个开发者使用,深度学习之父杰弗里·辛顿(Geoffrey Hinton)大胆预言,GPT-3 的出现标志着人工智能开始进入"无所不能"的领域。那么,GPT-3 的神奇之处究竟在哪里?

GPT-3 的全名是"第三代生成预训练转换器"(Generative Pretrained Transformer-3),专攻人工智能领域的技术高地之一:文本生成。通过让人工智能学习大量文本就可以实现一系列功能,比如创作小说、编写潦草的代码,以及让用户对话历史人物等。而大多数由人工智能生成的文章都具有一些共同的特征:逻辑紊乱,错误频出,甚至是一些简单的低级错误,并且没有情绪表达,由此导致对话很难继续,生成文本的可用性也不高。而面对上述问题,OpenAI 公司采取了目前人工智能领域大多数技术问题的解决方式——"暴力出奇迹"。简言之,程序员为文本生成模型赋予足够多的参数,再进行超大规模的文本训练,通过输入大量的数据"强行"让人工智能学会"写作"。

GPT-3 一共拥有 1750 亿个参数,是以前的任何非稀疏语言模型的 10 倍之多,这一数字也是其前身(GPT-2)的 100 倍,以及初始版本(GPT-1)的 1000 多倍。用于训练 GPT-3 的训练数据集,其规模更是令人瞠目结舌。一般来说,和文本有关的人工智能大多使用约 600 万个词条的完整英语维基百科作为训练集。而对于 GPT-3 来说,这一在线百科仅占其训练数据的 0.6%,它的训练集包括近 1 万亿单词量的 CommonCrawl 数据集、网络文本、数据和各种语言的维基百科,数据量达到了 45TB。由此可以确定的是,没有大数据技术的发展,就不会产生以海量数据训练集为基础的高级人工智能。换言之,大数据与人工智能相互依存、共同发展。

OpenAI 公司在 GPT-3 上的巨大投入,换来的是被许多人视为"史上最强"[1]的人工智能程序。这个强大的语言模型,不仅能够回答问题、进行翻译、完成推理任务、替换同义词,还能够很好地执行三位数以内的数学加减运算,甚至还可以基于文本的描述生成代码、建立网站。GPT-3 的功能还包括为文本转换不同文体样式,比如把口语转化为书面语,把日常语言变为法律文书,或者把繁冗的专业技术语言变成日常语言。此外,GPT-3 还能够撰写新闻稿,并且有理有据、难辨真假,它为几家报纸撰写的评论文章得到了广泛好评。

---

① 这一判断截止于 GPT-3 的发布时间(2020 年 6 月)。

在强大的功能背后,GPT-3 存在的诸多问题也同样值得关注。一方面,GPT-3 的昂贵成本,预示着其商业化之路不会顺畅。如此大规模的机器学习是小企业和个人用户根本无力承担的,一般用户只能通过 API介入实现一部分功能,然而这些功能都是由一些价格更加低廉的人工智能甚至是廉价劳动力就能完成的,从投入—产出的角度来说性价比并不高。另一方面,GPT-3 在常识问答、确定性文本生成的问题上表现超群,但是一旦问题变得稍显复杂,GPT-3 就会呈现出一种"不懂装懂"的幼稚化倾向,试图通过"花言巧语"蒙混过关。然而,目前人类的技术水平还没法很好地甄别与改进大数据与人工智能领域中可能发生的所有错误,这就会带来各种各样的问题——尤其是当这些技术全面渗透到人们的经济社会之后。

大数据分析的火热,以及文本机器人 GPT-3 等人工智能的产生与应用,代表了一种新的经济模式——以大数据和人工智能为基础的数字经济(以下简称"数智经济")的全面兴起,也标志着人类社会已经步入以大数据、云计算、人工智能和深度学习等技术为核心生产力的数字经济时代。

在这一时代,数据和人工智能成为生产和消费的核心要素,绝大多数经济活动要么由它们所主导,要么正处于"数智化"的进程之中。"数据洞见未来""数据是新的石油""数据就是财富""人工智能无处不在"等曾经的大胆预言已经成为现实。

美国思想家、未来学家雷蒙德·库兹韦尔(Raymond Kurzweil)在《奇点临近》一书中断言,随着各项技术的加速发展,未来将会出现人工智能的"技术奇点"。到达这一奇点的人工智能,将彻底超越所有人类智慧和电脑的计算能力,进而推动人类社会的爆炸式发展。无独有偶,在经济学里也有着类似的"经济奇点"表述。经济奇点描述了一个经济持续稳定的高速增长时代,其背后的驱动力是先进的科学技术。美国作家史蒂芬·希尔

（Steven Hill）提出，自动化和机器人技术，以及"共享经济"等新经济模式的崛起，正在将我们推向"经济奇点"。

大数据和人工智能等技术上的快速进步，似乎在加快人类社会迈向奇点的步伐。为了更好地迎接未来，我们需要深入了解数智经济的本质。

然而，对于随着大数据与人工智能发展所出现的新经济现象、新经济模式和新经济系统，已有的经济学理论在解释、评估、预测和应对上都显得捉襟见肘。不足之处主要体现在以下三个方面：其一，大数据、云计算、人工智能和深度学习等关键技术的开发与应用没有在理论的构建中得到良好体现，许多分析浮于表面，或者直接对已有的一些陈旧理论生搬硬套，强行解释。其二，在许多研究中，新旧经济高度割裂，经济结构变化的过程被看作"新经济"（以大数据和人工智能为主要驱动力）替代"旧经济"（以劳动力和资本为主要驱动力）的一个简单过程，缺乏对于新旧融合、经济转型的准确认知。其三，对于大数据和人工智能相关技术的兴起，并没有形成新的、整体性的政策思路。

考虑到大数据和人工智能的发展所带来的技术、制度以及行为上的巨大变革，有必要形成一套全新的、重点关注大数据和人工智能的新经济理论，以总结数智经济的基本规律，指导微观个体的经济实践和产业经济的转型升级，以及谏言各级政府的政策制定与规则实施。而本书，就是这一方向上的早期尝试。

如果说工业革命后的人类生产活动可以总结为"资本+劳动力＝产出"，那么数字经济中发展起来的新生产过程就可以用"数据+人工智能＝知识"来高度概括。以这一简化版的生产方程式为基础，本书将分四个部分介绍当前全球经济围绕大数据和人工智能发生的各项趋势性变化。

第一部分是本书的研究基础，通过现象描述和规律总结，梳理了数智经济的两种主要模式，并通过对数字经济的发展情况与基础理论进行介绍，以期帮助各位读者掌握分析数智经济的方法与工具。

第二部分围绕经济活动中的"数据"进行重点介绍，并提出了笔者对于数据生产要素的新理解——数据资本。在建立数据资本概念的基础上，重点关注它是如何影响宏观经济增长与微观企业运行的。本书认为，在宏观层面，数据资本能够解决传统生产要素边际产出降低导致的经济增长潜力长期放缓的国际性难题；在微观层面，一批新的数据密集型企业将应运而生，倒逼传统企业进行深入的数智化转型。

在第三部分中，我们简要介绍了人工智能的发展简史与关键突破，并梳理了已有经济学研究中对于人工智能相关的若干经济问题（劳动力、企业组织和生产率等问题）的讨论。通过这一部分的介绍，我们希望帮助读者正确地理解人工智能对于劳动就业带来的挑战究竟在哪里，以及应该如何合理应对。此外，我们还梳理了人工智能对于个人、企业、产业与国家带来的新的经济机遇，畅想人工智能经济的广阔未来。

在第四部分中，我们回归现实问题，深入探讨了数智经济中的权益保护、收入分配和社会福利等话题，并结合各国的数智经济实践与早期政策尝试，讨论政府在数智经济中发挥的至关重要的作用。

在总体上，本书采取了事实描述、数据分析、理论建模和经验分析等多种方法相结合的研究思路，在理论分析中使用尽可能平实的模型语言和常识性的基本假设，以保证本书的可读性与理论的基础性。笔者希望通过本书帮助读者深入理解数字经济时代中，以大数据与人工智能为基础的新经济模式运行的基本脉络，准确把握数智经济部门崛起后的产业转型升级规律，更好地使用大数据和人工智能进行商业决策，积累丰富的数据要素、算法资源与算力资本，进而抓住数字经济时代的发展机遇。

数智经济发展迅猛，因此虽然本书在案例使用、数据分析和问题描述上尽可能地与时俱进、紧跟潮流，但在成书之时部分案例、数据和问题却很可能已成明日黄花。然而，我们对于本书的内容也有着充足信心，相信通过我们的努力能够让读者在掩卷沉思时有所收获。

徐　翔

2021 年 4 月

CONTENTS
目　录 |

第一章

数智经济：
大数据与人工智能驱动的新经济

"高成本、高进入壁垒、窄分销渠道的集中内容制作已经被数十亿生产者兼消费者所取代，后者以接近于零的成本生产内容，并且可以几乎毫不费力地进入全球互联网络。"

——托尼·塞巴，斯坦福大学经济学家

多人在线游戏英雄联盟(League of Legends，LOL)一年一度的全球总决赛是整个电子竞技领域最受关注的国际赛事之一。2019年的全球总决赛在20多个在线平台上用16种语言进行了转播，平均每分钟收视人数达到了2180万人，同时最高在线观看人数高达4400万人。在每年的全球总决赛中，来自全球12个赛区、24支队伍的参赛选手同场竞技，以全球总冠军为最高目标展开激烈角逐。

LOL全球总决赛采取类似于足球比赛中欧洲冠军联赛的赛制，16支晋

级正赛的队伍被分为 4 个小组进行组内对战,每个小组的前两名战队晋级
8 强,再经八强赛、半决赛和总决赛,最终决出全球总冠军。与其他运动赛
事类似,来自中、韩、欧、美等不同赛区的 LOL 战队也有着截然不同的比赛
风格,有的如阿根廷般狂野不羁,有的如德国战车般纪律有序。这使比赛结
果往往具有很高的不确定性,不断爆出的冷门与几乎每届赛事都会出现的
"黑马"确保了比赛的高观赏性。

然而,2020 年 10 月,当第 10 届 LOL 全球总决赛的最终结果揭晓时,一款
名为 SenpAI 的人工智能软件却抢走了冠军的风头,自此一鸣惊人。如表 1-1
所示,SenpAI 基于八强队伍在当年赛区联赛和总决赛小组赛中的表现,预测
了从八强赛到决赛共七场比赛(八强赛、半决赛与总决赛)的所有比赛结果,
预测准确率高达 100%。尤其值得注意的是,SenpAI 所预测的两队胜率存在
差距的比赛,最终比分确实相差巨大;而 SenpAI 所预测的胜率相对接近的比
赛,其实际比赛过程可谓十分焦灼。考虑到在预测小组赛时由于历史数据的欠
缺而造成相对较低的准确率,SenpAI 在整个总决赛期间的整体预测准确率也有
67.1%之多,这已经是有史以来 AI 在电子竞技总决赛预测上的最佳表现。

事实上,SenpAI 作为一款人工智能软件的主要功能并非预测比赛,而
是为一般玩家提供名为"人工智能教练"(AI Coach)的在线服务。通过读
取、分析玩家在英雄联盟和瓦罗兰特等电子游戏中的数据,SenpAI 可以为
玩家提供定制化的比赛建议和能力提升方法,从而优化玩家在多人对战时
的游戏表现,以获得更好的游戏体验。而大数据和人工智能领域的新型科
技公司正如雨后春笋般不断出现,这些新型科技公司与类似"人工智能教
练"这样的新经济模式,共同构成了以大数据技术①和人工智能为基础的

---

① 数据相关的技术包括数据的收集、存储、整理、分析、处理和挖掘等各个方面。在本
书中,为了保持内容的一致性,同时也是尽可能准确地把握此类技术的主要内容,在大多数语
境中本书用"大数据"表示上述数据相关技术的集合,特此说明。

"数智经济"的主体。

表 1-1　SenpAI S10 淘汰赛预测与实际结果

	对战队伍		SenpAI 预测胜率	实际结果
八强	DWG	DRX	54.2：45.8	3-0
	SN	JDG	54.5：45.5	3-1
	TES	FNC	50.5：49.5	3-2
	GEN	G2	46.2：53.8	0-3
半决赛	DWG	G2	62.7：37.3	3-1
	TES	SN	47.0：53.0	0-3
决赛	DWG	SN	52.7：47.3	3-1

资料来源：www.senpai.gg。

　　在 2005 年出版的《世界是平的：21 世纪简史》一书中，作者托马斯·弗里德曼（Thomas L.Friedman）绘声绘色地描述了印度的呼叫中心用纯正的英语为全球客户（其中，超过 80% 的客户为除印度之外的其他国家客户）提供营销、客服等多种外包服务的惊人场景。通过这一案例，弗里德曼大胆断言：世界已经被信息技术和全球化 3.0"扁平化"了，全世界的经济活动参与者在由互联网构建的同一个平台上既通力合作，也激烈竞争。然而，弗里德曼没想到的是，迄今为止短短十几年的时间，传统的外包呼叫中心等服务已经迅速被人工智能提供的智能客服等服务所取代，跨越地域的全球化竞争还未开始就已然结束，"人"与"机器"之间围绕工作机会与商业利润展开的竞争逐渐占据了主导地位。

　　同人工客服相比，智能客服不仅能够实现一年 365 天、一天 24 小时不间断在线，其对于用户问题的解答准确率与处理效率也毫不逊色，在很多情况下甚至优于人工客服。在与用户对话的过程中，智能客服还能够识别与分析用户的各项个性特征与情绪变化，进而提供更有针对性、更加人性化的服务,同时还能极大地降低企业的人力成本。

除上述优势外,对于智能客服来说,每提供一次服务就代表着一次额外的学习过程与数据收集过程。智能客服提供服务的次数越多,其所积累的用于训练人工智能的数据量就越大。庞大的数据量又意味着机器学习过程的进一步完善,最终进一步提升了智能客服的服务质量,从而形成了从使用频率到服务质量的良性反馈,致使其相对于人工客服的优势进一步扩大。

除了在各种服务业中对于人力的大范围替代外,智能机器人①的快速发展也正在重塑制造业的基本面貌与行业格局。根据国际机器人联合会(The International Federation of Robotics,IFR)公布的《2020 年世界机器人报告》,世界各地的工厂投入使用的工业机器人数量与占比均已达到历史最高水平。2014—2019 年,工业机器人在全球范围内的销售增长率约为85%,其中,汽车工业和电气电子工业是购买与使用工业机器人最多的两个部门,而亚洲市场(尤其是中国和日本)则是工业机器人的最大市场。

在中国,工业机器人的大规模使用是人工红利逐渐消失、劳动力成本日益高企的必然结果。"机器替代劳动力"的这一趋势又转而形成规模经济效应,推动了中国机器人行业的蓬勃发展。根据中国国家制造强国建设战略咨询委员会发布的《中国制造 2025 蓝皮书》,预计到 2025 年,中国自主品牌工业机器人市场占有率将达到 50%,并且关键零部件的国产化率也将达到 50% 以上,成为促进制造业增长与升级的生力军。然而,同其他高精尖行业一样,中国的工业机器人行业如今也面临着关键技术被"卡脖子"的问题——核心零部件的自主研发能力仍然较弱,对外依存度居高不下。目前,中国国产工业机器人核心零部件长期依赖进口,导致国产工业机器人的供货周期长、成本高,且与日本、德国等竞争对手之间仍存在相当大的技术差

---

① 智能机器人在本书中指的是带有人工智能模块、能够进行机器学习的机器人。

距。可以预见的是，如若不能及时缩短这一差距，数智经济在中国的发展将很有可能遭遇技术"瓶颈"，从而无法充分发挥其对经济增长的拉动作用。

在本章中，我们首先将给出数智经济的概念，进而区分数智经济的两种不同发展模式：独立发展的"新知识经济"，以及数据智能与实体经济深度融合的"数智化"模式。介绍完以上两种发展模式，我们将进一步建立数智经济的生产方程式，以明确数智经济与传统实体经济在生产方式上的本质性差异。之后，我们将着重讨论数智经济对于个人、企业以及宏观经济的管理者与政策制定者带来的挑战与机遇，以及在以大数据与人工智能为基础的数字经济时代生存与发展所必备的各项能力。

通过本章的介绍，希望能够帮助读者熟悉数智经济的基本特征，了解数智经济的基本理论框架，并为后续深入分析与总结数智经济的技术内核、商业逻辑与经济学规律打下坚实基础。

一、何为数智经济？

21 世纪已经迈入第三个十年。劳动力、资本和土地等传统生产要素对于各国经济增长的边际贡献也日益减弱，世界经济正遭遇反全球化逆流，而大数据和人工智能，或称"数据智能"，已逐渐成为全球经济发展与转型的核心驱动力。

2006 年，以 AI 教父杰弗里·辛顿提出深度信念网络（Deep Belief Network，DBN）的概念从而为深度学习（Deep Learning）奠定基础为关键节点，大数据与人工智能的发展达到了一个新的水平，而以这两项技术为基础的知识密集型产业也逐渐形成并发展壮大。

2010 年后，各主要经济体纷纷出台推动大数据与人工智能发展的中长期战略规划，无论是政策制定者还是学术界人士，都开始深入分析数据智能对于现代经济社会带来的各种革命性变化与深远影响。

2019 年,在西湖之畔举行的阿里巴巴云栖大会上,时任阿里巴巴公司董事局主席的张勇大胆预言,"一切坚固的东西都在烟消云散,波澜壮阔的'数智时代'已经到来"。

数智经济的技术基础——"数据智能"这一概念最早由百度公司在2014 年第四届"百度技术开放日"活动上提出。简单地说,数据智能是指基于大数据引擎,通过大规模机器学习和深度学习,对海量数据进行处理、分析和挖掘,提取数据中所包含的有价值的信息和知识,使数据具有"智能",并通过建立模型寻求现有问题的解决方案以及实现预测等的技术过程。

在上述定义下,数据智能强调的是用人工智能处理和分析数据,即大数据与人工智能的"交集"这一概念。但笔者则认为,从应用技术创造经济价值的角度出发,数据智能的概念应全面覆盖大数据和人工智能催生的各种新产业、新业态和新商业模式,因此应该是大数据与人工智能的"并集"。

在本书中,数智经济是"数据经济"与"人工智能经济"的复合体,即由大数据与人工智能驱动的新经济模式。其中,由大数据技术驱动的新经济模式为"数据经济",由人工智能领域的各项技术驱动的,特别是以机器学习和自动化为代表的新经济模式则可以被定义为"人工智能经济"。只要符合上述任何一种描述的新经济形式、新经济现象或者新经济个体,都可以被纳入数智经济的范畴(见图1-1)。

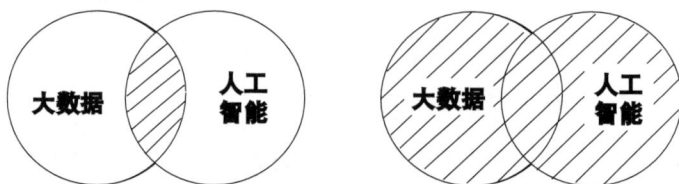

图 1-1　狭义数据智能(左)与广义数据智能(右)

1. 数智经济的表现形式

建立在大数据与人工智能等技术之上的数智经济,具有多种具体的表现形式,已经深入渗透到国民经济的各个领域与层次之中。

在企业层面,我们能够观察到以平台型企业为代表的数据密集型企业的崛起,以及制造业和服务业企业对于人工智能的广泛应用;在产业层面,提供大数据分析、处理与挖掘服务的大数据产业已经颇具规模,而对于工业机器人的生产和使用正在深刻地改变现代制造业的基本格局;在宏观层面,数据生产要素对于经济增长的贡献度则不断提升,数智经济与实体经济的融合发展程度更是决定了一个经济体的宏观经济表现。

那么,如何区分数智经济日新月异、纷繁复杂的发展模式? 一个可行的办法是,根据相关经济活动中占据主导地位的生产要素是什么进行划分。

一方面,如果一个企业的生产过程中的核心要素是大数据和人工智能,我们就把这种以虚拟知识的创造为主的生产模式理解为"知识经济"。更进一步地,考虑到在大数据和人工智能名噪一时之前已经有知识经济的概念,本书将最近刚刚兴起的以数据智能为核心的知识经济定义为"新知识经济"。

另一方面,如果一个企业的生产过程中仍以传统实体生产要素如劳动力和物质资本①为主,大数据与人工智能更多地发挥了协助传统要素发挥作用、提高传统要素整合效率等方面的作用,我们就可以将这一生产过程定义为除"新知识经济"之外数智经济的另一种发展模式。本书为这一模式命名为实体经济的"数智化"。

2. 数智经济与数字经济

与数智经济相比,各位读者肯定对于"数字经济"的概念与内容更为熟

————————

① 在本书中,绝大多数情况下我们将以计算机软硬件、互联网为代表的 ICT 资本也视为传统物质资本。

悉。根据 2016 年 G20 杭州峰会通过的《G20 数字经济发展与合作倡议》，数字经济指的是"以使用数字化的知识和信息作为关键生产要素、以现代信息网络作为重要载体、以信息通信技术的有效使用作为效率提升和经济结构优化的重要推动力的一系列经济活动"。简单地说，数字经济，就是以数字技术为核心技术带动整个经济活动过程并创造效益的经济模式。在一定程度上，数智经济可以被视为数字经济的一个新发展阶段。

根据中国信息通信研究院发布的《中国数字经济发展白皮书（2020）》，2019 年中国数字经济增加值规模已经达到 35.8 万亿，位居世界第二（仅次于美国），数字经济占 GDP 的比重达到 36.8%，且其增速显著高于同期 GDP 名义增速约 7.85 个百分点，这意味着数字经济在中国经济中的地位进一步凸显，对于经济增长的贡献不断增强。可以说，在中国经济当前所处的增长速度长期放缓、经济结构亟待升级的关键时期，数字经济发展逆势而上，在改造提升传统动能、培育发展新动能方面成效明显，已然成为中国经济增长与产业转型升级的重要引擎之一。

然而，数字经济本身是一个相对宽泛的概念，凡是使用数字技术的经济活动都可以被纳入数字经济的范畴，而数字技术所包含的内容也较为丰富。中国信息化百人会成员、著名互联网经济专家吕本富就提出，只要在价值创造的过程中，有数据或者算法提供了价值，就是数字经济。与之相对的，数智经济的概念则要更加凝练，大数据和人工智能对于传统生产要素（资本和劳动力）的替代也更为明确，并且数智经济对于传统经济活动的替代与升级也更具颠覆性。

根据中国电子学会发布的《新一代人工智能发展白皮书（2017）》，自 2015 年之后人工智能逐渐呈现出以下四大趋势：一是"人—机—物"互联互通基本形成，数据量呈现爆炸性增长；二是数据分析处理及运算能力大幅提升；三是深度学习研究成果显著，带动算法模型进一步优化；四是资本与技术深度耦合，助推行业应用快速兴起。自此，对于大数据和人工智能的应用已经上升到一个新的水平，随着传统数字技术（如计算机技术、电子技术和互联网技术）对于经济增长的边际拉动作用趋于稳定，大数据和人工智能已经成为数字经济的核心驱动力。在数字经济的这一新发展阶段，厘清数智经济的基本模式、原理规律和政策思路，无疑有着非常重要的现实意义，而这也是笔者写作本书的初衷。

二、新知识经济

对于实体经济来说，生产过程的最终产出为产品或服务。那么，数智经济的最终产出是什么呢？如果将数据和信息视为一种投入生产的生产要素，将大数据、云计算和机器学习等数据分析、处理和挖掘技术作为生产活动的主要工具，那么数智经济的主要产出自然不言而喻——知识（Knowledge）。这里我们所谈及的知识，既包括企业作出的各项决策（如金融企业的投资决策、制造企业的产能调整决策，以及零售企业对于新产品的营销策略选择等），也包括新的生产技术与职业技能，还包括关于市场、消费者和供给者情况的各类资讯与信息。以上这些知识均为微观经济个体对大量数据进行处理、分析和挖掘的产物，在大数据和人工智能的各项技术成熟之前它们被定义为"知识经济"（Knowledge Economy），或者"以知识为基础的经济"（Knowledge-based Economy）。

1. 知识经济的产生与发展

知识经济的思想起源可以追溯到20世纪中期经济学家弗里兹·马克卢普（Fritz Machlup）等对于知识产业和信息经济的研究。1962年，在《美国的知识生产与分配》一书中，马克卢普提出了知识产业（Knowledge Industry）的概念。马克卢普认为，"知识产业是为自身或他人消费而生产知识，或者从事信息服务和生产信息产品的组织或机构"。此外，马克卢普还

给出了知识产业的一般范畴和最早的分类模式,并将知识产业分为以下五个层次:

其一,研究与开发,其主要特点是紧紧围绕知识的创新与知识的应用;

其二,所有层次的教育,包括家庭教育、学校教育、职业教育、教会教育、军训、电视教育、自我教育以及实践教育等;

其三,通信与中介媒体,如图书、杂志、无线电、电视艺术创作和娱乐等;

其四,信息设备或设施,包括电脑、电子数据信息处理、电信、办公设备与设施等;

其五,信息机构与组织,包括图书馆、信息中心,以及相关的法律、财政、工程等部门,这类知识产业也可以被称为信息服务产业。

在这五个层次的基础之上,马克卢普总结了知识生产有五种类型,分别是:实用知识、学术知识、闲谈和消遣知识、精神知识以及不需要的知识。他还区分了知识存在的三种基本形式,第一种形式是凝固在物质形态中的人类智慧,如计算机软件、雷达仪器等;第二种形式是个人所拥有的知识与技能;第三种形式是那些既不属于物质机器也不属于个人拥有的,而是以某些特殊形式存在的知识,需要一定的时间成本和劳动成本才能生产和普及,并且容易被占有从而形成技术垄断,譬如一项新的生产技术的发明。马克卢普提出,知识是经济增长的关键因素,从而重新确定了知识在社会中的经济意义。

1969年,现代管理学之父彼得·F.德鲁克(Peter F.Drucker)在其颇具预见性的经典著作《不连续的时代》(*The Age of Discontinuity*)中,完整地提出了"知识经济"的定义,并将其用作该书第十二章节的标题,自此,"知识经济"这一概念才开始正式进入大众视野。德鲁克提出,在第二次世界大战之后的经济高增长阶段结束后,以大批量、密集劳动力为基础的生产方式将如明日黄花般没落,而以知识为基础的信息时代正在阔步走来。

　　然而,在 20 世纪 60 年代末期,正处于发展巅峰的工业界自然没有对变革做好准备,因此《不连续的时代》一书在当时也并没有取得与德鲁克的其他著作如《管理的实践》和《卓有成效的管理者》相当的社会影响力。直到 20 世纪 90 年代,在信息通信技术发展到一个新的水平之后,德鲁克等的知识经济研究才重新引起学界、工业界和社会各界的广泛重视。

　　1996 年,经济合作与发展组织(Organization for Economic Co-operation and Development,OECD,以下简称"经合组织")发布研究报告《以知识为基础的经济》(*The Knowledge-based Economy*),真正掀起了全球对于知识经济的讨论热潮。该报告提出,知识经济是建立在知识和信息的生产、分配与使用之上的现代经济。此外,该报告还建立了关于这种新型经济的指标体系与测度方法。根据经合组织的预测,对于知识的全面编码化拓宽了人们所能够胜任工作的范围,进而对经济增长产生了积极作用。随着现代科技的发展,劳动者赖以工作的技能越来越依靠其所掌握的编码化知识和隐含的经验类知识,而不再是简单的审题能力与手工劳动能力。经合组织认为,当经济活动中主要产品的成本从以古典的资本投入和劳动投入为主,转化为以"知识性"投入为主,就意味着知识经济时代将要到来。

　　基于经合组织等的研究,本书认为,当知识经济的核心投入从以信息通信技术(Information and Communication Technology,ICT)为资本,转变为以大数据、云计算和人工智能等技术相关的知识与人力资本,作为数智经济重要组成部分的新知识经济就诞生了。

　　2. 知识经济领域的企业案例

　　➤国外:DeepMind 公司、波士顿动力公司

　　20 世纪 90 年代末 21 世纪初,在知识经济概念刚刚兴起的一段时期,苹果(Apple)、微软(Microsoft)和谷歌(Google)等伴随信息化浪潮而迅速发展起来的 ICT 企业与互联网企业,都被视为知识经济的代表和领军者。

2010 年之后,一系列以大数据分析、人工智能和机器人为主要业务的新"独角兽"企业,则重新定义了知识经济的基本形式和范畴体系。这些企业中,最为人所熟悉的,包括以 AlphaGo 等人工智能机器人为代表产品的 DeepMind 公司,在仿人机器人领域取得突破的波士顿动力(Boston Dynamics)公司,以及在人脸识别算法上击败脸书(Facebook)公司的商汤科技等企业。

DeepMind 公司于 2010 年成立于英国伦敦,旗下核心产品有 AlphaGo、AlphaGo Zero、Alpha Fold 与 DeepMind Health 等功能各异的智能机器人。

早在 2013 年,DeepMind 公司就开发出了能够在雅达利游戏公司的三款经典游戏——乒乓、打砖块和摩托大战上战胜人类玩家的人工智能产品。而在所有游戏中,棋类游戏由于其变化繁杂、难度之高一直被视为顶级人类智力与人工智能的"试金石"。然而,早在 20 世纪 90 年代的国际象棋比赛中,人类就已被电脑打败,因此比国际象棋复杂得多、对于计算量要求更大的围棋被视为人类智力游戏的"最后一块高地"。2016 年 1 月,在多项前期成果的基础上,DeepMind 公司发布了结合神经网络、深度强化学习与大数据分析等技术的人工智能围棋程序 AlphaGo。2 个月之后,AlphaGo 在首次世界级人机围棋大战中以 3∶1 的比分战胜围棋世界冠军、韩国围棋九段棋手李世石,一战成名,震惊世界。2017 年 5 月,经过一年深度学习的 AlphaGo 变得更为强大,以 3∶0 大比分战胜当时的世界围棋第一人、中国围棋九段棋手柯洁,自此 AlphaGo 在围棋上的绝对领先地位获得公认。如今,AlphaGo 的全面升级版 AlphaGo Zero 已经难有人类棋手可以匹敌。DeepMind 公司却并没有就此满足,而是正如其公司宗旨——"解决智能,使世界变得更美好"所描绘的那样,继续不断追寻改变世界、造福人类之路。

2016 年 2 月,DeepMind 公司成立了一个专业的部门 DeepMind Health,试图使用人工智能解决医疗领域的复杂问题。2017 年,DeepMind Health 发布了有关肿瘤鉴定的专项研究报告，他们对已经转移到邻近淋巴结的现有乳腺癌图像集进行了算法训练，其最终检测到肿瘤的准确度高达 92%，远高于人为监测的准确度。除此之外，DeepMind Health 还与美国退伍军人事务处合作，针对急性肾损伤开发了专门的预检算法，可以提前至少 48 小时预测到疾病的恶化，该算法已被美国多家医院投入实际使用。

2020 年 11 月 30 日，DeepMind 公司宣称，其最新研发的基于深度神经网络的人工智能系统 Alpha Fold，可以根据基因序列来预测蛋白质的 3D 结构。在有着"蛋白质结构预测领域的奥运会"之称的蛋白质结构预测关键评估竞赛（CASP）中，Alpha Fold 力压其他 97 个参赛者（包含若干个其他科技公司如腾讯研制的人工智能程序）夺冠，其预测准确性达到了前所未有的水平，为生物学研究、医疗领域变革和新药物研发创造了新的可能性。

稍显遗憾的是，DeepMind 公司至今仍未能探索出一条可行的商业化之路。DeepMind 每年均产生大量亏损且规模不断扩大——2016—2019 年其分别亏损 1.54 亿美元、3.41 亿美元、5.72 亿美元和 6.49 亿美元。

2020 年 12 月 29 日，一段由 4 个机器人伴随着灵魂蓝调经典歌曲《Do You Love Me》翩翩起舞的视频引爆网络（见图 1-2），在视频网站 YouTube 上仅一周时间内就收获了 3000 多万播放量，在国内也引起了热烈反响。在这个视频中出场跳舞的 4 个机器人便是波士顿动力（Boston Dynamics）公司赫赫有名的人形机器人 Atlas、狗形机器人 Spot，以及两轮人形机器人 Handle。伴随这首流行于 20 世纪 60 年代的歌曲那颇有节奏感的曲调，Atlas、Spot 和 Handle 自如地扭动身体、旋转四肢、辗转腾挪，可谓"环行急蹴皆应节，反手叉腰如却月"——其拟人化（和拟狗化）的程度令人震惊。这种机器人的高度拟人化（和拟狗化）与波士顿动力公司的研发目标高度契合——要让机器人更有移动性和灵活性，在感知和智能上与人类（和动物）相提并论，甚至超越他们。

图 1-2　Handle、Spot 和 Atlas 跳舞"Do You Love Me"

资料来源:www.bostondynaimics.com。

　　Atlas 的首次亮相是在 2013 年 7 月 11 日波士顿动力公司的一段介绍视频中。该视频中的 Atlas 和绝大多数类人机器人一样,只能如同年迈的老人一般拖着长长的电源线缓慢移动以维持平衡。虽然当时 Atlas 已经可以独立越过部分复杂地形(如碎石子地),但是其移动速度和稳定性均表现欠佳。到了 2016 年 2 月,Atlas 不但成功脱离了庞大的外接电源(这要得益于电池技术的进步),并且可以在相对泥泞的雪地里走动,甚至能在踉跄和摔倒之后自行爬起、站立。2017 年 11 月,Atlas 顺利完成了双足跳远和立定跳高等高难度动作。2018 年 5 月,Atlas 进一步升级,不但可以在野外的草地上慢跑,甚至还能够从障碍物上跳跃而过。到了 2021 年,随着我们上文所说的那段舞蹈视频火爆网络,大众已经不再关心 Atlas 能做什么运动,而是还有什么人类动作是它无法模仿并独立作出的。

　　波士顿动力公司能在类人机器人方面取得如此大的成功，秘诀是什么？我们认为，波士顿动力的核心优势，在于其将动态控制和维持平衡的生物学原理、先进的机械设计、尖端的电子技术和最新一代的人工智能神经网络算法有机结合的能力。波士顿动力设计出的类人机器人兼具感知、导航和智能功能，是当前智能机器人领域的佼佼者，波士顿动力公司也因此成为该领域的"独角兽"企业。

　　然而，令人诧异的是，与 DeepMind 公司相比，波士顿动力研发的机器人产品似乎更难商业化。一方面，波士顿动力公司生产的机器人的非智能技术部分——能源动力问题难以解决；另一方面，高昂的设计与制造成本也限制了 Atlas 等机器人的应用空间。在波士顿动力公司出品的各类机器人产品中，成本相对低廉、结构相对简单、功能相对单一的 Spot 在 2020 年 6 月公布的零售价也要 74500 美元，折合人民币 53 万元左右。

　　作为一家知识型企业，波士顿动力公司的优势在于其领先的人工智能算法和工业设计能力。当然，波士顿动力公司的劣势也非常明显：在传统意义上的生产环节——机械制造方面，波士顿动力公司缺乏足够经验，尤其是欠缺降低产品成本的能力。这无疑为数字经济时代雄心勃勃的创业者提供了一个重要启示：即使是那些具有相当知识优势和技术优势的知识型企业，也需要与实体经济的良好结合才能转化为有效的商业回报。

　　目前来看，美国在大数据技术和人工智能上确实远远领先于其他国家。这一方面是因为美国的高等学校、研究机构、工业界以及政府层面在这两类技术的研发与应用上具有最悠久的历史、最大幅度的投入和最持续的关注，另一方面也是由于美国在先进半导体——这一信息通信、大数据和人工智能的基础性材料上具有的巨大优势。

　　➤国内：商汤科技

　　近年来，随着中国政府与产业界对于数字经济的关注度不断提升，在新知识经济的一些细分领域中也陆续出现了一批中国企业的身影,成立于2014 年的商汤科技在人工智能的两个核心领域——计算机视觉和深度学习上就是个中翘楚。

1996 年,先后在中国科学技术大学获得学士学位、在美国麻省理工学院获得博士学位的汤晓鸥加入了香港中文大学信息工程系任教,从事计算机视觉相关领域的研究。2014 年,已获得终身教职与教授身份的汤晓鸥创立了商汤科技,以"坚持原创,让 AI 引领人类进步"作为企业愿景,进行人工智能尤其是深度学习相关的开发与研究。商汤科技成立不久之后,就发表了 DeepID 一系列人脸识别算法,该算法的识别准确率高达98.52%,不但超过了脸书公司同期发表的 DeepFace 算法,还成为全球首次超过人眼识别准确率(97.53%)的算法,突破了人脸识别的工业化应用红线,震撼了人工智能研究界。2015 年 12 月,在 ImageNet 2015 国际计算机视觉挑战赛——这一素有"计算机视觉领域的奥林匹克"之称的竞赛中,商汤科技获得检测数量、检测准确率两项世界第一,成为首个在此赛事中夺魁的中国企业。

事实上,DeepID 仅是商汤科技的多项"秘密武器"之一。与 DeepID 几乎同时发布的深度学习训练框架 SenseParrots,成为商汤科技发展原创人工智能的基石。在第一代 SenseParrots 上,商汤科技训练了一个 1207 层的卷积神经网络——这是已公开的最深的卷积神经网络。商汤科技以此为基础建立了算法工具链,里面包含了公司业务所需的各种基本算法组件,进而逐步发展为一个具有全方位能力的 AI 模型生产体系。这一生产体系成功帮助商汤科技的各项识别技术落地到各种计算机和移动设备上,进而转化为各种企业能够直接使用的产品(如人脸识别机 SensePass:智能一体机 SenseUnity,以及互联网视图解析预警系统 SenseRadar 等),从而实现人工智能在性能和成本上的有效平衡。

经过短短 5 年的发展,商汤科技已经客户众多、案例丰富,其中最为知名的客户当属北京大兴国际机场。北京大兴国际机场是世界综合交通枢纽，拥有世界上规模最大的单体航站楼。商汤科技则为布置于航站楼地上4层、共58条安检通道的"智能旅客安检系统"提供人脸识别技术。通过应用商汤科技人脸识别技术的智能旅客安检系统，北京大兴国际机场能够在旅客身份安检过程中，自动完成"人""票""证"三合一核验，确保旅客本人快速持证过检；同时，在行李安检过程中，进行人脸动态识别，创建以生物特征标签为关键信息的安检流程，实现"人包绑定"和安检流程可回溯，为中国民航安检工作作出了重要贡献。

通过商汤科技的发展我们不难得出以下启示：想要在知识经济的发展上实现"弯道超车"，仅在技术前沿上全力投入未必能得到有效回报，企业、行业和国家在应用层面结合优势性技术拓展产品线似乎是一条更为可行的道路。

3. 知识经济的新发展

回顾知识经济理论的发展历程，在德鲁克等学者所描绘的知识经济的早期发展中，绝大多数生产出来的知识和信息都可以被视为企业日常生产和研发活动的副产品，它们伴随着企业的日常生产活动而自然产生。譬如，在波音公司生产飞机发动机的过程中就会不断产生改良工序的新方案，这些方案转而又被用于提升生产效率和企业盈利能力。

然而，与知识经济早期发展大为不同，新知识经济的一个突出特点是，生产知识的过程从企业对于产品和服务的生产过程中独立出来，由专门的数智企业或部门独立完成。例如，任何一家制造业企业对于市场需求的分析，既可以交由专门的大数据公司完成，也可以在企业内部成立专门的大数据分析和营销部门，对于知识生产方式的选择取决于企业规模、企业类型与技术能力等个性化因素。这种实现机制上的变化一方面创造了新的商业机会，另一方面也让企业更为重视大数据和人工智能对于企业发展的战略意义。

在一定程度上,知识生产(Knowledge Production)可以被视为独立于企业常规性的产品生产、服务提供和研究发现三者之外的一个全新的生产过程。而已有生产者理论提出的适用于产品和服务生产的生产函数,以及适用于科学研发的创新函数,均已不适用于知识生产过程。因而,亟须基于实际知识生产过程与现实案例构建一套新的经济学理论来解释这一知识生产过程的内涵与逻辑。

三、实体经济的"数智化"

新知识经济代表着一种完全建立在大数据和人工智能之上的新生产模式。除了这一新模式之外,由劳动力和资本等传统生产要素所主导的生产过程也可以通过引入大数据分析与人工智能实现升级。例如,对于企业内部生产数据的分析,可以促进生产效率提升;对于市场与用户数据的分析与预测,可以指导产品质量改进;对于智能客服的有效使用,则可以提高企业服务质量与用户满意度。本书将实体经济与数据智能的这一深度融合过程定义为实体经济的"数智化"。

通过在传统生产过程中引入大数据和人工智能,数智化能够有效提升不同生产要素之间的结合效率,从而实现传统生产要素边际产出的再提升,帮助传统企业"老树发新芽",充分适应数智经济的新发展要求①。除了在数据和人工智能相关的软硬件上的投资外,数智化还包含实体企业对于大数据分析人才与人工智能工程师的使用,二者相互补充、缺一不可。

———————————

① 数智化的概念与更广为人知的"数字化"(digitalization)具有一定相似性。经济学意义上的数字化一般是指企业和政府部门提高在 ICT 技术上的投资,从而提高企业的生产、管理和运营效率。与数字化相比,数智化则更加聚焦于企业在大数据和人工智能上的投入,而非更为宽泛的 ICT 技术。

1. 工业部门"数智化"

实体经济"数智化"的一个典型案例是智能机器人在工业部门的广泛使用，即工业机器人的发展。

工业机器人的起源可以追溯到 20 世纪中期。1956 年夏，工程师约瑟夫·恩格尔贝格（Joseph Engelberger）和发明家乔治·德沃尔（George Devol）在一次鸡尾酒会上相识。作为艾萨克·阿西莫夫（Isaac Asimov）①科幻小说的忠实粉丝，恩格尔贝格对有关"机器人"的一切都抱有浓厚的兴趣，自然也对德沃尔的新发明——可以被视为现代机器人雏形的"程序化部件传输装置"颇为心动。由于当时美国科幻小说和电影对机器人的描述大多是邪恶可怖的，所以工业界和民间对关于机器人的研发并没有太多的热情，甚至颇有抵触。但恩格尔贝格充分意识到该项技术的巨大潜力，也因此选择无条件支持德沃尔开发机器人。

1961 年，恩格尔贝格创办了联合控制（Unimation）公司以专心发展其机器人事业。利用伺服系统的相关灵感，恩格尔贝格和德沃尔于同年共同开发出了世界上第一台工业机器人——"尤尼梅特"（Unimate），并率先在美国特伦顿市（Trenton）②通用汽车的生产车间里投入使用，主要用于从模具中提取滚烫的金属部件（见图 1-3）。

坦率地说，Unimate 与我们之前所探讨过的波士顿动力公司的网红机器人 Atlas 之间的差距，丝毫不亚于早期智人与现代人类之间的差距。与其称 Unimate 为机器人，不如称其为"机械臂"更为贴切一点。除了构造相对简单之外，Unimate 仅能完成简单的重复操作——捡拾汽车零件并放置到

---

①　艾萨克·阿西莫夫，当代美国最著名的科普作家、科幻小说家、世界顶尖级科幻小说作家，美国科幻小说黄金时代的代表人物之一，其作品《基地系列》《银河帝国三部曲》《机器人系列》被誉为科幻圣经，他提出的"机器人学三定律"被视为现代机器人学的基石。

②　特伦顿市，美国新泽西州首府、工业城市。

传送带上。对于其作业环境，Unimate 并没有任何交互的能力，在遇到特殊情况时也只能宕机重启。Unimate 的应用虽然只是机器人的一小步，但它确实展示了工业机械化的美好前景，也为工业机器人的蓬勃发展拉开了序幕。1966 年，"机械手臂"又被设计并应用于更多领域，以代替焊接、喷绘、黏合等有害工种。自此，在工业生产领域，很多繁重、重复或者毫无意义的流程性、重复性工作开始逐渐由工业机器人来代替人类完成。

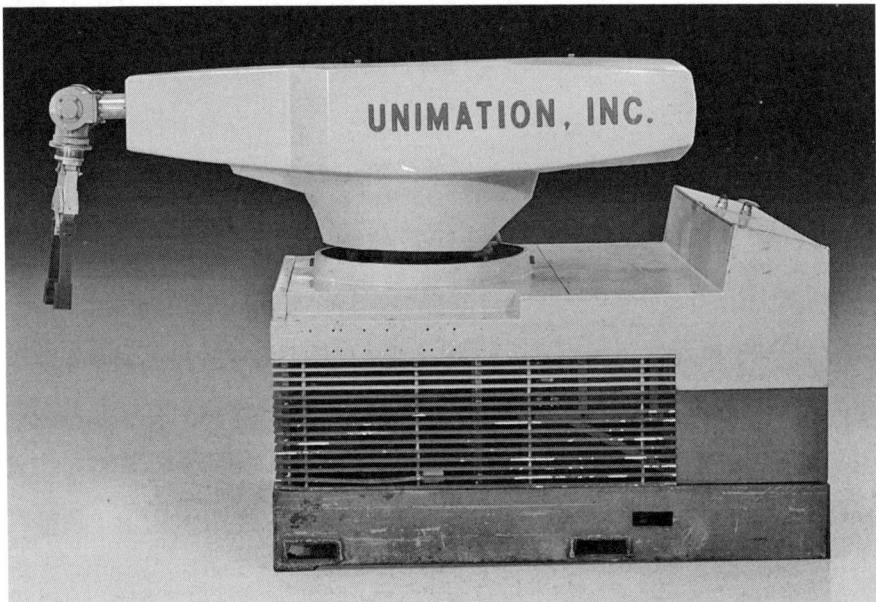

图 1-3 世界上第一台工业机器人"尤尼梅特"（Unimate）

在 Unimate 问世后的 60 多年里，工业机器人经历了从双轴到六轴、从液压执行机构到电动马达、从远程控制到智能自动的迅速发展与演变。到 2020 年，全球所有工厂中运行的工业机器人已达 270 万台，并且全球机器人市场规模每年还以超过 10% 的速度持续增长。将大数据、机器学习、机器视觉和语音识别等新型技术引入机器人制造，大力发展第三代工业机器人——智能机器人已是大势所趋，具有较高智能水平的新型机器人在工业机器人中的占比也将不断提升。

2. 服务业部门"数智化"

➤实体经济数智化案例:三一重工

三一重工股份有限公司是目前中国最大、全球第五的工程机械制造商,也是世界最大的混凝土机械制造商。目前,中国 400 米以上的高楼 70% 由三一混凝土设备完成施工任务,500 米以上的高楼则全部是由三一重工制造的泵送设备完成泵送施工任务,其市场占有率可见一斑。然而,传统的工业运作模式无法准确预测各个建设项目对于机械备件的替代需求,导致三一重工的库存成本居高不下,这在很大程度上影响了企业运营效率和利润率。为了解决这一问题,三一重工于 2015 年后投入超过 10 亿元布局大数据产业,并成功孵化树根互联技术有限公司,和腾讯云一起携手共同打造名为"根云"的工业互联网平台。时至今日,"根云"平台已接入能源设备、纺织设备、机床设备、注塑设备、铸造设备及工程机械等各类高价值设备 58 万台以上,采集近万个参数,连接数千亿资产,总共积累一千多亿条工程机械工业大数据,为其工业客户开拓超百亿元收入的新业务,为中国制造贡献了一个世界级平台。

除了工业部门外,实体经济的数智化在服务业中也得到了充分体现,"无人超市"和"智慧餐厅"等具有"人工智能+传统商业"特征的新经济模式的出现就是例证。2017 年 7 月,中国第一家无人超市在上海正式营业,实现了从导购、选货和收银的全流程智能化与无人化。到 2020 年,全中国已经拥有超过 1000 家无人超市和无人便利店。在服务经济的"数智化"方面,中国的发展速度要显著快于其他国家。直到 2021 年 3 月,全欧洲第一家无人超市 Amazon Go 才在英国伦敦开业。

在服务经济"数智化"的进程中,无论是无人超市还是智慧餐厅,均在提供服务的过程中尽可能减少"人"的作用,将有休息要求、工作时间限制、边际成本递增的劳动力部分或全部替换成无须休息、可 24 小时工作、边际成本固定的人工智能。对于服务型企业来说,这一商业模式意味着成本的降低与可控性的提高;但对于劳动力来说,这一变化意味着更加激烈的竞争、更高的就业压力以及更低的潜在收入。而究竟该如何有效控制人工智能对于劳动力市场的负面冲击,是政策制定者面临的现实难题。

在金融行业中,经济数智化的代表是对于用户画像(User Profile)的广泛应用。交互设计之父艾伦·库珀(Alan Cooper)最早提出用户画像(User Persona)的概念。在他的理解中,用户画像可以被视为真实用户的虚拟代表,是建立在一系列属性数据之上的目标用户模型,其本质是一个用来描述用户需求的工具。

伴随着互联网技术与统计方法的不断进步,用户画像(User Profile)的内涵得到了进一步扩展,被重新定义为根据用户人口学特征、网络浏览内容、网络社交活动和消费行为等信息而抽象出的一个标签化的用户模型。用户画像为企业提供了足够丰富的数据基础,帮助企业快速而精准定位用户群体、充分了解用户实际需求,从而能有针对性地开展营销、推荐产品以及提供服务。特别是近年来,大数据分析的广泛应用将用户画像的精准度和丰富度提高到了一个新的水平,极大地拓展了用户画像的使用空间和精确程度。

在客户资源极为重要的金融行业,用户画像和用户大数据已经成为企业发展所依赖的核心资产。以中国银行为例,其于 2018 年上线的大数据应用平台(Business Data Platform,BDP)充分整合了中国银行内外部各种类型、不同来源的数据资源,并依托丰富的计算能力对海量数据进行清洗与标准化,最终以此为基础为银行各部门提供灵活、强大的数据服务。中国银行大数据应用平台具有"高存储""强计算""多处理"等特点,涵盖个人客户、企业客户及外部数据等多达 1000 条以上的客户标签,覆盖客户基础信息、兴趣爱好、社会属性、金融特征、客户价值和互联网特征等全方位的客户数据，为中国银行各类金融服务的推广和定向营销奠定了坚实的数据基础（见图1-4）。

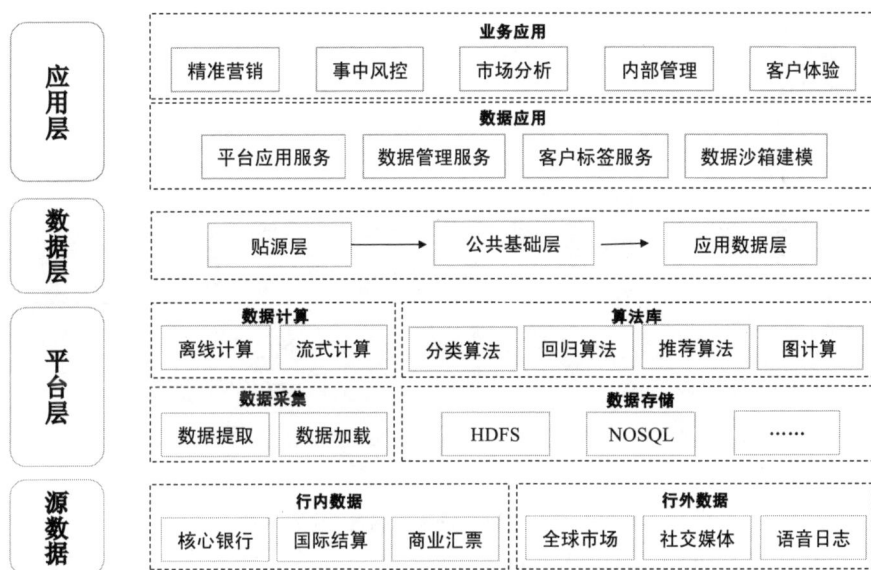

图1-4　中国银行数据应用平台定位

资料来源：中国银行。

3. 企业的"数智化"竞争

在实体经济不断"数智化"的进程中，我们也观察到了一个十分有趣的现象。大多数已经通过"数智化"获得竞争优势的企业，不但不会因为其已经在市场上占据领先地位而逐渐减少在数智化方面的投入，反而会不遗余力地进一步增加在大数据和人工智能上的投资与人力资本积累，在一定程度上可以说是"数智成瘾"。

根据公开数据，截至2021年3月，谷歌在人工智能上的投入在全球所有企业中排名第一。在2019年人工智能研究的两大顶级会议（NeurIPS和ICML）的论文发布排名中，谷歌以167.3的发文量雄踞第一，这一数量甚至是第二名——知名学府斯坦福大学（82.3）的两倍之多，更是把其他业界的竞争对手：微软（51.9）、脸书（33.1）和 IBM（25.8）远远甩在身后（见图1-5）。

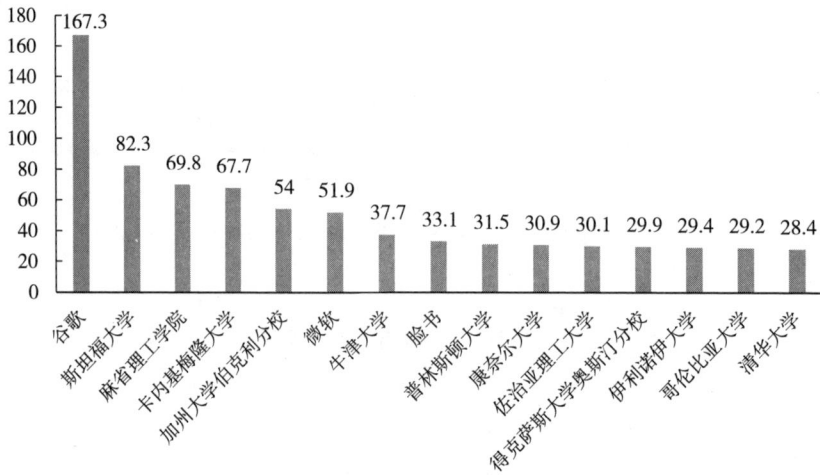

图 1-5　人工智能研究排名前 15 的机构

注：图中排名基于 2019 年 NeurIPS 与 ICML 发文数。
资料来源：Thundermark Capital。

　　在云计算领域，亚马逊的 AWS（Amazon Web Services）云计算服务在用户规模与接入数等排名中均雄踞世界第一。AWS 现已为全球 190 多个国家或地区的众多客户提供基础设施和云解决方案，占据了全球 1/3 的市场份额，已经成为亚马逊最重要的业务板块和主要利润来源之一。在拥有绝对市场地位的前提下，亚马逊仍然极为重视培养与发展员工使用大数据和人工智能的能力。

　　除了谷歌和亚马逊这样在数智化上具有一定领先地位的企业外，越来越多的传统企业也开始关注大数据与人工智能各项技术的发展与应用。2016 年，通用汽车公司用超过 10 亿美元收购了人工智能初创公司 Cruise Automation；2017 年，福特汽车公司给人工智能初创公司 ARGO AI 投资 10

亿美元；迪尔公司更是花费 30 亿美元收购了同样是在人工智能领域的初创公司 Blue River。被收购的这三家初创公司在财务上与 DeepMind 十分相似，其当前收入相比收购价格来说仅是九牛一毛。传统工业巨头希望能够通过投资这些新项目、新企业，充分借助数据智能之"东风"，为他们的商业战略带来深远影响。

从宏观经济的角度，实体经济的数智化能够为已经高度工业化的经济体创造新的经济增长点，提供产业转型升级动力。进入 21 世纪后，绝大多数工业化国家均面临经济增长乏力的现实困境，其主要原因就是以劳动力、资本和土地为代表的传统生产要素的边际产出水平过低。虽然这些国家大多试图通过鼓励研发创新和大力发展高新行业来提升经济增长动能，但是高投入、高不确定性以及短期回报率低等科学研发的基本规律限制了这些举措的实际收益。各项数智技术的发展，打破了传统经济理论奉为圭臬的"生产要素边际产出递减"等基本假设，为工业化国家实现经济再增长与产业转型升级提供了新的政策思路与发展方案。

四、数智经济中的生产者理论

上文介绍的新知识经济与实体经济的数智化，是数智经济的两种基本实现模式。这两种模式的相同点在于均以大数据与人工智能为基础，不同点则在于前者描述了建立在大数据和人工智能这两种生产要素之上的新的生产过程和商业模式，而后者则强调大数据和人工智能对于传统生产过程以及企业运营的升级与改进。这两类模式的产生和发展改变了现代经济的基本面貌，那么学术界自然不应故步自封，而是需要对传统的经济学理论——尤其是生产者理论进行改进。

1. 传统的生产函数

在经典的宏观经济学教材中，生产函数被用于描述可用的生产技术在给定数量的资本(K)和劳动力(L)下生产出一定规模产出的函数关系。令 Y 为产出量,则生产函数的常见表示为:

$$Y = F(K,L) \tag{1.1}$$

上述生产函数中,$F(\ ,)$ 反映了把劳动力和资本变为产出的可用技术。在该形式的生产函数中,技术进步表现为 $F(\ ,)$ 形式的变化,使资本(K)和劳动力(L)规模不变的情况下产出(Y)得以上升。当然,一些更加深入的研究也探讨了将其他类型的生产要素引入生产函数的可能性。此类引入大多可以采取如下形式:

$$Y = F(K,L,X_1) \tag{1.2}$$

$$Y = F(X_2 \times K, X_3 \times L) \tag{1.3}$$

在新的生产函数中,X 代表其他的生产要素。其中,X_1 可以被理解为在生产函数中独立引入的生产要素(如自然资源、土地等),X_2 和 X_3 则分别代表了与资本、劳动力相结合后发挥作用的生产要素(如组织能力、人力资本、劳动力健康水平等)。

上述三个方程基本涵盖了已有生产者理论研究中采用的生产函数形式。此类生产函数的生产性投入大多以资本和劳动力为核心要素,且在模型构建时往往会引入边际产出递减、规模报酬不变等基本假设。然而,这些基础条件却与数智经济的生产过程相悖,主要原因有以下三点:

首先,从上文对于新知识经济和实体经济数智化的描述可以看出,在这两类生产过程中的关键性投入是生产要素化的数据和人工智能,而非传统意义上的劳动力和资本,劳动力成本的高企与资本回报的降低不再是产出增加的关键约束。

其次,考虑到大数据"规模越大、价值越高"的基本特征以及人工智能对于大数据训练集的高度依赖,边际收益递减的基本假设也不再适用于数智经济的生产模式。

最后,大数据和人工智能在生产过程中的引入,能够提升已有生产要素的结合效率,从而在生产技术不变的情况下通过更准确的信息和更高效的决策实现产出规模的上升,这就对生产者理论中规模报酬不变的假设提出了挑战。

以上三点都是已有生产函数无法充分考虑的。因而,我们需要在研究数智经济的生产者理论时,构建一个全新的生产函数作为分析基础。考虑到新知识经济和实体经济的数智化这两种模式有着截然不同的生产逻辑,其生产函数的具体形式也应该有所差异。

2. 数智经济中的生产函数

根据上文对于新知识经济的基本描述,该模式下抽象出来的生产函数可以用如下形式表示:

$$Y_D = F(D, A, L) \tag{1.4}$$

其中,Y_D 代表通过知识生产获得的知识和信息,D 代表投入生产过程的数据,A 则代表生产过程中使用的人工智能。考虑到知识生产过程中虽然有人工智能参与决策,仍然需要劳动力介入(从事算法调试、收集数据等工作),我们在生产函数中仍然放入了劳动力(L)这一传统生产要素。

对于实体经济的数智化,在构建生产函数时应该同时考虑资本和劳动力等传统生产要素,以及以数据和人工智能为代表的新生产要素。一个可行的表达式为:

$$Y = F(Y_D, K, L_M) = F[(D, A, L_D), K, L_M] \tag{1.5}$$

$$L = L_D + L_M \tag{1.6}$$

在该生产函数中,生产的投入包括:实体企业基于数据分析得到的知识和信息(Y_D),传统生产要素——资本(K),以及用于生产产品的劳动力(L_M)。在上述生产要素的共同作用下,最终得到实体产出(Y)。在这一模型中,劳动力被划分为用于生产实体产出的 L_M,以及用于收集、整理、分

析和挖掘数据的 L_D。Y_D 的生成过程符合新知识经济的生产函数,在此不再赘述。

以上两种生产函数分别代表了数智经济的两种基础生产模式。在这两类基础模式之上,还有知识生产与实体生产相互结合的复合生产模式,例如:

$$(Y,Y_D) = F(D,A,K,L) \tag{1.7}$$

在上述生产函数中,企业在投入新生产要素——大数据和人工智能,以及传统生产要素——资本和劳动力之后,同时得到实际产出 Y 和知识产出 Y_D。这一生产模式适用于企业同时产出实体产品和知识产品的生产过程。

除此之外,复合生产还能采取以下模式:

$$A = F(D,K,L) \tag{1.8}$$

在上述生产过程中,企业投入数据、资本和劳动力以生产人工智能,最终的产出形式为人工智能的算法和各种应用。这一生产函数适用于专门进行人工智能研发的知识型企业。

当然,数智经济中的生产函数还可以采取很多其他形式,依据企业的生产过程、投入要素和产出类型而变化,本章不再展开介绍。

五、数智经济带来的挑战

在新一轮信息技术革命的驱动下,大数据与人工智能凝结为全新、高效的新型生产力,同时还催生了以网络化、模块化和协同化为主要特征的新型生产关系,对于工业革命之后形成并逐渐固化的生产力和生产关系带来了重大变革。

1. 个人角度

加拿大统计局的杰伊·迪克森等(Jay Dixon)学者在其 2020 年的研究论文《机器人革命:对于企业管理和用人的影响》中,以 1996—2017 年加拿大微观企业的机器人购买和劳动力雇佣数据为基础,实证研究了机器人和人工智能的兴起对于企业劳动力和管理人员雇佣的综合影响。根据回归结果他们指出,企业在机器人和人工智能上的额外投入增加了企业的总劳动力需求,但降低了企业对于管理人员和中等技能劳动力(Middle-skilled Workers)的需求。对于这一结果他们给出两种解释:

一方面,机器人和人工智能的使用,使企业更少地依赖高层管理决策,实现了企业决策的"去中心化",同时由于机器人无须监督可以自行按要求完成工作,从而减少了对于专职管理人员的需求。

另一方面,在制造业企业中,机器人能够从事的大部分工作是标准化、流程式、强度中等的多步骤工序,如组装、存放和搭建。在没有机器人的时候,这些工序大多是由大量中等技能劳动力完成的。

迪克森等的研究结果值得深思。随着机器人和人工智能的进一步发展,占劳动人口主体的中等技能劳动力将可能面临失业之虞,如果这种替代形成趋势,无疑将不利于各国经济发展与社会稳定。

除了重复的体力劳动之外,大数据和机器学习等技术的发展还使一些传统意义上必须由人完成的脑力劳动也开始进入人工智能的应用空间。

上文提到的 AlphaGo 之所以能够迅速拉开与人类顶尖棋手之间的差距,关键就在于它可以在超过两千个高速处理器(最高配置为 1920 个 CPU 加 280 个 GPU)上每天自我对弈一百万盘棋,并将这其中每一盘棋的结果存入自己的数据库,随时调取使用。这种人与机器之间的算力差距在未来只会进一步扩大,从而对于一些原本被视为高技术工作的职业带来挑战。

2. 企业角度

对于企业来说,大数据和人工智能的发展,迅速削减了传统企业在资本规模、品牌效应和产品种类等方面维持多年的比较优势,许多曾在市场上占据主导地位的企业因不能以足够快的速度实现数智化转型而被赶超。无论身处何种行业,企业进行数智化转型升级的速度和效率都已成为决定其生死存亡的关键因素。在制造业部门,各国的传统制造业企业都面临着新兴智能制造业企业的持续冲击;在金融服务部门,传统商业银行正受到来自金融科技企业和数字化支付平台的全方位"围剿";在教育培训领域,在线教育平台正在迅速侵吞线下教育培训机构的"蛋糕",而新冠肺炎疫情的暴发无疑加剧了这一过程。可以明确的一点是,只有那些能够尽快实现数智化转型、从大数据和人工智能上寻求增长点的企业才能在这场竞争中占据有利地位。

2019 年 12 月,阿里研究院发布了《重构增长力量——2019 企业数智化转型发展报告》,对于 157 家全面推进数智化转型的企业进行深入调研。调研结果显示,数智化水平同样提升 10% 的情况下,更早进行数智化转型的企业(以下简称"数智化领先企业")在营收增速、净利润率和库存周转天数等指标上均具有明显优势。在上述三个指标上,数智化领先企业分别是跟随型企业(转型较慢的企业)的 1.58 倍、2 倍和 2.2 倍,且差距在不断拉大。这就进一步说明,企业的数智化转型宜早不宜迟。

当今世界是一个信息量巨大、数据流膨胀的世界,随着数字技术和全球经济的高速发展,每个个体产生、存储和接收的信息量都会以指数形式扩张。一个毋庸置疑的事实是,作为决策者(Decision Maker)的人类个体几乎不可能将所有信息整合在一起进行决策,这并非由于人的性格、个性或受教育水平的限制,而是源于人类大脑的生理学缺陷所导致的必然结果。在这样的背景下,人们要么试图通过类比、回溯、归纳和经验总结等简化逻辑思考的办法形成决策,要么就需要对于数据的深入分析以及人工智能的协助,这也正是人工智能领域的各项技术在过去的几十年里得到突飞猛进发展的一个重要原因。

然而,由人工智能进行或者协助决策也会滋生许多额外的问题,其中比较突出的是人工智能的伦理困境，以及智能算法的隐性歧视等问题。譬如，一些职场网站的推荐算法在为不同的求职者推荐工作时，就有可能会根据某些工作当前的性别比例（即使这一比例可能是不合理的）对求职者的性别比例进行筛选、匹配，从而造成实质性的性别歧视。如果企业完全依照这一推荐算法进行招聘活动，不仅可能影响其招聘的员工质量，还可能会招致社会舆论，引发大众对企业道德的质疑与指责，不利于企业的长期发展与社会形象。

3. 政府角度

除了个人和企业之外，政府针对大数据和人工智能的治理能力也将在新的时代备受考验。2012 年，全球的数字数据总量首次突破 1 ZB①；2016 年，全球 IP 流量同样超过了 1 ZB。根据世界经济论坛（World Economic Forum，WEF）的研究报告，2020 年整个数字世界的数据总量达到 44 ZB，该数字要比可观测宇宙范围内的星球数量还要多 40 倍。

除了数据绝对规模外，大数据与人工智能的经济价值也在过去 20 多年里迅速扩大。虽然在当前的统计口径下，数据的实际经济价值尚难以衡量，人工智能行业的发展却可以通过市场规模进行比较精确的测度。根据中国信息通信研究院的监测数据，2020 年全球的人工智能产业规模为 1565 亿美元，年均增长率是 12%；其中，中国的人工智能产业规模大约为 3100 亿元人民币，同比增长达 15%。可以看出，无论是全球还是中国，人工智能产业的扩张速度均远超经济规模的增长速度。截至 2020 年 10 月，全球共有人工智能企业将近 5600 家，中国就有将近 1450 家，占比达 26%。

与此同时，大数据和人工智能如此快速的增长也带来了一系列新的问题：由数据分析产生的权益应该如何分配？那些由于受到机器人竞争而导

———————————

① ZB 全称 Zettabyte，中文名是泽字节，计算机术语，代表十万亿亿个字节。

致失业的劳动力,他们所损失的收入应如何弥补? 由于企业对于大数据的不当使用而导致的侵犯用户权利的事件,应当如何处理? 过去几年数智经济在各国的实践充分表明,已有的市场机制无法很好地解决上述问题,不平等和不公平的现象正在因为数智经济发展而出现恶化的趋势,大数据与人工智能似乎并没有让我们的世界更美好。这就要求各国政府基于现有技术与经济实践,形成一套专门的数据和人工智能治理方针,并基于技术创新与经济转型作出适应性的调整,从而有效化解由于数智技术进步和数智经济发展导致的各种问题与矛盾。有理由相信,大数据与人工智能行业的发展壮大,必须得到政府的有效监管和治理,才能真正成为经济增长与社会发展的有效驱动力。

六、数智经济伴随的机遇

挑战与机遇总是并存的,数智经济也带来了许多新的工作与发展机会。前文提到的迪克森等学者 2020 年的研究论文,不仅描述了中等技能工人的工作遭受机器人和人工智能持续冲击的基本事实,同时也提出企业对于低技能工人(Low-skilled Workers)和高技能工人(High-skilled Workers)的需求可能会随着机器人的使用而不断提高,主要有三个方面的原因。

第一,企业在机器人和人工智能上的投入增加可以被视为一种资本深化(Capital Deepening),能够产生额外的劳动力需求。资本深化指的是在经济增长过程中,资本积累快于劳动力增加的速度,从而提高工人人均资本水平的经济现象。在机器人和相关 ICT 设备上的投入提高了企业的人均资本水平,从而增加了资本的边际回报水平,促使企业雇用更多的工人以获取额外利润。

第二,企业更多地使用机器人和人工智能,会提高与之互补的劳动力需求。例如,自动驾驶汽车的发展会减少企业对于熟练司机的需求,但是会增加对于自动驾驶安全员和驾驶软件工程师的需求。又如，金融企业在自动化交易系统上的投入会减少对于证券分析师的需求，但同时也增加了维护交易系统的程序员以及将此类新金融产品推荐给客户的销售人员的需求。

第三，很多由低技术工人完成的工作无法被机器人轻易取代，反而会因为机器人的广泛使用而产生更多工作需求。一个典型的案例是，越来越多的物流公司开始在物流仓库使用机器人以提升物品分拣、搬运和传送等工作的效率，从而达成节省成本的目的。亚马逊公司在 2017 年就已经拥有超过 4.5 万台仓储机器人，并计划在 2029 年前实现仓库的完全"无人化"。然而，无论仓库的自动化水平有多高，从仓库到快递点的运输过程、从快递点到收件人的配送过程仍然需要人来完成。由机器人革命所推动的快递业的生产率提升，不但不会降低反而还会增加物流公司对于货车司机和配送员等劳动力的实际需求。

1. 新职业：人工智能训练师

机器人和人工智能的发展产生新工作的另一个例子，是人工智能训练师。事实上大多数人工智能训练师的工作并不复杂：其主要任务是标注和加工图片、文字、语音等业务的原始数据，以及分析、提炼专业领域特征。举例来说，一些人工智能训练师的工作就是为每篇新闻报道贴上"正面""中性"或者"负面"的情绪标签。之后，更专业的算法工程师获得了这些贴了"标签"的数据，再让人工智能去学习，就能帮助人工智能建立文本内容与报道情绪之间的联系。当学习的报道篇数足够多之后，人工智能就会对媒体报道的情绪形成自己的判断，进而能够被用于判断一篇随机报道的情绪。

人工智能训练师从一个概念发展为新职业，只用了短短 4 年时间，从业人员也从 0 发展到如今的 20 万人之多。预计到 2022 年，国内外相关从业人员有望达到 500 万人。2020 年 4 月，人工智能训练师与智能制造工程技术人员、网约配送员等其他 15 个新兴职业，一起被正式纳入了中国国家职业分类目录。

这些新职业的出现,无疑能够帮助一些中低收入人群获得新的工作机会,从而提高自身收入、改善生活水平。2019 年 8 月,中国妇女发展基金会联合支付宝公益基金会、阿里巴巴人工智能实验室等平台发起的"AI 豆计划"扶贫项目,就通过提供免费职业培训,让贫困群众尤其是女性成为人工智能训练师,从而在家门口实现就业脱贫。

2. 面对机遇如何抉择

在经济社会全面开启数智化进程之时,人才和企业的多样性也需要得到足够重视。这就需要全社会对大数据与人工智能的局限性保持清醒的认知,明确机器能够做什么、不能做什么,尤其是人工智能在企业决策上的局限性。

在当前的技术水平下,无论是深入的多维度、长周期分析,还是将多个领域的知识进行综合应用的交叉分析,抑或是基于历史事件和进程进行的趋势判断,似乎都不是人工智能的拿手好戏。以机器学习中的强化学习(Reinforcement Learning,RL)为例,在强化学习框架中,人工智能与环境进行反复交互,从而学习到它在任意给定环境中的状态下,需要选择怎样的动作才能最大化它的长期回报,这一过程既没有先验知识,也不存在更高层次的指导和监督。AlphaGo 就是通过反复学习掌握了围棋的基本规则,并通过不断自我强化提升棋力,最终战胜顶级人类棋手。然而,如果让 AlphaGo 从围棋转向国际象棋或者德州扑克,其先前积累的全部数据和知识便不能起到任何作用,AlphaGo 并不能通过"举一反三"的方法运用围棋知识迅速地将自己提高到国际象棋大师或者德州扑克世界冠军的水平,而是需要从头开始学习这些游戏的基本规则与正确玩法。[1] 在这一点上,能谋善断、擅长发掘不同问题间的

---

[1] 需要说明的是,这里并不是说 AlphaGo 不能很快学会其他游戏。在投入的处理器足够多的前提下,AlphaGo 的学习能力会强于人类;但是,这一学习过程相当于要从无到有、不断尝试,即 AlphaGo 在围棋上的"技术"和"经验"在学习新游戏时是完全没用的。

相关性与因果关系的人类，毫无疑问是显著优于机器的。这就是为什么在绝大多数企业决策上，数据分析和人工智能更多地发挥协助和建议的作用，最终的决策还是需要由作为决策者的企业领导者来作出。

不难看出，数智经济所创造的新机遇并不比它带来的挑战少。那么，为了抓住这些机遇，个人、企业和国家又需要作出哪些努力？

对于个人来说，最为直接的建议，当然是提高自身在数据分析、处理和挖掘，以及算法编写、修改和解释方面的专业技能水平；同时，要对基于大数据分析和人工智能生成的知识有着清醒的认知，能够辩证地利用这些知识指导个人决策。

对于企业来说，提高自身的数智化水平是必然的选择。如何将"数治"和"人治"、人工智能投资与劳动力雇佣、新生产要素与传统生产技术有机结合在一起，也将是每一个企业管理者必须直面的问题。

对于国家来说，借助数智经济的东风实现经济发展上的"弯道超车"，无疑为经济赶超式发展提供了一个新的解决方案。此外，通过增强政府数据治理能力，有效提升社会管理效率和居民满意度，也是大数据和人工智能能够发挥重要作用的一个场合。

小　结

数字经济时代是科学技术和人类历史发展到当下所必须经历的一个历史阶段，面对这一大趋势，没有任何个人、企业或是政府可以置身事外。以大数据和人工智能为基础的数字经济——数智经济对于实体经济的升级、改造和替代，既带来了一系列新的挑战，也为个人、企业乃至国家的发展创造了大量新的机遇。

基于此,笔者总结出以下六条数智经济发展中的基本规律,供读者参考。

第一,编写、修改和解释代码与算法的能力,将成为类似于办公软件操作和互联网使用一般的基础工作技能。

第二,社会科学领域的学习经历与研究背景将成为求职者的比较优势,因为此类能力尚且无法被机器完全掌握。

第三,即使是那些历史悠久、资本雄厚,甚至具有相当技术优势的老牌企业,如果不能及时完成"数智化"转型将会被赶超;同样,数智化水平偏低的创业创新将难以成功。

第四,人工智能将改变劳动力市场的基本结构和基础教育的内容。传统意义上的中等技术工作将急剧减少,劳动力需求将集中于技能曲线的两端——低等技术与高等技术工作;这一变革无疑将辐射到教育领域,改变当前的教育模式与核心内容。

第五,数智经济的发展将改变政府治理方式,国家治理"数智化"的程度将可能成为国家治理现代化的重要评判标准。数智治理能力的高低将影响一个国家的经济增长潜力与政治稳定性。

第六,数智经济的良性发展需要政府的深度介入。对于数智经济特别是数据密集型企业来说,政府既是其健康发展的必要监督者,也是条件创造者。

有必要提醒诸位读者的是,上述规律仅适用于当前的技术发展水平和经济运行模式。如果大数据和人工智能的各项技术出现革命性的新突破,这些规律无疑将被再次改写,而人类对于数智经济的认知也将面临重塑。

第二章

数字经济：
新动能推动新发展

> "数字化使计算、通信和内容三大行业之间的界限变得越来越模糊。"
>
> ——唐·泰普斯科特,数字经济之父

在数智经济全面兴起之前,数字经济的浪潮早已席卷全球。20世纪中后期,伴随着计算机与互联网相关技术与产品的蓬勃发展,尤其是ICT产品使用成本的不断降低,越来越多的企业开始在生产和运营过程中投入各种数字化的产品与技术。消费者对于互联网的依赖程度也不断提高,越来越多的经济活动从现实空间转移到了网络空间上进行。自此,数字经济已然成为现代经济活动的主要组织形式之一。

数字经济产业的发展为全球劳动生产率的持续提高创造了有利条件,

传统经济数字化转型也已经成为全球经济转型升级的核心动力。根据中国信息通信研究院的统计数据，2019 年全球 47 个主要国家的数字经济增加值规模达到 31.8 万亿美元，较 2018 年增长了 1.6 万亿美元，而同期这些国家的总 GDP 仅增长了 1.2 万亿美元，大大低于数字经济的扩张速度。随着 ICT 技术、大数据和人工智能的不断发展，数字经济的大幅扩张还会进一步提速，大力发展数字经济已经成为各主要经济体的重要战略部署。

在本章中，我们将重点介绍围绕数字经济展开的五个话题：数字技术与数字经济的起源与概念形成，数字经济的主要类型，对于数字经济的统计测度，数字经济学中的消费者、生产者与市场理论，以及数字经济中的政府行为。通过对这五个话题的介绍，我们希望能够帮助读者形成对于数字经济的发展脉络与基本框架的整体认知，进而更好地理解尚处于高速发展与变化阶段的数智经济。

一、数字经济的技术起源与概念形成

数字经济的兴起，在很大程度上依赖于两项关键技术——计算机和互联网的发展。

1. 计算机的产生与发展

1946 年，在美国宾夕法尼亚大学诞生了世界上第一台通用计算机"ENIAC"（见图 2-1）①，它没有所谓的内存，所有的数据和指令都需要通过外接设备来完成，而连接外接设备的是 6000 多根多芯导线。仅仅 3 年后，第一台存储程序式电子计算机"EDSAC"便于英国剑桥大学投入运行，它使用水银延迟线（Mercury Delay Line）作为存储器，成为史上最笨重的主存储

_____
① 世界上第一台电子计算机是诞生于 1942 年的阿塔纳索夫—贝瑞计算机（Atanasoff-Berry Computer，ABC）。ABC 计算机不可编程且非图灵完全，只能进行线性方程组的计算，但是其价值在于确定了一些现代计算机设计思想，如采用二进制、可重用的存储器等。

器。可以说,在计算机发展的早期,笨重而低效的存储器成为限制其信息处理能力提升的"阿喀琉斯之踵"。

图 2-1　"EDSAC"的复刻品(现收藏于英国国家计算机博物馆)

信息处理的关键技术于 20 世纪 50 年代早期取得突破。磁芯存储器①的出现与广泛使用,使得利用计算机高效而大量地存储数字化信息成为可能。最初,磁芯读取和存储需要的时间大约为 6 微秒,而到了 70 年代中期这一数字已经降低到 600 纳秒;在这 20 年间,磁芯的尺寸也从最初的 2 毫米缩小到 70 年代中期的 0.2 毫米。彼时,磁芯技术已经发展到巅峰——这也意味着以磁芯存储器为基础的信息处理技术已经很难再有所突破了。

20 世纪 70 年代后期,受制于制造工艺的复杂性与存储密度的局限性,磁芯存储器结束了其在计算机存储领域长达 20 年的绝对统治,逐渐被微型

_____

① 磁芯存储器,又称核心存储器(core memory)。

集成电路块上的半导体存储器所取代。与磁芯存储器相比,半导体集成存储器具有存取速度快、存储容量大、体积小、兼容性高、成本低等特点。对于半导体的广泛使用极大地降低了计算和存储信息的门槛,进一步推动了计算机的普及与相关软硬件的发展。

近年来,在云计算概念上延伸和发展出来的云存储技术,更是将信息从实际的服务器搬到以"云"形式存在的虚拟空间之中,大大节约了实际存储空间,同时也彻底消除了空间与时间对于信息存储的限制。

2. 互联网的问世

数字经济所依赖的另一项核心技术——互联网的问世则比计算机晚了20年。目前,科技界公认的互联网"始祖"是20世纪六七十年代美国军方研发的专用网络"阿帕网"。1969年11月21日,美国国防部高级研究计划管理局(Advanced Research Projects Agency,APRA)建立了第一个阿帕网连接,成为全球第一个运营的封包交换网络。然而,早期的阿帕网仅包含4个节点,分别分布在加州大学洛杉矶分校、加州大学圣巴巴拉分校、斯坦福大学和犹他大学这4所知名学府的四台大型计算机内。在之后的十几年里,这四个节点逐渐扩展成为覆盖美国各地区上百台主机的互联网络。

互联网上的不同个体共同遵循的通信协议(Communication Protocol)是互联网能够实现数据互通、信息共享的基础。经过十余年的扩张、发展,阿帕网早期使用的NCP协议①已经无法满足用户对网络的需求,特别是NCP仅适用于同构环境②这一客观条件更是限制了网络的发展。1983年,美国国防部高级研究计划管理局和美国国防部通信局联合研制成功了用于异构网络③

---

① NCP(Network Control Protocol)协议,即网络控制协议,是一组独立定义的协议。
② 同构环境,即指网络上的所有计算机都运行相同的操作系统。
③ 异构网络,即指网络上的所有计算机运行的操作系统有所差异、不全相同,与同构网络相对。

的 TCP/IP 协议①,而加州大学伯克利分校的推广使该协议得以广泛流行,自此,真正意义上的互联网(Internet)诞生了。

3. 数字经济概念的提出

1991 年,由美国三家新兴网络运营商发起成立的商用互联网交易所(Commercial Internet Exchange,CIX)开启了互联网市场化的序幕。在私人运营商参与竞争后,互联网接入的费用得到极大降低,其商业化前景逐渐显现。1995 年,由美国政府资助的主干网(NSFNET)被彻底停用,由私人运营商共同维持的商业互联网占据主导地位。自此开始,互联网逐渐开始覆盖美国并进一步辐射全球,为数字经济的快速发展奠定了基础。

在互联网的发展历程中,有关网络的开放与管控问题,一直是学术研究和政策讨论的焦点。虽然与之相关的已有文献已经不胜枚举,但各方始终未能达成共识。

在互联网发展的早期,"去政府化"(由政府控制的中心网转向由私人运营商维持)为互联网的迅速扩张提供了商业基础,但是在商业化过程中也暴露出一些新的问题,如信息定价歧视、标准制定的偏向性等。对于不同地区的互联网用户,运营商可能会根据当地已有网络的发展情况制定歧视性价格或竞争性价格,不利于大众以相对公平的成本接入互联网。

为解决这些问题,一些国家的政府机构和立法者试图重申曾在电信网络中采用的"网络中立性"(Net Neutrality)原则②。这就要求网络运营商提供公平的网络服务,不得阻碍其他运营商的客户使用自己的网络,不得收取额外费用,然而在实际推进的过程中却阻碍重重。事实上,在网络开放和管

①　TCP/IP(Transmission Control Protocol/Internet Protocol)协议,即传输控制协议/互联协议,是指能够在多个不同网络间实现信息传输的协议。

②　"网络中立"最早是电信术语,源于 20 世纪 30 年代美国的《电信法》,该法律规定任何电话公司不得阻碍接通非本公司用户的电话。互联网兴起后,"网络中立"的概念自动延伸到互联网领域,即网络运营商不得对来自非本公司的数据设限。

控问题上的"共识缺乏",已经充分反映到建立于互联网之上的数字经济中。无论是对于大型互联网平台企业通过垄断抑制创新的担忧,还是对于个人隐私数据使用边界的争论,都随着数字经济的不断发展而愈演愈烈。

1996年,商业策略大师唐·泰普斯科特(Don Tapscott)分析了美国信息高速公路普及之后产生的新经济模式,提出数字经济是建立在信息数字化和知识基础之上的一系列经济活动,为数字经济概念的形成奠定了基础。1998—2000年,美国商务部先后出版了《浮现中的数字经济(1&2)》(*The Emerging Digital Economy*)《数字经济2000》(*Digital Economy 2000*)等多部颇具影响力的专题研究报告,将数字经济的定义进一步扩展为信息通信技术(ICT)产业与电子商务,强调数字经济是一种以信息技术生产行业为基础的经济模式,丰富了数字经济的内涵。

在上述报告的基础上,20世纪末21世纪初的早期研究,大多将数字经济视为生产ICT产品的信息经济、以互联网为基础的电子商务和以知识创造为主要生产活动的知识经济的集合体。需要注意的是,无论是信息经济、电子商务还是知识经济,都需要建立在包含ICT技术的基础设施之上,这种对于ICT技术的高度依赖是早期数字经济的共同特点(见图2-2)。

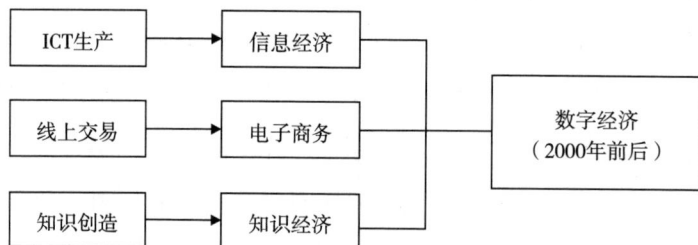

图2-2　对于数字经济的早期理解

4. 数字技术的跨越式发展

进入21世纪之后,数字技术的飞速发展使数字经济超越了信息经济与电子商务的范畴。数字技术逐渐成为一种通用目的技术,可以作为重要的生产要素而广泛应用到各行各业,从而促进全要素生产率的提升,并且培育经济增长的新动能。

通用目的技术,简单地说,就是在经济中具有广泛的应用空间并且有巨大的技术互补性和溢出效应的基础性技术。2006 年,加拿大经济学家理查德・利普西(Richard Lipsey)等学者在其著作《经济转型:通用目的技术和长期经济增长》一书中提出,经济社会的持续发展所依靠的正是通用目的技术的不断涌现。从人类历史早期的文字、印刷术和金属冶炼,到工业革命开始后兴起的蒸汽机、电力、铁路和汽车,以及 20 世纪末期开始逐渐普及的电脑与互联网,都属于通用目的技术的范畴。

在上一轮信息革命之后,以互联网为代表的 ICT 基础设施已经遍布世界各个角落,而对于数字技术的使用成为绝大多数经济活动得以正常进行的基础——数字技术也因而成为这一时代的通用目的技术。以数字技术为基础,新的数字经济形式如平台经济、在线娱乐和金融科技等也逐渐发展壮大。在技术变革和经济转型的驱动下,国际社会对于数字经济的理解和认知也得到了充分的扩展与深化,对于数字经济的概念和内容也逐渐形成更加一般化的定义。

2008 年国际金融危机之后,美、英、法、德及欧盟等国家和地区的政府与组织开始相继制定促进数字经济发展的相关战略,以提振经济。

2010 年,英国政府制定《数字经济法案》(Digital Economy Act),该法案将数字化的音乐、游戏、电视、广播、移动通信、电子出版物等列入了数字经济范畴,将数字经济视为经济生态系统而不是分立的经济部门。

2010 年,美国商务部开始提出"数字国家"(Digital Nation)的概念,其国家电信和信息管理局(NTIA)联合经济和统计管理局(ESA)相继发布 6 份研究数字国家的相关报告。作为美国数字经济的主要倡导机构,美国商务部又于 2016 年发布《在数字经济中实现增长与创新》、于 2018 年发布《数字经济的定义与衡量》,促进了数字经济这一概念的发展。

2016 年 9 月,G20 杭州峰会上通过的《G20 数字经济发展与合作倡议》,是全球首个由多个领导人共同签署的数字经济政策文件。该倡议将国际社会对于数字经济的理解提升到了一个新的层次,同时强调了数字经济在数字产业化(发展信息技术产业)和产业数字化(实现数字经济与传统经济融合)两个方面的贡献。

2019 年,发表于《经济文献杂志》(*Journal of Economic Literature*)上的综述文章《数字经济学》(Digital Economics)总结了过去 20 年内围绕数字经济展开的相关研究,将数字经济的定义拓展为一切受到数字技术影响的经济活动。在数字技术的作用下,存储、计算和传输信息的成本大大降低,这使经济活动的成本也急剧下降,从而改变了参与者的行为模式与组织形式。这种改变包括但不限于:搜索成本的降低使搜索的潜在范围和质量有所提升,从而降低了匹配(Matching)这一经济行为的实际成本;数字验证使对于个人、企业和组织的声誉与可信度的验证变得更为简单,进而增加了经济活动的透明度;数字产品的线上交易模式,使地理距离这一在传统贸易研究中具有决定性的影响因素不再重要;等等。

通过追溯数字经济的技术起源与概念形成过程,可以形成以下三个主要判断。

第一,数字经济的概念形成来源于 ICT 技术所催生的一系列新经济现象。传统经济理论在试图解释这些新经济现象时面临困难,进而引起学界和政策界对于数字经济的关注。

第二,在发展数字经济的过程中,在"中心化"(表现为管控)和"去中心化"(表现为开放)之间寻找平衡点,是数字经济参与者(包括个人、企业和政府)需要解决又难以解决的现实难题。

第三,数字经济的核心是数字技术,当数字技术发展到一定水平后,一切与之相关的经济活动都可以被纳入数字经济的范畴。

二、数字经济的类型

在一般情况下,数字经济代表了以数字技术(尤其是互联网技术)为核心驱动力带动整个经济活动过程并创造效益的一种新的经济模式。根据数字技术的具体应用手段及其最终产出形式,我们将数字经济分为数字产品、数字服务、传统产品数字化和传统服务数字化四种类型。

1. 数字产品

数字产品主要包括计算机软件、游戏、音乐、电子书等以比特形式存在于信息存储设备和网络空间中的虚拟产品。按照信息经济学的经典著作——卡尔·夏皮罗与哈尔·瓦里安撰写的《信息规则:网络经济的策略指导》一书中的定义,数字产品可以被定义为被数字化编码,以二进制字节形式生产和交易的产品。数字产品能够以几乎零成本的方式被复制,意味着这些产品大多是非竞争性(Non-rivalry)①的。在数字产品如数码音乐、在线视频和电子游戏等领域,这一特性得到了充分体现。由于非竞争性的存在,那些生产数字产品的企业便能够以近乎为零的边际成本,生产出产品的"复本"并销售给其他消费者,其客户群体的大小直接决定了企业的利润空间。由此,企业的基本经营模式与盈利逻辑被彻底改变,对于网络外部性的极度重视成为数字产品生产者们的共同特征。

2. 数字服务

数字服务主要指各类电子商务交易、电子邮件等信息通信服务,以及电子支付等平台型服务等。对于数字服务的理解,与数字产品类似。数字服

①　所谓非竞争性,可以简单理解为,新增用户对于某个产品的使用不会影响其他已有用户对同一个产品的使用。

务可以理解为被数字化编码或者在网络空间上提供的各种服务。在数字服务中,有一类特殊但常见的服务:免费服务。无论在视频网站上收看视频,或是使用网站的搜索服务,在绝大多数时候是无须支付任何货币费用的,其隐性代价则是观看广告、付出时间成本和关注力,以及向平台提供自己的用户数据。免费服务的提供者则通过售卖在线广告、收集消费者的数据信息而获得收入。但遗憾的是,此类免费服务却并没有在现有的国民收入核算方式中得以充分体现,因而导致了对于消费者福利和总产出规模的低估。麻省理工学院的埃里克·布伦乔尔森(Erik Brynjolfsson)等学者专门研究了"零价产品/服务"现象,并提出应通过纳入数字产品和服务带来的隐性福利改进 GDP 核算。

3. 传统产品和服务数字化

作为传统经济数字化的主要形式,传统产品和传统服务数字化可以放在一起进行讨论。传统产品数字化主要指数字电视、手机、电脑等由实物产品嵌入数字化功能或数字化资源的产品。传统服务数字化则包括各类物流服务平台、交通服务平台等嵌入数字化管理与数字化服务成分的服务过程。两者均强调在传统物质产品和线下服务中嵌入数字化的成分。具体例子包括,传统手机生产企业转变成智能手机生产企业,以及在课外教育如英语培训中引入线上教育的板块。可以说,这两类数字化既是企业数字化转型的必然结果,也是企业为了满足消费者对于数字产品和数字服务的旺盛需求而作出的产品与服务升级。然而,并非所有企业均能顺利实现数字化转型,诺基亚、摩托罗拉等老牌移动设备生产者在智能手机时代的落寞,就值得我们深思。

明确了数字经济的四个主要类型后,我们又该如何区分数字经济和传统经济?一个可行的思路是将数字产品和数字服务的概念广义化,即将全部或部分数字化的传统产品和传统服务分别视为数字产品和数字服务。这种做法虽然确实更简单、直观地区分了数字经济与传统经济,但是在进行数字经济的统计测算时却会带来额外的问题。举一个典型的例子,一台装载着华为公司提供的各种软件服务的智能手机,应该被统计为数字经济产品还是传统经济产品? 这台手机上的数字化服务与各种软件无疑都是数字经济的产物,然而其硬件及各种配件(如充电器、液晶触摸屏等)却是由传统制造业生产出来的产品。从理论上来说,正确的做法应该是将这台手机细分为数字化部分和非数字化部分,分别计入数字经济和传统经济,然而在现实中这种操作实非易事。这也是为什么在统计和测度数字经济规模时,亟待一些新的尝试。

三、数字经济的统计测度

有关数字经济规模测算的早期研究,大多将电子商务视为数字经济的核心内容,重点关注与数字经济相关的三类指标:数字经济的规模总量、数字经济的内在结构、数字经济对于经济增长的贡献程度。森博格(Mesenbourg,2000)从统计核算的角度出发,将数字经济划分为支撑性的互联网基础设施、电子商务流程与电子商务交易三个部分,提供了一个可操作的数字经济测度方法。霍尔蒂万格和加明(Haltiwanger 和 Jarmin,2000)则从数据收集、调查统计、资本存量估算、价格指数调整等多个方面探讨了数字经济对 GDP 贡献的测算方法,强调了收集数字经济相关数据的必要性与紧迫性,但是该研究仍然将电子商务视为数字经济的主要内容。

2010 年之后,随着数字技术的进一步发展,将与数字技术相关的经济活动均视为数字经济的组成部分——这一国际共识逐渐形成,对于数字经济的测度方法也随之发生变化。2014 年,经合组织在一份研究报告中提出,应基于数字交易的三大特征(数字化订购、平台促成以及数字化传输)来识别数字经济活动,同时明确数字经济的测算内容应该包括基础设施投资、增强社会活力、释放创新创造能力,以及促进增长带动就业等多个方面。然而,虽然不再像早期研究一样将数字经济的内涵局限于电子商务,但是这种对于数字经济过于宽口径的理解也同样会造成一定的测度失准。

1. 数字经济测度的基本思路

根据徐清源等学者对于 2018 年之前数字经济核算相关文献进行的综述性研究,目前学界测度数字经济的基本思路主要有两种。

第一种思路是指标对比法,即基于多个维度的数字经济指标,对不同地区间的数字经济发展情况进行对比,通过国际比较和地区间比较来寻找数字经济发展的基本规律。

2014 年,经合组织构建了具有国际可比性的 38 个数字经济指标,这些指标较为全面地反映了世界主要国家的数字经济发展水平。基于这些指标,经合组织比较了其 38 个成员方的数字经济发展水平,并按照发展水平的差异给出了有针对性的政策建议。2015 年,欧盟委员会基于欧盟数据编制了数字经济与社会指数(The Digital Economy and Society Index,DESI),其中包括宽带接入、人力资本、互联网应用、数字技术应用和数字化公共服务程度五个主要方面的具体指标,形成了刻画欧盟各国数字经济发展程度的重要合成指数。2017 年,中国信息通信研究院也构建了数字经济指数(The Data Economy Index,DEI)这一景气指标,以观测与比较不同国家和地区的数字经济发展态势。上述基于指标的数字经济测度方法,固然有其研究价值,但是不能否定的是在指标选择和指数测算上均存在一定的主观性,因而受到了一些学者的质疑。

第二种思路是直接测度法,即在界定数字经济的核算范围和内容之后,采取统计手段测算出一定区域内数字经济的规模体量。在采用直接测度法的研究中,美国商务部经济分析局(BEA)建立的数字经济测度统计框架具有一定的代表性(Barefoot 等,2018),在此我们进行重点介绍。

　　为了测度数字经济规模，首先，BEA 基于互联网和相关信息通信技术
（ICT）对数字经济进行定义，提出数字经济应包括计算机网络存在和运行
所需的、支持数字化的基础设施、电子商务以及数字媒体三部分；然后，根据
国民经济核算得到的供给使用表和北美产业分类系统，识别数字经济产品
和服务；最后将这些产品和服务数据加总得到数字经济总产出。

　　在初步核算时，BEA 只针对完全或主要是数字化的商品和服务，而忽
略了那些同时包括数字和非数字部分的产品或服务，这主要是因为想要准
确剥离出这些产品和服务中的数字部分实非易事。虽然这一处理办法避免
了对于数字经济规模的高估，但由于作为通用目的的技术的数字技术具有广
泛渗透性，这一方法又导致了对于数字经济规模与影响的实质上的低估。

　　麦肯锡全球研究院（McKinsey Global Institute，MGI）提供了测度数字经
济规模的另一种思路。首先，MGI 以互联网为出发点，将数字经济定义为
互联网活动的总体以及与互联网相连的活动、技术和服务；然后，基于经合
组织宏观数据库，采用了支出法测算私人消费、公共消费、私人投资以及贸
易差额这四个部分中与互联网相关的部分，并根据互联网对相关经济活动
的潜在贡献，按照一定比例将上述支出加总得到数字经济规模。

　　虽然，MGI 成功地将与互联网直接相关的消费、投资及进出口等数据
从对应的总项目中分离出来；然而，对于融合了互联网和 ICT 等技术的传统
产品和服务，从核算角度并不能将它直接归为数字经济，而若想从中剥离出
数字经济部分的价值，还需要更加合理的方法和更为丰富的数据。

　　2. 国内数字经济的统计测度

　　中国的研究机构和学者在数字经济的统计测度上也取得了一定成果。
自 2017 年起，中国信息通信研究院每年连续发布《中国数字经济发展白皮
书》，该白皮书将数字经济划分为数字经济基础和数字经济融合两部分，并
研究了相关产业特征及核算方法。除此之外，中国信息化百人会将信息经

济划分为生产部分和应用部分,并基于生产法,利用增长核算框架测算数字经济规模。在各类企业研究中,腾讯研究院基于面板数据进行实证分析,估计出"互联网+数字经济指数"与 GDP 之间的回归系数,再利用合成的"互联网+数字经济指数"推算出数字经济的增加值。

中央财经大学的金星晔等学者(2020)以数字技术和数字化信息这两个关键要素的生产与应用为出发点定义数字经济,提出数字经济是指支持经济活动数字化的基础设施和服务,以及将数字技术、数字化信息等作为关键要素提升生产和组织效率的产业活动。他们将数字经济划分为四类产业活动:数字经济基础设施及服务业、电子商务产业、数字化信息产业、数字化生产活动。根据他们的估计,2019 年中国数字经济规模约为 29.1 万亿元,约占 2019 年 GDP 的 29.3%。通过比较现有的测算结果,他们还发现大多数机构对于数字经济规模的已有测算存在着不同程度的高估,原因主要是重复计算以及将一些非数字经济的部分纳入指标体系之中。

3."免费产品"的处理办法

而在数字经济总量的统计测度上,还有一个无法避开的难题就是对于"免费产品"的处理办法。在上一节对于数字服务的介绍中,我们已经讨论过免费产品的价值问题。提供免费产品和服务是数字经济中一个十分重要的商业模式,线上商家向用户免费(或极低的价格)提供商品和服务以吸引流量,继而通过广告、用户使用数据或者其他业务获得收入,这些收入转而又可以用来弥补这些"免费"商品或服务的成本,使这一商业模式得以持续下去。如果依然遵循传统的核算方法来测度"免费"产品和服务,其价值将被严重低估。

布伦乔尔森等学者(Brynjolfsson 等,2019)设置了一个离散选择实验,来估计脸书所创造的消费者福利。其主要做法是让实验参与者在特定的现金回报与浏览一定时间的脸书之间作出选择,从而得知消费者对于脸书提

供的社交服务的潜在支付意愿。实验结果显示，2003—2017 年，脸书提供
的免费社交服务给美国带来的总消费者福利约为 2310 亿美元，平均每年的
消费者福利为 160 亿美元，每个美国用户通过使用脸书获得的福利的平均
价值为 1143 美元。该研究证实了免费商品带来的消费者福利上升，然而这
些消费者福利几乎都未被计入 GDP 中。

随着数字技术的进一步发展，我们将见证越来越多的免费数字商品替
代传统付费商品，例如维基百科替代纸质百科全书，智能手机 APP 替代各
种传统产品和服务（如日历、记事本、电话簿和计算器）。这是数字经济发
展的必然趋势，也是相关统计研究需要解决的现实问题。

四、数字经济学：消费者、生产者与市场机制

进入 21 世纪以后，随着全球数字经济规模的不断扩大及其影响力的不
断提升，以数字经济模式为主要研究对象的数字经济学也应运而生。

数字经济学可以被视为信息经济学（起源于 20 世纪 40 年代）的一个
分支。早期的数字经济学，其研究重点是数字技术在降低搜寻成本、减少信
息摩擦上的突出作用。如今，经历 20 多年的发展，数字经济学已经形成了
一套独立而完整的理论体系，主要包括：数字经济的消费者理论，数字经济
的生产者理论，数字经济的市场与创新理论，以及数字经济的政府治理等
内容。

接下来，我们将简要介绍与数字经济中的消费者、生产者和市场机制相
关的基础理论，而有关数字经济中的政府治理问题，我们将在后文重点
探讨。

1. 数字经济中的消费者理论

在数字经济中，大量交易和消费在互联网的虚拟空间中进行。这与基
本以线下交易和消费为主的传统经济存在巨大差异，进而导致了数字经济

中消费者的行为模式和消费习惯也发生巨大改变。

早在 1898 年,美国广告学家刘易斯(E.S.Lewis)就提出 AIDMA 理论来总结消费者行为。AIDMA 的五个字母分别代表注意(Attention)、兴趣(Interest)、欲望(Desire)、记忆(Memory)和行动(Action)。根据 AIDMA 理论,消费者在作出消费决策时,会经历"注意商品—产生兴趣—产生购买愿望—留下记忆—作出购买行动"的全过程,且每一个阶段都会受到传统营销手段(如电视广告、促销和价格战)的影响。但在数字经济中,由于社交网络和平台的迅速发展,消费者群体的网络外部性大大提高,传统经济中普遍存在的信息不对称与信息不完备等问题得到有效缓解,AIDMA 理论所描述的消费过程已不再适用。具体地,线上消费呈现出数字经济所独有的一些新的特征,其中最突出的三个特征可以概括为:商品特征个性化、市场需求长尾化以及消费行为社群化。

第一,商品特征个性化。数字经济的浪潮全面袭来之前,在生产端——产品的生产大多采取标准化、批量化的生产形式,而在消费端——消费潮流往往被少数市场占有率极高的企业牢牢掌控,由此导致消费者的个性化需求偏好无法充分释放。然而,在数字经济中,这种以满足大多数消费者需求为目标的生产与营销模式已经不再奏效,逐渐被以个性化定制为核心优势的线上市场淘汰。通过互联网,企业可以深入挖掘线上交易数据,掌握顾客的购买历史、购买习惯和产品偏好,从而有效预测顾客未来可能的购买行为。除此之外,企业对于消费者的类型划分也更加精细、准确,从而实现商品定位的多元化,既可以提供不同版本的商品,也可以完全按照消费者需求定制个性化商品。其中,3D 打印技术的发展更是为满足消费者的个性化需求提供了一个全新的生产模式。

➢3D 打印

所谓 3D 打印,是一种以数字模型文件为基础,运用粉末状金属或塑料等可粘合材料,通过逐层打印的方式来构造物体的技术。随着 3D 打印技术趋于成熟,消费者可以直接介入产品的设计过程,确保产品的各个部分和内外结构均满足其自身要求,从而实现完全意义上的客制化生产,充分保证了商品的个性化。

通过 3D 打印得到的商品,不仅能在外形和结构上满足消费者的需求,其实际可用性也与通过工业化流程生产出来的商品几乎相同。2014 年 9 月,世界上第一辆 3D 打印电动汽车 Strati(见图 2-3)在芝加哥国际厂商技术展上亮相。这辆最高时速达 40mph 的汽车,其全部 40 个部件中的绝大多数均由 3D 打印生产,而一辆传统制造业技术生产的汽车一般需要两万多个零件。虽然 Strati 的各项品质尚不能与传统汽车厂商精心设计的顶级豪车相比,但是它的出现所代表的汽车及其他大中型机械设备定制化的可能性,令人不禁对于 3D 打印的未来充满期待。

图 2-3 世界首辆 3D 打印汽车 Strati

资料来源:Local Motors。

除工业制造外,在 2021 年 3 月,对三星堆古遗址 3 号至 5 号祭祀坑的新一轮考古发掘工作中,3D 打印技术的使用也相当具有代表性。在对三星堆祭祀坑内的文物如青铜器进行提取前,考古学家先使用 3D 扫描仪将文物及其周边的信息数据进行搜集,然后通过 3D 打印机打印出一模一样的石膏模型,并基于石膏模型制作了贴合严密、保护性强的硅胶保护套。将保护套贴合在文物上后,再使用套箱的方式提取文物,从而为文物提供更好保护。此外,在文物修复方面,3D 打印也有很大的发挥空间。在以前,对于文物的仿制和修复都必须要在原文物上面覆盖泥模、再做蜡模,这自然会对文物产生一些污损。但有了 3D 打印之后,只需对文物进行三维扫描,然后再进行 3D 打印,既避免了对文物的损坏,还可以做到几乎 0 误差的复制。对于 3D 打印技术的这一应用,可以在商品的制造与修复中广泛推广。

第二,市场需求长尾化。在资源稀缺的前提下,传统经济大多属于典型的供给方规模经济,主流产品占据了绝大多数市场份额,而消费者只能在有限的产品类型中挑选相对适合于自己的产品。然而,《连线》杂志主编克里斯·安德森于 2004 年提出的长尾理论(the Long Tail Theory),彻底打破了这一消费模式(见图 2-4)。

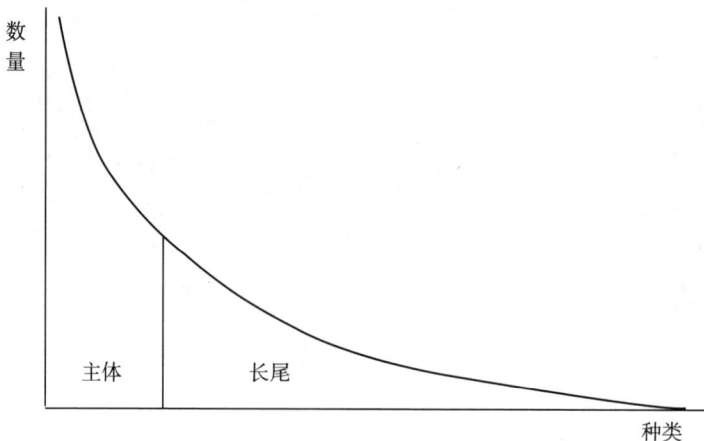

图 2-4 长尾理论

　　简单地说,长尾理论就是指那些原本需求和销量不高的产品所占据的共同市场份额,可以和主流产品的市场份额相媲美,甚至高于主流产品。在数字经济环境下,企业可以利用互联网技术准确地捕捉市场上的尾端需求,即使个性化商品的单一需求远低于企业盈利的经济极限水平,但仍可以将这类个性化商品汇集起来,聚少成多,最终实现盈利。

　　在数字服务的提供上,长尾理论的有效性得到了充分证明。以对音乐的购买和消费为例,以前,在绝大多数情况下消费者需要按"张"购买音乐专辑——即使消费者真正想听的只是其中的一到两首歌曲。而到了数字经济时代,消费者可以按照自己的喜好自由地购买或订阅歌曲,进而编制充分个性化的歌单,无须再为并不喜欢的曲目付费,这正是需求长尾化的充分体现。

　　第三,消费行为社群化。对于传统经济来说,经济活动起源于生产者生产产品,其后生产者或经销商对产品进行营销并借助终端渠道,最终销售给消费者,至此形成一个完整的经济活动,可以说"产品—营销—渠道—用户—服务"构成了一个基本的经销活动流程体系。但在数字经济中,商业活动的起点可能源自一个基于生活区域、兴趣爱好或者各种垂直细分的需求标签而形成的社群(Community)。在每个社群中,"社群—(潜在)用户—需求—服务"构成了线上消费的新流程。基于这一特征,"众筹""众包""众创""众扶"等以社群为消费组织单位的新型商业模式应运而生。

　　近年来,兴起的社区团购就是消费社群化的最好体现。社区团购最早可以追溯到 2016 年由微信小程序推出的 B2B2C① 社群分销模式。商家平台在社区内招募团长,随后团长利用自身在本社区的社交关系网扩展粉丝

---

　　① 　B2B2C,即 Business-to-Business-to-Customer,是一种电子商务类型的网络购物商业模式,即通过平台将生产企业和个人用户整合在一起,缩短销售链。

群体,并在微信群内开展营销活动(如分享微信小程序中的商品链接),号召用户参与预购拼团。用户在微信小程序中下单后,平台总部将汇总所有团长手中的订单需求数据,整合小批量订单为大规模订单,并对商品进行统一采购和入库,从而以更低的价格完成采购任务。最后,商品通过仓库分拣的方式出库,并在用户下单次日配送至小区自提点或团长处,最终由消费者自提收货,至此完成购物流程(见图2-5)。

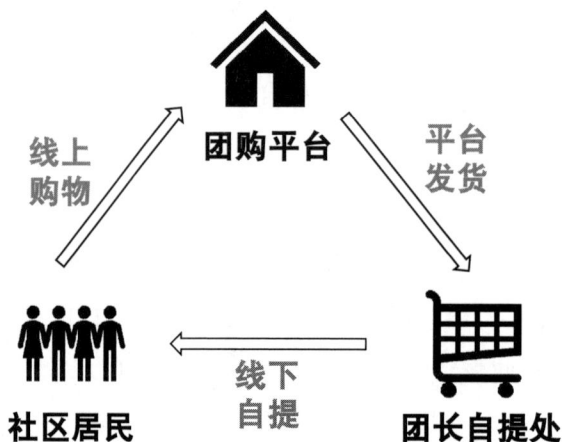

图2-5 社区团购的基本流程

无论是商品特征个性化、市场需求长尾化还是消费行为社群化,无不反映出数字时代消费行为的一个重要变化,那就是消费者在商品的设计、生产和销售过程中扮演着越发重要的作用,而生产者则必须相应地对自身原有的产品设计、生产过程和分销方式作出调整,以充分适应消费者的各项个性化需求。这种市场力量的倾斜,正是数字经济的消费者理论所关注的重点。

2. 数字经济中的生产者理论

从生产者的角度,数字经济中至关重要的生产要素(如 ICT 技术、数据和信息等)与传统的生产要素(如劳动力和资本)相比差异明显,主要体现在这些新型生产要素所具有的数字化、网络化和共享性等特征上。在数字经济中,这些新的虚拟生产要素①可以通过互联网自由地跨越物理时空,从而降低了企业获取和使用这些生产要素的实际成本。这就使数字经济中的生产企业在生产成本和企业组织上具有显著优势,进而在生产过程中体现出明显的"规模经济"和"范围经济"效应,这就对以传统经济为基础而建立和发展起来的经典生产者理论提出了巨大挑战。

➢规模经济

规模经济(Economies of Scale)一般指企业增加产出规模时单位成本下降的现象。简言之,存在规模经济时,企业可以通过扩大经营规模来降低平均成本,从而提高利润水平。由于存在"干中学"(Learning by Doing)机制②,以及数字产品具有的零边际成本(由于非竞争性的存在,生产数字产品的企业能够以极低的成本生产出产品的"复本",其边际成本近乎为零)等特点,企业会呈现出很强的规模经济特征。特别是零边际成本这一特点,是数字经济生产区别于传统生产、数字产品区别于传统物质产品的主要特征之一。零边际成本的存在,确保了数字经济中的生产企业的固定成本被不断地稀释,进而使规模经济成为可能。

可以彰显数字经济的规模经济这一特点的突出案例,是世界上第一款沙盒开放世界建造游戏——《我的世界》(Minecraft)。自 2011 年问世起,该游戏就以其对配置的低要求、极高的自由度和开放度,以及极强的游戏性为全球玩家所喜爱。2011—2020 年,该游戏在各个游戏平台和 PC 上一共销售了超过 2 亿份,月度活跃用户数超过 1.3 亿,为其开发者 Mojang 工作室及其母公司微软集团在几乎没有增加额外成本的前提下创造了大量收入。

---

　　①　虚拟生产要素,又称虚产要素,是指在生产活动中区别于资本、劳动力等实质性物质性要素而存在的其他非物质性生产要素。

　　②　干中学,指人们在生产产品与提供服务的同时也在积累经验,从经验中获得知识,从而有助于提高生产效率、增加知识总量。

➤范围经济

在数字经济的生产过程中,范围经济(Economies of Scope)效应同样得到了充分发挥。范围经济一般指企业通过扩大经营范围和增加产品种类,生产两种或两种以上产品时单位成本下降的现象。与规模经济不同,范围经济通常是企业或生产单位从生产或提供某种系列产品(规模经济是大量生产同一种产品)的单位成本中获得节约成本的效果,而这种节约大多来自分销、研究与开发和服务中心(如财务、公关)等部门。

在数字经济中,企业不再以产品类别而是通过数据流和信息流来安排生产,进而打破了原有的产业界限,企业的生产技术可以很方便地被"移植"到更广阔的产品空间进行生产,由此实现范围经济。范围经济在数字经济时代的一个突出表现,就是数字产品生态的构建。无论是华为公司等从手机到智能手表、从笔记本电脑到路由器的全线智能产品系列,还是小米公司的全套智能家居产品线,都在试图通过账户关联、数据共享、连锁优惠、配套服务等方法吸引用户购买其全系列产品,从而形成完整的产品生态,提高用户黏性与企业的持续盈利能力。

除了在生产过程中呈现出全新的特征,在生产组织形式方面,数字经济也呈现出不同于传统经济以企业为基础性单位,由供应链和生产者网络相互联系的组织模式。互联网等数字技术的出现,大大提高了数据的流动性和穿透性,削减了交易费用,从而推动了大规模的社会化分工和协作。在数字经济中,通过在线协作的方式完成项目任务——这一全新模式盛行一时,而社会化分工协作也渐成主流,传统的企业组织形式已经不再适用,在生产组织形式方面体现出明显的"柔性生产"和"虚拟企业"特征。

➤柔性生产

柔性生产(Flexible Production)一般是指在需求个性化和定制化的基础上,生产组织者利用分散化的生产,实现多品种、小批量的生产方式。柔性生产是针对大规模生产（刚性生产）的弊端而提出的新型生产模式，即通过系统结构、人员组织、运作方式和市场营销等方面的改革，使生产系统能够快速适应市场需求的变化，从而增加企业效益。

　　数字经济进一步增加了企业提供定制化服务的能力，使企业能够以柔性和即时的方式延伸定制化服务，并从定制化延伸中获益。有着"数字经济的皇冠"之称的智能制造（Intelligent Manufacturing，IM）就是柔性生产的一个典型（见图 2-6）。小到智能服务机器人的生产，大到航天航空设备的研发，智能制造的本质就是让制造业的核心资产从硬件（如生产线）分流到软件（如生产线的数字化模型）上。从另一个层面来说，柔性生产是适应数字消费的"商品个性化"与"需求长尾化"特征而出现的，是生产者对于消费者行为变化的合理应对。

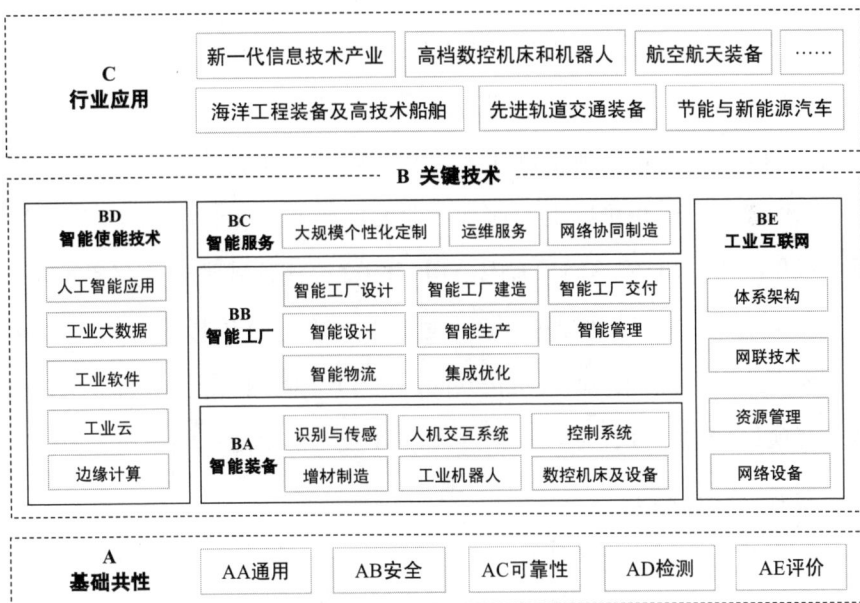

图 2-6　智能制造标准体系结构图

资料来源：《国家智能制造标准体系建设指南（2018 年版）》。

➤虚拟企业

虚拟企业(Virtual Enterprise)是柔性生产之外,数字经济时代的另一种新生产组织形式。虚拟企业,又称企业动态联盟,一般指具有不同资源与优势的企业为了共同开拓市场、共同对付其他的竞争者而组织的,建立在信息网络基础上的,共享技术与信息并分担费用的互利型企业联盟。这一概念于1991年由美国里海大学的一批学者首先提出,被他们视为21世纪制造业企业的基本组织模式。由于具有高度的资源流动性和灵活的利润共享、风险共担机制,虚拟企业可以在激烈的市场竞争中把握住瞬息万变的市场机遇,因而是未来企业生产经营和市场竞争的主要形式。

在数字经济中,随着网上交易的日益增多,在互联网上提供商务服务的厂商或其他商业组织也越来越多,这也意味着竞争对象越来越具有不确定性。因而更多的企业意识到仅靠自己的资源与能力难以适应快速变化的市场需求,以往"完全竞争"的观念逐渐被"协同竞争"所取代。同时,企业也开始反思已有的组织结构,试图建立有足够弹性的、更加灵活的组织和管理模式,虚拟企业由此得到了迅速发展。以虚拟现实技术(Virtual Reality,VR)为例,2016年,由中国电子信息产业发展研究院、北京航空航天大学、歌尔股份有限公司、宏达通讯有限公司(HTC)等该领域主要企业和研究机构联合发起成立"中国虚拟现实产业联盟",以促进VR行业的良性发展。通过该企业联盟,企业与研究机构共同制定VR标准体系、推荐行业应用试点示范项目、设立VR产业投资基金,为VR技术的落地与相关产业及企业的发展提供有力支持。

3. 数字经济中的市场机制

以上,我们探讨了数字经济的消费者理论和生产者理论。在数字经济的市场理论中,对于平台经济的研究占据着主导地位。

平台经济,一般是指平台买家和平台卖家通过平台企业提供的虚拟空间进行互动并展开交易行为，进而演化、形成的一种特殊的市场经济组织形态。以运营平台作为主要业务的互联网企业，都可以被视为平台企业。美国市值最高也最受关注的五大科技企业脸书、苹果、亚马逊、网飞和谷歌（共同简称 FAANG），以及中国目前市值最高的三家科技企业阿里巴巴、腾讯和美团（共同简称 ATM），都是平台企业的代表。

从市场结构来看，平台经济具有典型的双边市场（Two-sided Market）特征，相应地，网络外部性①就是平台企业的核心竞争力。在数字经济时代，由于消费者的注意力是稀缺的，市场结构同时受供给方和需求方规模经济的影响，继而双边市场的网络效应和平台用户的规模共同引发了平台效应，使互联网经济更趋于单寡头垄断型市场结构。在社交网络、网约车和共享单车等平台的发展历程中，最终都毫无例外地形成了垄断性市场结构。尽管平台经济的存在降低了信息搜寻成本——这对解决信息不对称问题大有裨益，但是平台本身和用户之间又形成了新的信息不对称，极有可能导致消费者的福利受损——大数据"杀熟"、算法歧视等平台企业侵害消费者利益的现象屡禁不止，就是此处最好的例证。

那么，数字经济，尤其是平台经济的发展究竟会鼓励创新还是抑制创新？

一方面，数字经济使消费者与企业之间的双向沟通更为顺畅，消费者对于生产的影响力上升，由此加剧了企业间的竞争，改变了企业的发展模式和商业行为。过去以生产者为主体的创新模式，正在向以消费者和大众为主体的创新模式转变，提高了产品创新和服务创新的针对性。与此同时，由于数字经济模糊了企业的边界，企业的创新方式也由单一企业的内生自主创新，转变为虚拟企业的合作协同创新，网络外部性的存在提高了企业的创新

---

①　指连接到一个网络的价值取决于已经连接到该网络的其他人的数量，用户越多，则每个用户的效用越高。

效率。

另一方面,平台经济中的寡头企业,能够迅速模仿或整合中小企业的创新模式,再利用其在自身资本和用户规模上的优势,挤垮或吞并中小型企业。这样一来,新企业实现"创造性毁灭"和"颠覆性创新"的难度大大提高,平台的发展反而遏制了创新。当然,也有一些研究认为,平台的垄断地位是暂时性的,网络产业中的快速创新会加剧竞争,任何一家企业都不可能永久拥有市场的支配力量。面临竞争风险的垄断者并不会采取价格竞争等实质性的垄断手段,因此平台对于创新的抑制仅仅是一个短期影响。

目前,对于数字经济市场体系与创新机制的大讨论可谓"百家争鸣",尚未形成充分共识。这也将是数字经济学未来一段时间可能取得重大理论突破的重要领域。

五、数字经济中的政府行为

经济学中一个历史悠久的核心议题,就是政府与市场的关系问题。以凯恩斯宏观经济学为代表的许多主流经济学派均认为,由于市场机制存在失灵和负外部性等诸多"先天不足",所以需要政府参与资源分配并推行稳定性政策,以确保市场秩序的正常运行以及社会福利的公平分配,为政府可以在提供公共服务、防范垄断、为市场进入提供便利,以及监管市场等方面发挥重要作用。

1. 数字经济和传统经济中的政府作用

那么,数字经济中的政府与传统经济中的政府作用究竟有何不同?笔者认为,可以从以下三个方面着手进行对比与分析。

第一,数字技术的进步提高了政府参与市场的能力,使政府可以运用先进的技术手段更好地监管市场。对于传统意义上的市场行为,政府只能采取实地参与、现场调查和规则制定等相对陈旧、臂甲固定的形式进行监管与治理。而监管的有效性取决于政府对于市场情况的了解程度，特别是对于市场变化的敏锐程度。在大数据和云计算等技术的加持下，政府可以真正实现对于市场的实时监控，并且通过智能算法对于市场将要发生的变化进行精准预测，从而做到防微杜渐，提高政府监管的主动性与预防性。

第二，数字经济是经济社会发展的战略新兴产业，而政府在新兴产业发展过程中充当的角色也更为重要。代表着科技创新方向与产业发展方向的战略新兴产业，是经济增长和结构转型的动力来源，也是国家实力的重要标志。政府对于新兴产业的支持与监督，是新兴产业成长为国民经济核心产业的充分必要条件。

21世纪的前20年，是全球新一轮科技革命和产业变革从蓄势待发到群体迸发的关键时期。信息革命的进程持续、快速推进，物联网、云计算、大数据和人工智能等技术广泛渗透于经济社会的各个领域，进而推动传统工业体系分化变革，重塑制造业的国际分工格局。在这一背景下，数字经济作为关键战略新兴产业的定位进一步明确。然而，这也意味着数字经济产业发展并不成熟，存在专业人才储备相对不足、法规体系建设相对滞后以及相关政策措施不到位等诸多问题。此时，政府的统筹规划和政策扶持无疑至关重要。政府能够营造有利于新兴产业蓬勃发展的生态环境，创新发展思路，提升发展质量，进而推动数字经济成为促进经济社会发展的强大动力。

第三，由于数字经济的内在特点，在数据共享、隐私保护和数据标准等方面，传统私营企业能够发挥的作用相当有限，政府维持市场秩序、参与规则制定、推动关键投资的作用有了新的体现。

前文中，我们强调了平台作为一种双边市场的重要性。而在现实中，政府在数字经济中的平台作用更为凸显。在传统经济中，政府通过建设和维持农贸市场、小商品批发市场以及就业服务中心等平台，帮助供需双方实现更好的匹配；在数字经济中，政府可以在大数据等具有显著外部性的生产要素的交易中进一步发挥平台的作用,以维护市场秩序、优化资源配置,同时又能增加财政收入。除了建设数据交易平台外,政府还能够参与国际技术标准、互联网协议标准以及数据安全性标准的制定,通过国际合作维护数字空间秩序,主导一些关键性的 ICT 设施如 5G 网络的建设。

2. 政府如何促进数字经济的发展

关于政府在数字经济发展过程中的角色问题,虽然在政府监管和介入的边界这方面尚存在一定的理论盲区与争议点,但关于政府应如何促进数字经济的发展,本书基于已有研究提出以下四条治理思路,供有关部门参考。

第一,以建设数字化强国为核心,大力支持数字经济发展。数字经济的内涵与国内外发展实践均表明,企业和市场的数字化是数字经济的微观基础,也是数字经济发展的动力源泉。数字化融合可以有效提高经济运行效率,从而成功应对传统要素成本上升带来的经济增长放缓;对于数字经济发展基础比较弱的国家来说,推动本国经济数字化可以有效加快接入国际数字化生产网络的步伐,从而实现跨越式发展。目前,各主要经济体如中国、美国和欧盟都已形成或者正在编制其数字化发展战略,围绕数字化进行的国际竞争将愈演愈烈。

第二,以制定标准与规则为举措,创造数字经济发展的良好条件。为了更好地扶持数字经济的发展,有必要消除数字化规则壁垒,推广数字化标准,营造公平、活力和安全的发展环境。首先,政府应加强信息技术标准的制定与推广,巩固核心技术与网络安全能力的建设,并重视网络安全人才培养,营造公平、良好的竞争环境与网络空间;其次,应最大限度挖掘数字经济的内在潜力,制定数字市场的基本标准与准则,为数字产品和服务的自由流动创造更为良好的条件,防止一些平台企业垄断市场;同时,应综合利用立法和财政支持等多种举措,为促进数字经济公平竞争和创新发展创造适当的条件,尤其是支持一些新型生产企业的发展壮大。

第三,以保障数字经济持续健康发展为目标,建立政府、市场和社会公众协同治理的框架。数字经济的发展需要依托互联网,而互联网的自然垄断属性与中立性也无时无刻不提醒着监管者创新监管模式,协调好政府、市场与社会公众之间的关系。在治理过程中,政府应当主动转变职能,积极监督、引导数字经济的发展。具体来说,政府应尽可能做好反垄断监督管制、知识产权保护、规则制定与维护,以及个人隐私信息保护等工作。

第四,以解决"数字鸿沟"等新兴问题为导向,发挥政府引导与监管的作用。"数字鸿沟"(Digital Divide),是指不同的经济个体之间,由于对数据和 ICT 技术的拥有程度、应用程度以及创新能力存在差异,而造成的信息落差与贫富差距加剧。不仅国与国之间存在"数字鸿沟"问题,一个经济体内部也存在着"数字鸿沟"。若想填平"数字鸿沟",政府需要积极作为,普遍提升居民的互联网使用水平与信息接受能力,将"数字机遇均等化"作为政府信息化建设的目标。具体来说,政府应与品牌商、运营商和内容开发商开展联合行动,持续提供本地化的数字内容,让更多的民众参与到数字经济中,从而为其提供就业和增加收入的机会。

小 结

综上所述,数字经济作为一种全新的经济模式,充分发挥了互联网在生产要素配置中的优化和集成作用,将互联网的创新成果深度融合于经济社会的各个领域之中。通过与实体经济相融合,数字经济全面提升了实体经济的创新力和生产力,逐渐形成了以互联网为基础设施和实现工具的经济发展新形态。互联网技术和数字经济的发展,既改善了宏观经济结构,从而直接推动经济增长;也改变了传统经济的增长模式,进而为经济转型升级注入新动力。

已有的数字经济学相关研究,多从数字技术降低经济活动中的各类成本这一核心机制出发,对于新的数字经济现象和经济行为作出了比较深入的分析与阐释。然而,对于如何分配数字经济产生的巨大社会福利,以及如何监管数字经济企业等重要问题,已有文献给出的解答莫衷一是。这与人类社会发展历程中屡次重大技术变革推动经济发展的过程是一致的:新的关键性技术出现和兴起之后,总是会在短期内造成福利分配不均和垄断等问题,但随着该新兴技术的不断成熟以及人们对其理解的逐步深入,市场和政府最终会作出相应调整,从而实现更加合理的资源配置与福利分配。从这个角度来说,我们不应畏惧当前数字经济发展过程中所出现的各类问题,而是应该正视这些问题的存在,并在发展的过程中坚持寻找化解这些问题的机制与做法。

通过本章的介绍,相信大家对于数字经济的发展历程与运行规律已经有了更为深入的了解。以上这些基础性知识,能够帮助我们更好地理解建立在大数据和人工智能之上的数智经济。在第三章中,我们就将重点探讨围绕数据技术和数据本身形成的一系列新经济现象与新经济模式,及其背后的经济学规律。

大数据：
21 世纪的"新淘金热"

> "世界的本质就是数据……大数据的核心就是预测……预测
> 给我们知识，而知识赋予我们智慧和洞见。"
>
> ——维克托·迈尔-舍恩伯格，著名数据科学家

2012 年，《大数据时代：生活、工作与思维的大变革》一书问世，掀起了一股席卷全球的"大数据"浪潮。社会各界开始热议大数据及其相关技术，已经或者将要对人类经济、社会、政治以及思想带来的深刻变化。现如今，距离该书出版已近十年，大数据也已遍布于人类社会的各个角落，政府、企业和个人对于大数据的使用更是如家常便饭。

在政府治理中，各国、各地区的政府纷纷进行数字化转型，逐步形成了"用数据决策、用数据管理、用数据服务"的公共管理与服务机制，数据治理

能力已经成为治理能力现代化的主要评价标准。在企业运营中,大数据分析已经逐渐转变为企业能够存续发展的先决条件,而与之相对应的,数据分析师、AI训练师等相关高技能人才成为就业市场上的"香饽饽"。除了政府层面和企业层面,在个人的消费选择中,基于大数据的个性化推荐已经成为绝大多数网商平台的标配,而大数据"杀熟"也成为消费者权益保护方面的热点和痛点。

我们有理由相信,随着5G、智能物联等技术和相关产品的逐步普及,大数据将真正变得无处不在、无所不能。而围绕大数据的获取、挖掘与应用,一场21世纪的"新淘金热"已经在全球范围内悄然上演。

奥巴马在其任美国总统期间,高度重视数据与网络反映的社会现状。2012年3月,美国奥巴马政府公布了"大数据研发计划"(Big Data Research and Development Initiative),并设立了2亿美元的启动资金,旨在增强从海量数据中收集、分析和萃取知识的能力,从而加速美国在科学与工程领域发明的步伐,增强国家安全,转变现有的教学和学习方式。2014年1月,奥巴马要求其总统行政办公室用90天时间研究大数据如何改变人们的生活与工作状态,以及政府与民间、企业与消费者之间的关系。3个月之后,总统行政办公室发布了由其资深顾问约翰·波德斯塔(John Podesta)等幕僚署名的报告——《大数据:抓住机遇,保存价值》(Big Data: Seizing Opportunities, Preserving Values)。该报告指出,大数据是进步的动力来源,将帮助美国维系长期社会与经济的动能。除此之外,奥巴马政府还签署专门的行政命令(美国第13642号总统令),以确保在保护隐私安全与机密的同时,增加政府数据的公开化,保证政府数据"机器可读"。

当然,并非只有美国才重视大数据对于当前经济社会发展的重要意义。欧盟在1995年制定的《计算机数据保护法》基础之上,于2016年4月出台了《通用数据保护条例》(General Data Protection Regulation, GDPR),以规范互联网及大数据企业对个人信息和敏感数据的使用。此外,欧盟还于2020年2月发布了《欧洲数据战略白皮书》,以探讨欧盟作为一个数据联盟的可能性和发展空间。

中国国务院于2019年11月26日发布的《中共中央　国务院关于构建更加完善的要素市场化配置体制机制的意见》中,也专门提出了"加快培育数据要素市场"的三种具体做法:推进政府数据开放共享、提升社会数据资源价值,以及加强数据资源整合和安全保护。此外,中国政府还于2020年7月3日公布了《中华人民共和国数据安全法(草案)》,并在全国范围内公开征求意见,该草案提出国家将对数据实行分级分类保护,并且开展数据活动必须履行数据安全保护义务、承担社会责任。

通过上面的介绍可以看出,全球各主要经济体均试图围绕数据这一宝贵资源大张旗鼓,运筹帷幄。以上一系列规划、战略和立法,都在一定程度上预示着,哪个国家能在数据资源的开发与利用上占得先机,就能掌握21世纪经济发展和技术进步的绝对主动权。

从社会科学研究的角度来看,"数据经济"(Data Economy)的相关问题已经成为近年来经济学、统计学和社会学等学科关注的热点问题之一。由美国经济学会(AEA)牵头成立的美国社会科学联合会(ASSA)在其2020年年会上,专门举办了"大数据,国民账户和公共政策"子论坛,深入讨论数据在宏观经济层面的核算和应用等问题。包括《经济文献杂志》(*Journal of Economic Literature*, *JEL*)在内的一大批国外顶尖经济学期刊,也都在近期刊登专文介绍数据与宏观经济相关研究的最新进展。在数据资源大国——中国的学术研究界,也涌现出了一批关注大数据、数据技术和数据经济的经济学研究机构及学者,当然也已产生了一系列关注数据资源如何在经济活动中发挥作用的研究成果。

面对源源不断的海量数据,从经济学含义上应该如何理解,又该如何分类？大数据技术在过去几十年里获得了哪些关键发展？什么是数据科学，而围绕数据、数据库和数据科学，又能营造出一个什么样的生态环境？一场没有硝烟的"数据战争"是否已经悄然开始？从历史上美国加利福尼亚州的"淘金热"浪潮中，我们能够预见哪些关于当前大数据热的重要判断？

在本章中，作者将结合过去几十年的技术发展和经济现实，尝试着回答上述问题，并进一步验证数据作为一种生产要素的重要性。

"大数据"一词，最早于1980年首次出现在阿尔文·托夫勒极具影响力的未来学著作《第三次浪潮》(*The Third Wave*)中。该书将人类社会划分为三个阶段，并分别定义为人类社会的三次浪潮文明。"第一次浪潮"是贯穿整个封建社会的农业文明，历经几千年；"第二次浪潮"是从17世纪工业革命开始到20世纪80年代的工业文明，历经三百年；"第三次浪潮"是建立在电子信息工业、宇航工业、海洋工业、遗传工程等新生产力基础上的新文明，数字技术与生物技术是第三次浪潮的核心驱动力。"第三次浪潮文明"是托夫勒对未来社会设计的一种蓝图，其立足点是现代科技的发展，所阐述的内容也反映了当代西方社会思潮的一些重要观点。在《第三次浪潮》一书中，托夫勒大胆预言："如果说IBM的主机拉开了信息化革命的大幕，那么'大数据'则是第三次浪潮的华彩乐章。"如今，这一预言已然于我们所处的时代悄然成真。

一、数据的历史、定义与类型

通过生成数据记录信息的行为，最早可以追溯到人类文明正式起源之前。出土于非洲大陆南端斯威士兰的列彭波骨(Lebombo Bone)和非洲中西部刚果地区的伊尚戈骨(Ishango Bone)，是迄今为止人类所知的最早的计数工具。

1. 数据的历史

在非洲大陆南端,位于南非与斯威士兰之间的列彭波山脉地区的洞穴中,考古学家发现了一批特殊的骨骼工具——它们由狒狒的腓骨制成,有着明显的人为的刻痕,而其中最多的一片骨片上有着 29 道清晰的刻痕。考古学家将在这一地区中发现的骨骼工具命名为"列彭波骨",并测算出其骨骼年龄在 4 万年左右。

同样是在非洲大陆,比利时探险家海因策林(Jean de Heinzelin de Brau-court)早在 20 世纪中期,就在位于乌干达与扎伊尔交界处的伊尚戈村附近挖掘出了一块特殊的有着不规则"刻痕"的动物骨骼,并将其命名为"伊尚戈骨"(见图 3-1)。与列彭波骨一样,伊尚戈骨也由狒狒的腓骨制成,据推测其骨龄在 2 万年左右,而比较特殊的是,它的一端还镶嵌着一块锋利的石英。

想象一下,万千年前,星垂平野,寰宇寂然,茫茫荒野的洞穴之中,人类的先祖围坐在篝火前,费力地用小石片在狒狒的骨头上刻出一道扭曲的痕迹,是为了记录今天成功猎杀了一只凶兽,或是记录悬于天空的月亮再一次圆如轮盘,抑或是记载与隔壁部落刚刚达成的一场交易。而数万年后的今天,我们已无法洞悉这些兽骨上的刻痕究竟有何含义,但也许,人类的计数行为本身就是这些兽骨存在的最大意义。

在人类早期文明开始产生但尚未生成文字之时,不同的古文明中均出现了"结绳记事"的行为记录。在古代印加,人们编制名为"奇普"(Quipu 或 Khipu)的不同颜色的绳结用于计数(见图 3-2)。奇普的主要材料是棉线、骆驼毛线或羊驼毛线,它由一根主绳和许多根串联在主绳上的副绳组成。主绳通常直径为 5—7 毫米,上面系着很多稍细一些的副绳,副绳一般都超过 100 条,有时甚至多达 2000 条。每根副绳上都结有一串令人眼花缭乱的绳结,绳索的大小、长度与颜色,绳结的数量,每股绳线的旋转方向与次

图 3-1　伊尚戈骨

资料来源:科普中国。

数,都代表着不同的信息。在目前所知的 700 多个奇普中,大多数可以追溯到公元前 1400—前 1500 年。在古代中国,结绳记事也早有记录。《易传·系辞下传》①中记载,"上古结绳而治,后世圣人易之以书契,百官以治,万民以察"②,可见中国的"结绳"习俗应远早于公元前 500 年。

➤数字——数据的基础形成

无论在中国历史上还是世界范围内,作为数据的基础形式——数字,其发展历程也均有着清晰的脉络可循。

中国历史上对于数据的第一次明确记录,出现于河南省发掘出土的公元前 3000 余年商朝后期的殷墟甲骨文卜辞③中(见图 3-3)。这一卜辞中出现了 13 个计数用的单字,最高出现了"万"一级的数字的记录,说明此时

① 《易传》是一部战国时期(公元前 475—前 221 年)解释《易经》的论文集,《易传·系辞传》中引用了不少孔子的论述,且经过了孔子以后儒家学者的整理,可以说《易传·系辞传》是先秦儒家认识论和方法论的集大成者。

② 出自《易传·系辞下传》第二章,意即上古时期人们用结绳记事的方式管理实际发生的重大事件,后代帝王用文字替代了结绳记事的方式来记载、管理重大事件。

③ 卜辞,指商朝时期巫师进行占卜活动时,常将占卜人姓名、占卜所问之事,以及占卜日昔和卦象结果等刻在所用的龟甲、牛胛骨等兽骨上,有时亦刻有少量与占卜有关的记事。

的计数行为已经相当成熟,数字在中国的起源也应远早于此。

公元 3 世纪,古印度科学家巴格达(Baghdad)发明了早期的数字。200 年后,随着经济、文化以及佛教的兴起与发展,印度次大陆西北部的旁遮普(Punjab)地区的数学开始处于领先地位,印度数字中零的符号日益明确,使记数逐渐发展成十进位值制。公元 7 世纪,阿拉伯人征服了旁遮普地区,并开始学习和吸收当地先进的数字符号和体系。这之后,经过数个世纪的传播与发展,逐渐形成了我们如今熟悉的"阿拉伯数字"并传到了全世界,成为全球通行的数字系统。

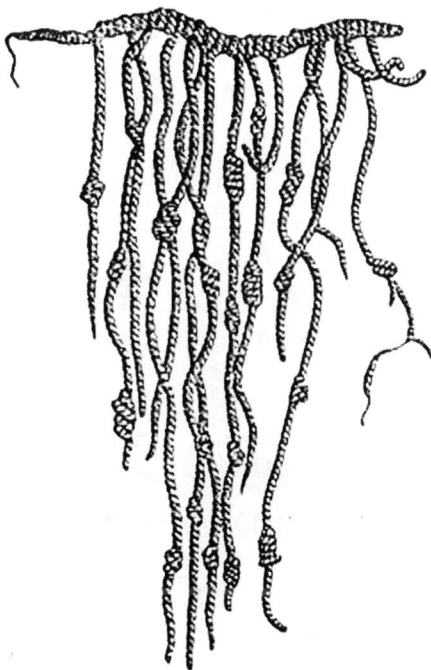

图 3-2　古代印加人记事用的绳结"奇普"
资料来源:科普中国。

2. 数据的定义

在人类历史的早期,远在文字与印刷术出现之前,数字和数据是最主要的记录信息的手段。通过数据记录的信息被保留了几千年,时至今日仍能帮助我们理解自己的祖先与起源。那么,进入现代社会,尤其是信息技术高速发展的当下,到底应如何定义与理解"数据"?

根据《现代汉语词典》(第 7 版)的定义,数据可以被理解为进行各种统计、计算、科学研究或技术设计等所依据的数值。在《牛津英语词典》(Oxford University Press)中,"数据"被定义为"用于形成决策或者发现新知的事实或信息"(Facts or information, Especially When Examined and Used to

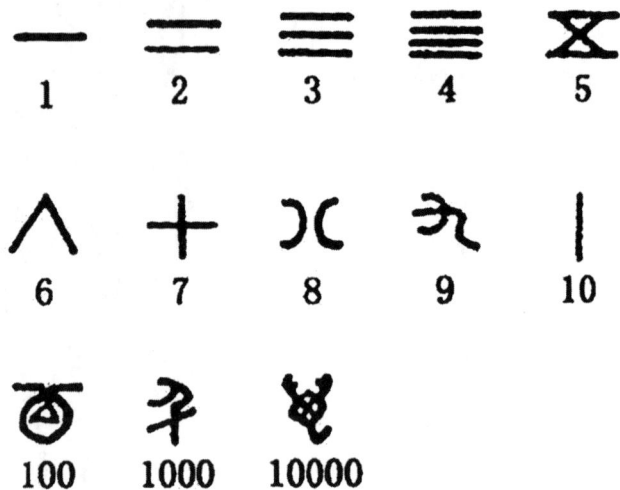

图 3-3　殷墟甲骨文中的 13 个计数单字

资料来源：科普中国。

Find out Things or to Make Decisions）。以上两种定义方法均强调了数据的用途——统计计算、科学研究、形成决策或者发现新知。

　　社会科学领域对于数据的认识，与数据的一般定义略有不同。从统计学的角度，加拿大统计局（2018）将数据定义为已经转化成数字形式的观察（Observations），譬如今天的气温是低还是高、你最近发布的微博或朋友圈收获了几个点赞，或者你喜欢的足球选手在最近一场比赛中进了几个球这样的信息。数字形式的观察，能够被储存、传输以及加工处理，而数据的使用者（未必是其所有者）能够从中提取新的知识与信息。从经济学研究的角度，普林斯顿大学的马亚姆·法布迪（Maryom Farboodi）与哥伦比亚大学的劳拉·维尔德坎普（Laura Veldkamp）将数据定义为可以被编码为一系列0 和 1 组成的二进制序列的信息，这些信息既包括数字化的音乐、影像资料和专利等，也包括统计数据和交易记录。前者可以被看作以数据形式存在的产品与服务,而后者则更多地被看作为了生产知识而进行的一类特殊投入(Input)。

无论对数据采取哪种定义,在绝大多数情况下,数据都被理解成为一种特殊的、按照二进制形式编码和存储的信息。而说到信息,则必然无法忽视如今重要性不断提升的一个学科——信息经济学。信息经济学起源于 20 世纪 40 年代,于 20 世纪中叶不断发展壮大,直到 70 年代基本发展成熟,作为信息科学的一个分支学科,信息经济学是一门研究信息的经济现象及其运动变化特征的科学。

那么,从实际研究的角度,是否可以在信息经济学的总体性框架下思考与研究数据的作用与意义?事实上,这确实是当下许多已有研究的做法,有相当数量的文献采用信息摩擦、不对称信息等信息经济学的概念,分析数据对于实体经济的影响。然而,这一做法并非最优解。前谷歌高级研究员吴军博士在《智能时代》一书中提出,信息是关于世界、人和事的抽象的客观描述。而与之相对的,数据是一种人造物,可能被篡改和伪造,没有信息的数据并没有太多意义。因此,过滤掉没有用的噪声和删除有害数据,是提升数据价值的必备步骤。

在本书作者看来,除了上述差异外,数据与信息相比还具有以下三大不同。

其一,数据在大多数情况下是标准化的。通过数据的定义就可以看出,绝大多数数据都已经或者可以按照二进制进行编码与储存。

其二,数据的价值挖掘是由技术驱动的。数据分析处理方法是随着数学方法与信息通信技术等的进步而不断扩展、升级的,随着这些方法与技术的进步,通过数据获得的知识和信息也在不断增加。

其三,数据的处理和使用过程具有可复制性。随着人工智能、机器学习和深度学习等技术的不断拓展与深入,在分析、处理和挖掘数据与生成知识的过程中，人——或者更准确地说——决策者的作用在不断减弱，而这与决策者在使用信息时发挥的核心作用形成了鲜明对比。

考虑到上述差异的存在，我们就不能简单地将数据归为信息的子类，尤其是在经济学研究中，更是需要明确区分以信息为核心研究对象的"信息经济学"与研究数据如何驱动经济发展的"数据经济学"。

3. 数据的分类

对数据的具体类型进行规范划分，能够帮助我们更加准确地把握各种数据在产生、存储、交易和作用过程中存在的差异性，以及更加深入地理解数据如何进入社会生产过程。从数据的存储与处理方式入手，按照数据的结构化程度，可以将数据分为结构化数据（Structured Data）、半结构化数据（Semi-structured Data），以及非结构化数据（Unstructured Data）三种类型。

其中，结构化数据一般指行数据，即由二维表结构来逻辑表达和实现的数据。结构化数据严格遵循数据格式与长度规范，主要通过关系型数据库进行存储和管理。通俗来说，绝大多数以表格形式（尤其是二维逻辑表）存在的数据都是结构化数据，譬如企业财务系统、医院信息系统等。

与结构化数据相对的，非结构化数据就是不适于由数据库二维表来表现的数据，是存储在非关系型数据库中的、字段可变、不具有固定结构的数据，譬如图片、文本、视频、通信记录、卫星图像等。

半结构化数据则介于结构化数据和非结构化数据之间，它不符合关系型数据库或其他数据表的形式关联起来的数据模型结构，但包含相关标记，用来分隔语义元素以及对记录和字段进行分层，即具有一定的结构性的数据。简言之，半结构化数据是有结构的，但不方便进行模式化。举例来说，人力资源部门存储的员工简历就属于半结构化数据，它具有一定的结构性——员工简历包含一些相同类别的基本信息，如员工姓名、教育背景、工作年限等，但是在具体内容上又存在一定差别——有的员工简历还包括婚姻情况、户口迁移情况以及党籍情况等。

国际货币基金组织统计局（IMF Statistics）按照数据的来源将数据分为四类，分别是第一方数据（First-party Data）、第二方数据（Second-party Data）、第三方数据（Third-party Data）和公共数据（Public Data）。其中，第一方数据是指数据使用者（一般是指企业）自行收集的关于其自身、客户或用户的信息，第二方数据是指从其他企业购得或者交换来的第一方数据，第三方数据是指数据使用者从并没有直接经济联系的经济个体那里收集而来的数据，而公共数据则是指数据使用者从公共渠道获得的无成本或者仅需支付很低的数据使用成本的公开数据。

当然，除了上述划分方式外，按照数据来源也可以简单地将数据分为外部数据（External Data）和内部数据（Internal Data）。按照数据的产生过程，可以将数据划分为用户产生的数据（User-created Data）和机器产生的数据（Machine-generated Data）。而按照数据内容的主体，可以将数据划分为私人数据（Private Data）和机构数据（Organizational Data）。在实际分析中，根据理解和分析的需要，我们可以选择上述任何一种划分方法展开研究。

二、大数据技术的发展与突破

毋庸置疑，数据在社会生产过程中的广泛使用是以和数据相关的各类技术取得持续性突破为基础和前提的。这些技术大致可以分为两类：第一类是ICT技术，其核心是笔者在第二章中重点介绍的计算机与互联网技术。基于ICT技术制造与搭设的计算机软硬件和互联网则是数据的载体，也是数据分析处理的"基础设施"。第二类是数据分析处理技术，主要可以分为传统意义上的数学统计分析以及基于云计算和分布式处理，在2000年之后逐渐兴起的大数据技术。

数据的分析和处理过程一般可以简单地划分为数据的产生与收集、数据存储、数据传输以及数据分析四个环节。在过去 20 多年里,各项大数据技术的出现既深刻地改变了数据分析处理的基本模式,也极大地扩展了数据分析处理的应用空间。

1. 大数据技术的发展

首先,在数据的产生与收集环节,一系列技术进步促进了数据在规模、种类和频率上的全面提升。一般来说,数据的生成方式主要有三种:主动式生成、被动式生成,以及感知式生成。数据的主动式生成,主体是个人。而移动互联网的发展和手机等移动终端的普及,不但使用户数据大量增加,还促使用户主动提交自己的行为。譬如,当下在微信朋友圈上传照片、收发信息等移动社交行为在中国已变得稀松平常,人们不但主动提交自己的行为,还同自己的社交圈进行实时互动,因此更为大量的数据不断生成,且具有极强的传播性。与之相对应的,数据的被动式生成则主要依赖于数据库技术的发展,使数据的保存与管理都更为程序化、简约化。系统在运行时产生的数据可以直接保存到数据库中,数据随业务系统运行而自动产生,因此该阶段所产生的数据是被动的。从 20 世纪末期至今的 30 多年里,ICT 技术的发展将用户和机构的几乎所有网上行为均记录下来,从而增加了主动式生成的个人数据和被动式生成的个人与机构数据。

与数据的主动式生成和被动式生成不同,数据的感知式生成主要得益于传感器以及将传感器集成起来的物联网(Internet of Things,IoT)技术的发展、普及与全面应用。物联网是指通过信息传感设备,按约定的网络协议,将任何物体与网络相连接,物体通过信息传播媒介进行信息交换和通信,以实现智能化识别、定位、跟踪、监管等功能。物联网的发展,扩展了可以被收集的数据种类,使数据生成方式得以彻底改变,数据的感知式生成得到了长足进步。举例来说,遍布在城市各个角落的摄像头等数据采集设备源源不断地自动采集并生成数据,这就是数据的感知式生成。

其次，在数据的存储环节，大型数据库和云存储等技术的发展使海量数据的积累和存储成为可能，而这些数据所蕴含的信息与潜在知识是数据在经济中发挥作用的重要基础。

数据库（Database），即存放数据的仓库。数据库将各类数据有组织地存储起来，能够便于进行检索与操作。数据库技术产生于20世纪60年代末70年代初，是为了满足有效地管理和存取大量数据资源的实际需求应运而生的（见图3-4）。随着计算机技术的进一步发展和变革，数据库逐渐从大规模服务器转移到个人计算机上。近年来，随着互联网技术的发展，数据库又逐渐转移到网络云空间之中，从而在数据存储规模、存取速度和有效管理等方面，都取得了指数级别的巨大进步。

云存储（Cloud Storage）是在云计算①（Cloud Computing）这一概念上延伸与发展出来的新概念，代表在"云"上存储信息的一种新模式。通过云存储，数据被存放在由第三方托管的多台虚拟服务器上。可以说，云存储是数据库发展的最新的、代表其最高技术水平的非实体形式。云存储打破了传统的存储系统在容量与性能扩展上存在的"瓶颈"，它基于分布式文件系统、并行处理和网格技术，将网络中大量各种不同类型、分布在不同地区的存储设备通过应用软件集合起来，形成一个虚拟的海量数据库，在数据存取速度、安全性、使用成本上均显著优于传统的数据库，并且具有良好的可扩展性和高容错率，以及数据存取实现对用户透明等特点。时下火热的区块链以及作为其基础的分布式记账（Distributed Ledger），就是云存储的一个应用方向。

再次，在数据的传输环节，移动通信技术迅速地更新换代，当前来看主

---

①　云计算，即分布式计算的一种，指通过网络"云"将巨大的数据计算处理程序分解成无数个小程序，然后通过多部服务器组成的系统进行处理和分析这些小程序，最终得到结果并返回给用户。

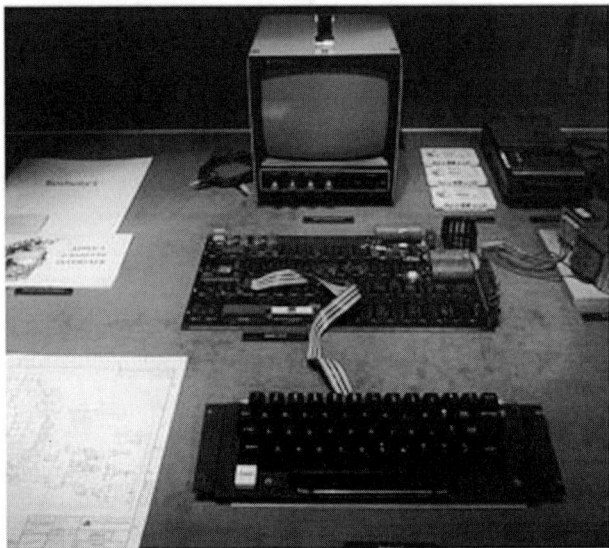

图 3-4　世界上第一个数据库管理系统 GE Integrated
Data Store(IDS)

资料来源:电气与电子工程师协会(IEEE)。

要是 5G 技术的快速发展成功实现了数据传输的提速降费,使越来越多的个人与企业能够接触和使用大数据。

所谓 5G,即第五代移动通信技术(5th Generation Mobile Networks 或 5th Generation Wireless Systems)。通过 5G,能够实现当前通信基础设施条件下的最高数据传输速率(最高可达 10Gbit/s,比当前的有线互联网要快,比先前的 4G LTE 蜂窝网络快 100 倍)、最低延迟(5G 的相应时间低于 1 毫秒,而 4G 的响应时间为 30—70 毫秒)、最低能耗、最低成本(不考虑固定安置成本)、最大容量和最多连接数。5G 代表着互联网走向更高层次的多元化、宽带化、综合化和智能化,同时也为数据在生产过程中的应用提供了更多的可能性。

最后,在数据分析环节,人工智能中的机器学习、强化学习和深度学习等技术对于传统经验分析和统计模型的逐步替代,有效提升了数据分析的效率与准确性。

在人工智能和算法发展到今天的水平之前,经验分析和统计推断是商业机构中数据驱动决策的最主要形式。数据分析师(Data Analysts)采取各种统计手段对数据进行分析处理,从中获得信息,最终形成知识。不可否认的是,这一类传统的数据分析受到数据规模、数据分析师的分析处理能力以及系统计算能力的严格限制与约束。而在海量数据被生产和存储的今天,传统的、以人为分析主体的经验分析与统计推断已经难以充分释放数据动能,基于人工智能尤其是深度学习的复杂数据分析已经逐渐成为主流。在这一过程中,人的角色从"分析者"蜕变为"规则制定者"与"监督者",人对于分析过程的介入、影响和监督则主要通过编写算法、修改算法以及输入数据实现。

2. 相关技术的前沿

除了上面介绍的各项技术之外,数据相关技术的前沿发展与潜在突破,也同样值得重点关注。目前看来,边缘计算和量子计算有的发展值得重点关注。

➤边缘计算

边缘计算(Edge Computing),简单地说,就是一种在数据源头如物理实体或网络边缘完成数据的存储、计算和应用的技术,是对于数据的一种"就近"处理，以实现提升计算和应用速度，降低网络流量和数据中心管理压力，进而提高数据使用效率的目的。与代表集中式大数据分析处理的云计算不同，边缘计算基于分散式、碎片化大数据分析处理理念，在数据规模不断膨胀的当下，提供了一种进行局部数据分析的办法，尤其是在弱网、弱电的环境下，边缘计算提供了一种相较于云计算更加经济适用的解决方案。

边缘计算的发展基础是 5G 相关设备与服务的全面覆盖。5G 将网络边缘与数据中心的交互变得低廉而快捷，使边缘计算的广泛使用成为可能。例如，随着智能家居市场的不断发展，家庭中的每一件智能家具都将成为一个独立的边缘计算端口，能够自行解决一些简单问题（如电源开关、温度控制、亮度调节等），并进行人机、物机交互。即使在网络条件出现波动甚至突发性断网时，也能确保这些家具的正常运行，从而提高了居民生活便利度，也在一定程度上降低了对于"云"的依赖度。

➤量子计算

与强调"边缘性"的边缘计算不同，"量子计算"通过在计算中引入量子力学规律，实现远超传统计算机的信息处理速度。量子力学态叠加原理[①]使量子信息单元的状态可以处于多种可能性的叠加状态，从而导致量子信息处理从效率上相比于经典信息处理具有更大潜力。相应地，基于量子力学构建的量子算法将在运算速度上全面超越传统计算机（也就是说，当前广泛使用的以通用图灵机为基础建立的电子计算机）的机器算法，从而在指数级别上提升运算速度。

毫不夸张地说，一场量子计算领域的"军备竞赛"已然在世界各主要经济体之间展开。2016 年 4 月，欧盟宣布启动 11 亿美元的"量子旗舰计划"，

———————

① 量子力学态叠加原理，又称叠加态原理，是量子力学中的一个基本原理，被广泛应用于量子力学各个方面。叠加态原理实际上是在希尔伯特空间中构造一个形式上很像波函数的东西，这里不再赘述。

旨在将量子物理研究从实验室转移到商业市场。2018 年 12 月,时任美国总统特朗普签署《国家量子计划法案》,为美国加速量子科技的研发与应用、夺取战略性领先优势提供了立法保障。同时,美国计划在未来 10 年内向量子研究注入 12 亿美元资金,由美国能源部、商务部国家标准与技术研究院和美国国家科学基金会配合联邦政府共同落实量子计划项目。2019 年 12 月,在索契举行的技术论坛上,俄罗斯副总理马克西姆·阿基莫夫提出"国家量子行动计划",拟在 5 年内投资约 7.9 亿美元打造一台实用的量子计算机,并希望在实用量子技术领域赶上其他国家。

在一些世界顶尖科研机构,量子计算已经实现了"从理性到现实"的关键技术突破。2019 年 9 月,谷歌公司宣布已实现"量子优越性"(Quantum Supremacy):其研发的量子计算机 Sycamore 可以在 3 分 20 秒内求解出当今最先进的传统电子计算机大约要花费 1 万年时间才能解出的复杂问题。2020 年 12 月 4 日,中国科学技术大学宣布,该校潘建伟、陆朝阳等学者组成的研究团队,与中国科学院上海微系统所与信息技术研究所,以及国家并行计算机工程技术研究中心成功合作,构建了 76 个光子的量子计算原型机"九章"(见图 3-5)。九章求解 5000 万个样本的数学算法"高斯玻色取样"(Gaussian Boson Sampling)问题只需 200 秒,而目前世界上最快的超级计算机对于相同问题的处理需要 6 亿年时间。这一突破使中国成为全球第二个实现"量子优越性"的国家。

目前,量子计算技术的发展仍处于早期,能够大面积投入商用的量子计算机尚未出现。中科大潘建伟团队的预测是,在 15 年到 20 年之后,有望出现通用的、成本可以接受的量子计算机。

在此类量子计算机出现后,对于数据的分析处理将在须臾之间完成,人类的决策方式也将发生翻天覆地的变化。以现实中常见的密码设置为例,几乎所有密码本质上都是一道数学题,密码能否被破解取决于这道数学题

图 3-5　中国量子计算原型机"九章"

资料来源：新华社（摄影：马潇汉、梁竞、邓宇皓）。

的复杂程度和求解计算的速度。而当量子计算被广泛使用之后，即使是在当前计算技术下几乎无法破解的区块链加密，也会被基于量子力学的量子计算"降维打击"，区块链一直以来标榜的安全性也可能不复存在。这无疑为当前基于区块链技术设计的安全系统敲响了警钟。

三、数据科学、信息价值链与数据生态

2017 年 11 月，在美国加利福尼亚州和亚利桑那州的若干条道路上，司机和路人们注意到，一种通体白色、在车顶装有巨大摄像头和传感器的小型轿车频繁穿梭在车流之中。无论是早晚高峰的拥堵路段，还是在车流较少的通畅路段，总能看到这些白色轿车以平稳的速度按照固定的路径来回巡航。仔细观察可以发现，这些白色轿车的驾驶位并没有人。它们便是字母表公司旗下的自动驾驶汽车公司 Waymo 所研发的首批完全无人测试车——既没有驾驶员，也无须配置安全员。

无人测试是无人驾驶汽车的一项关键技术突破。在不配备安全驾驶员的情况下,无人测试车通过传感器和摄像头收集尽可能多的关于街景、交通标志、真实路况、行驶方式以及突发情况应对的数据集,用于指导无人驾驶汽车实现安全驾驶,同时让乘车人感受到尽可能接近真人驾车的驾驶体验。在进行无人测试两年后,Waymo 公司的无人驾驶出租车正式上线。

2019 年 7 月,Waymo 公司在美国加利福尼亚州和亚利桑那州两州正式获得牌照,在配置安全员的情况下,开始在交通状况十分复杂的洛杉矶(Los Angeles)运行无人驾驶出租车。2020 年 10 月 9 日,Waymo 宣布将在凤凰城(Phoenix,又译菲尼克斯)向公众开放没有配置安全员的无人驾驶出租车服务,自动驾驶汽车公司向公众开放完全无人驾驶出租车,这在历史上是首次。

可喜的是,在无人驾驶领域,中国企业并不落后。2020 年 7 月,由机器视觉(Machine Vision)领域著名科学家肖健雄教授成立的自动驾驶企业 AutoX①,继 Waymo 之后获得了加利福尼亚州第二张无人驾驶牌照,这一牌照被认为是全球最高技术安全要求级别的无人驾驶认证。2020 年 8 月,大众出行与 AutoX 在上海嘉定无人驾驶示范区宣布达成战略合作,计划在全国范围内组建自动驾驶示范应用的规模化车队。中国的人口密度要显著高于美国,与美国绝大多数地区地广人稀的路况相比,中国国内的道路情况要更为复杂。在中国的大型城市中,大部分街道上的楼栋比较多,也存在比较严重的遮挡问题,从而对于车辆传感器的要求也更高。相应地,中国对无人驾驶的需求也更大,并且通过积累大量驾驶数据训练出来的人工智能水平也理应更高,使得在相关技术的发展上存在"弯道超车"的可能。

---

① AutoX 成立于 2016 年 9 月,总部位于深圳,在北京、上海、硅谷、圣地亚哥等地设有研发中心,在上海设有自动驾驶运营大数据中心,是目前唯一拥有上海、广州、深圳三大一线城市自动驾驶牌照的公司。

1. 数据科学

如果说驾驶这一被广泛认为需要积累大量经验、要求对各类突发情况做到精确应变的人类行为都可以被精确模拟,那么还有什么是不能被"无人化"的? 数据科学告诉我们,只要能够积累足够多的数据,一切皆有可能。

数据相关核心技术的迅速发展,使越来越多的数据被产生、记录、处理和应用。根据 2020 年 2 月欧盟发布的《欧洲数据战略白皮书》的预测,自2018 年到 2025 年的 8 年时间,全球数据量将从 33 兆字节①增长到 175 兆字节,同时数据产生、存储和处理的方式也将发生巨大变化。根据国际数据公司(IDC)预测,由中国 14 亿人口所创造的数据达到了全球总和数据量的20%左右。

在 2020 年,80%的数据分析和处理是由数据中心和集中式计算设施进行的,剩余的 20%则由智能互联对象进行。而根据欧盟研究机构的预测,到 2025 年这一比例将会逆转,人类的绝大多数活动(尤其是经济活动)将会被各种传感器所记录,并通过物联网形成类似 Waymo 驾驶数据集的海量数据库。换言之,届时绝大多数数据都将不再经人手处理,而是完全由机器进行记录、处理与分析。而驱动上述变化的,正是一门新的交叉学科——数据科学的产生与发展。

数据科学(Data Science),简言之,就是处理数据与应用数据的科学,也是从数据中发掘关系、建立联系、获得知识、形成应用的科学。美国统计学家威廉·克利夫兰(William S.Cleveland)于 2001 年在统计学顶级期刊《国际统计评论》(International Statistical Review)上发表的题为《数据科学:拓展统计学技术领域的行动计划》的论文,首次将数据科学视为一门独立学科,奠定了数据科学的理论基础。而上一节中介绍的几种数据分析处理的各个

---

① 字节(byte)是计算机信息技术用于计量存储容量的一种计量单位,兆字节(megabytes)常用 MB 来表示。1MB = 1024×1024Bytes。

环节所使用到的技术,均可以被视为数据科学领域的前沿技术。

2010 年,美国机器学习专家德鲁·康威(Drew Conway)用如图 3-6 所示的维恩交叉图(Venn Diagram)①描述数据科学,提出数据科学是程序基础、统计知识和专业知识的融合体,这一观点被认为是数据科学发展早期一种比较贴切的近似描述,强调分析数据的目的是获得新的"知识"。这里对知识的定义是宽泛的,既可能是新的商业决策,也可能是新的生产技术,还可能是新的组织形式。数据科学的发展不但催生了一系列新的行业——如无人驾驶,还改变了一些已有行业——如在金融行业中引入自动化交易,同时也创造了许多新的职业——如数据科学家(Data Scientist)、数据工程师(Data Engineer)和数据分析师(Data Analyst)等。那么,从社会科学研究的角度,数据科学对于整体经济究竟有什么意义?

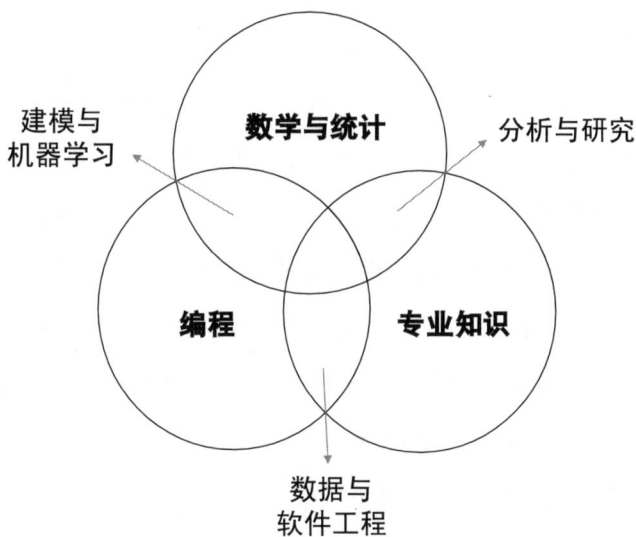

图 3-6　数据科学的维恩图表示

① 在所谓的集合论(或者类似理论)数学分支中,在不太严格的意义下用以表示集合的一种图示方法。

2. 信息价值链

2013 年，信息管理学者 H.吉尔伯特·米勒和彼得·默克等学者提出了"大数据价值链"（the Value Chain for Big Data）的概念。在他们的研究中，大数据价值链被定义为从获取数据到作出决策的整个数据管理活动、各种利益相关者和大数据技术构成的整体框架，整条价值链被划分成数据发现、数据集成和数据探索三大过程。福瑞克林等学者（Faroukhi 等，2020）提出，大数据价值链是从原始数据到产生真正见解的整个数据生命周期中，一步步地提取数据价值的可重复过程，他强调了大数据分析的循环性与价值增加。

在大数据价值链的理论基础上，加拿大统计局的研究团队在其于 2018 年发表的两篇研究论文中，从数据分析处理过程与实际经济活动的角度，提出了"信息价值链"（Information Value Chain）的概念，并以此为基础，测算了与数据相关经济活动的经济价值。相对于大数据价值链理论，加拿大统计局提出的信息价值链理论更容易理解，同时也能更好地反映出数据相关经济活动的价值创造过程，我们在这里予以重点介绍。

在信息价值链理论中，微观经济个体选择将一部分从现实世界尤其是经济社会活动中获得的观察，转化成可储存的数字形式——数据。这一过程涉及了投入和产出的概念与现实经济活动（数据收集和整理），因此按照国民账户体系（System of National Accounts，SNA，亦称国民经济核复体系）的一般做法，可以认为数据是被"生产"出来的。在生产出数据后，微观经济个体使用数据库对数据进行有组织的存储，从而能够方便地进行检索和操作。数据与数据库的区别在于，数据是已经被转化成数字形式进行储存的观察，在一定程度上可以被视为一种原材料。与之相对的，数据库是用一种结构化的方式将孤立、分散和割裂的数据整合到一起而形成的资源库，在这一过程中时常涉及对于数据的结构化、规范化和标准化处理。

　　在数据按照特定的结构被存入数据库之后,数据科学便开始发挥作用。具体来说,通过对数据进行分析、处理和挖掘,数据科学从这些数据中收集和提取见识、新的知识以及新的创意。这些见识、知识和创意,总是建立在海量数据的基础之上的。虽然每个数据点都包含着一些知识,但是数据科学的作用并不是去发掘单一数据点所包含的知识,而是把海量数据(也可以简单地视为大数据)看作一个整体对其进行分析,以获得具有整体性的模式、联系和趋势。这个作用过程类似于国民经济核算体系(SNA 2008 版)中对于科研活动(Research and Development, R&D)的表述:在系统的基础上,采用创造性研究来增加知识存量(包括人类、文化和社会的知识),并使用这个知识存量来设计新的应用。从这个角度来说,数据科学本质上就是以数据为对象的科研活动。

　　基于"信息价值链"的概念,采取类似于测度科研活动的统计、测算和估计方法,加拿大统计局细致地估算了 2005—2018 年加拿大数据经济活动的总价值。在广义的信息价值链中,数据、数据库和数据科学都是由经济个体生产而来,那么它们要么被经济个体自用,要么在市场上销售。从理论上看,市场上销售的部分应该用市场价格来衡量其价值,但是加拿大统计局(当然也包括其他几乎所有国家的统计部门)几乎没有这方面的数据。被经济个体自用的部分,则以生产出数据产品的成本(包含估计的资本回报)来衡量其价值。然而,由于各国统计部门目前均没有相关数据类产品市场销售的完整信息,所以无论是市场销售还是自用,在统计实践中都必须用生产过程中发生的实际成本来进行估值。

　　需要注意的一点是,在当前的国民经济核算体系中,许多与数据相关的支出实际上被包括在企业的软件类支出之中。譬如,个人、公司或机构如果购买了彭博资讯(Bloomberg)或者万德资讯(Wind)提供的信息类服务,其支付的费用里就同时包括了使用相关软件和新闻终端的费用,以及浏览和使用数据与数据库的费用。在现实中,很难将数据相关的企业支出从其他类的支出中完全剥离出来。因此,从实际支出的角度来度量数据价值,这在当前并不算是一个好方法。在下一节中,作者将探讨估计数据价值的三种思路,并解释为什么成本法在目前来看最为准确。

具体来说,加拿大统计局采用如下做法度量除观察外的信息价值链的总价值。

首先,估计生产数据、建立和维护数据库,以及开展数据科学所使用到的劳动力成本。在得到与上述生产过程相关的间接劳动力成本(如相关的人力资源管理成本)和其他成本(如预算控制、耗电量、相关建筑和设备维护、网络费用等)后,通过加总获得数据、数据库和数据科学的总成本。通过在总成本上加上预期的资本增值(markup,加拿大统计局采用3%这一数值),便可以得到对于当年新增数据经济活动总价值的估计。这一做法类似于国民经济核算体系中衡量自用软件价值以及研发投资成本时的做法,因而再次验证了数据科学和一般意义上的科学研究的高度相似性。

根据加拿大统计局的预测,2018年,加拿大数据相关总投资的规模在300亿—400亿加元①,其中数据科学占比最高,数据次之,数据库最低。而基于数据相关投资计算数据形成的资本存量中,数据类资本存量最高,数据科学次之,数据库最低。

3. 数据生态

以数据科学的发展与信息价值链为基础,在各个国家、各个产业乃至各个企业之间,我们都观察到了数据生态的逐步形成。如图3-7所示,数据生态(Data Ecology),可以被视为是从数据生成、存储、整合、传输、处理过程中形成知识,再从应用知识的过程中形成新的观察和数据,这样一个完整的

---

① 加拿大元,加拿大官方货币,符号为 C $,根据2021年1月汇率,1加元约为0.79美元。

循环系统。数据生态的主要技术内核是数据科学,其从数据生成到形成知识的单次循环,则是一条完整的信息价值链。因此,数据生态正是建立在上文介绍的数据科学与信息价值链的基础之上。

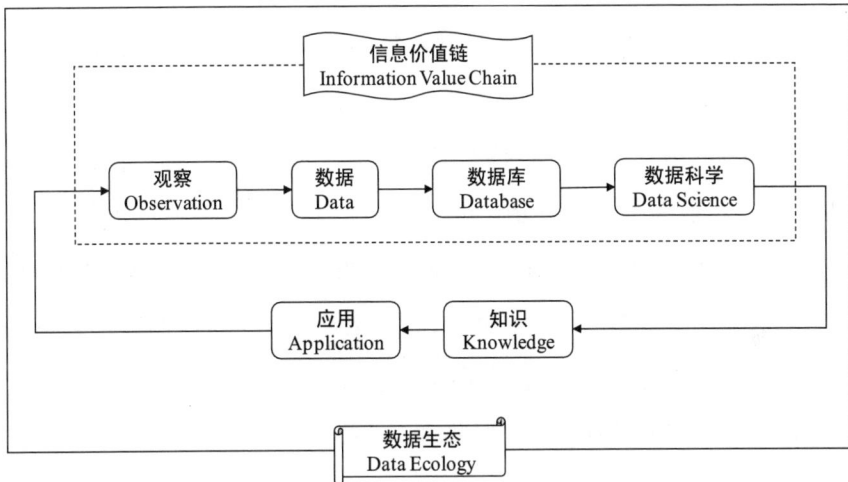

图 3-7 数据科学、信息价值链与数据生态

资料来源:笔者根据加拿大统计局(2018)绘制。

一般来说,当一个企业或机构在数据上的投入达到一定水平之后,就能够形成自己的独立的数据生态。这一数据生态的规模取决于企业拥有的数据量与企业在数据库、数据科学以及数据分析人才上的投入水平。在数据开放的大背景下,企业和机构的数据"小"生态可以被组合成整个行业乃至宏观数据"大"生态,从而有效促进行业或宏观层面的数据积累与流通,以及通用性知识的产生与应用。

在一个国家的宏观数据生态中,政府兼具"参与者"和"监督者"的双重身份。

一方面,政府拥有并且管理着私人部门不具有的海量公共数据,如典型的公安、交通、医疗、卫生、就业、社保、地理、文化、教育、科技、环境、金融、气象等数据。这些数据可以分为:仅政府有权利采集的数据(如财政税收),仅政府才有可能汇总或获取的数据(如服务业汇总),因政府发起才产生的数据(如基建和公共支出),政府的监管职责使其拥有的大量数据(如人口普查和金融监察),以及政府提供的公共服务的档案和记录数据(如社保水电)等。这些公共数据既能用于指导政府的政策实践,也能被企业用于商业决策,对这些数据的管理与开放是政府进行数据治理的核心内容。

另一方面,政府还监督着私人部门对个人及企业数据的使用与占有。数据作为一种能够产生经济价值的社会资源,其产生、传输、应用和盈利都涉及了大量的经济个体,如果不对数据的使用进行有效监督,数据生态就存在被垄断、滥用和控制的可能。因而,如何维护好各个层次的数据生态,是摆在当今各国政府面前的一道棘手的难题。

我们还观察到,数据生态的发展轨迹呈现出了十分明显的国别差异性。在中国,数据生态的核心是个人或者也可以说是消费者的交易数据,以企业为主体的数据生态尚处在萌芽期。而在大洋彼岸的美国,数据生态的核心则是企业,个人数据的开发程度尚待提高。

中国的数字经济发展,在很大程度上是由中国这一全球最大的电子商务市场所驱动的。2016 年之后,中国已经成为世界上最大的零售电商交易国。根据商务部电子商务司发布的《中国电子商务报告》,仅 2019 年一年,全国电子商务交易额就达 34.81 万亿元,其中网上零售额 10.63 万亿元,电子商务从业人员达 5125.65 万人。此外,在移动支付上,中国也遥遥领先于世界其他国家。根据市场研究公司 Forrester 的数据,2016 年中国移动支付的交易规模为美国的 11 倍,2017 年这一比例更是激增至 80 倍。因此,中国的数据生态在很大程度上是以消费者为主的数据生态,同个人相关的海量数据是数据分析和挖掘的主要对象。

美国在数字技术的研发投入持续占据世界首位,其对于科技公司的资本支持力度、对于科技人才的培育力度以及可产成果的转化率均为世界领先水平。高新技术产业是美国的支柱性产业,而美国在全球高新技术产业和产品上的垄断,仍将持续相当长的一段时间。在高新信息技术的加持之下,美国在工业互联网、智能制造和人工智能等领域发展迅速,其数据生态在很大程度上是一种以企业为主的生态,更多地关注与企业生成、运营相关的数据。与之相对的,美国企业对于个人数据的挖掘,则以企业内进行为主,平台企业大多对于自己能够收集的个人数据严格管控,企业与企业间、APP 与 APP 间相通的用户数据生态,尚未完全形成。

数据生态在各个经济体中迅速形成的一个前提条件,是数据资源所具有的开放性和共享性。同其他类型的资源如矿产资源相比,数据虽然珍贵却并不稀缺,各个企业、机构和政府都囤积了可被开发、处理和使用的海量数据。只有将这些数据融合、开放,才能形成有效循环的数据生态。

此外,数据本身也具有非常显著的非竞争性特点,这就决定了将数据充分开放能够获得更高的社会总效用。2013 年,美国政府通过《政府信息公开和机器可读行政命令》,正式确立了政府数据开放的基本框架。该行政命令中指出,美国政府应确保以多种方式将数据公开发布,让数据易于被发现、获取和利用,政府部门应当保护个人隐私、保密和确保国家安全。在此基础上,原先不易获得的数据应当能够为企业家、研究人员以及其他任何致力于开发新产品和新服务的人所使用。

在商业部门里,前文中提到的无人驾驶领域的先驱企业 Waymo 公司,也将其部分数据通过专门的数据开发项目(Waymo Open Dataset),以数据集的形式向全社会公开。该数据集是目前最大的自动驾驶多模态传感器样本语料库,有利于整个无人驾驶行业的发展与进步。当然,数据开放的边界到底在哪里?这仍是一个尚未充分解决的政策难题,本书的最后两章将专门从社会公共效率的视角探讨数据隐私保护的尺度问题。

四、数据价值的测算方法

根据现有的统计核算方法和数据经济活动的主要特点,对于数据价值的测算,主要有以下三种方法可供选择。

第一种测算方法是市场法。市场法,即基于与数据自身或者相似产品的市场价值,直接估算数据资产的实际价值。市场法的主要优点是符合国民经济核算体系的统计思路,按照市场定价为数据这一虚拟资产赋值。当然,市场法的缺点也十分明显,依照这个方法计算出来的数据资本价值完全由可比产品的市场定价所决定,即使这一定价可能不准确(数据的实际价值经常被低估),或者根本没有可作为很好的定价标准的市场价格(企业自身生成且不销售的数据难以定价)。

在当前的各国统计实践中,尚不具有对于数据产品定价的专项统计,而对于许多企业内生的数据资产的估价,更是难上加难。因此,市场法虽然在理论上属于最优方案,在现实中却难以实际操作。

第二种测算方法是成本法。成本法,即根据数据的获得和处理成本,结合对于资产回报的估计,进而得到数据资产价值。采取这一思路的数据价值统计,首先将企业在数据、软件、数据库等相关项目的成本性支出进行加总,再加上一定的资产回报后,按照固定资产积累的方式测算总的资产规模。对于数据价值的成本测度,十分类似于传统物质资本和 ICT 资本的测度方法。

成本法的优点在于,其统计思路具有较强的可操作性,并且这一做法将数据看作一种资本的处理办法,这种思路也具有一定的理论基础(在本书的下一章中我们将展开说明)。然而,用成本法进行测度也存在两个难点。其一,现实中企业对于数据相关支出的记录,尤其是间接性支出的记录可能并不完整,例如上文提到的软件和数据库的区分问题;其二,依照此方法测算出的最终数据价值，十分依赖对于数据预期的资产回报的估计，而目前对于这一回报率并没有太好的估计方法。

第三种测算方法是现值法。现值法，即根据数据产生的未来现金流来估计资产现值。按照现值法，对于数据价值的估计应与金融资产的现值计算有着类似的思路，即根据未来现金流和折现率估算当前的数据价值。采取现值法测度数据价值的困难在于，大多数情况下很难将企业因为拥有数据而获得的回报与其他回报区分开来。例如，一家金融投资企业通过改变投资策略获得了更高的回报，很难区分这一回报中有多少新的回报来自企业获得的更多信息，又有多少来自金融分析师的人力资本。

目前，已有部分文献提出，由于积累数据的实际成本相对较低，成本法可能并不是测度数据的一个好办法（维尔德坎普和钟，2019）。但笔者认为，在目前三种测度数据价值的思路中，成本法的可操作性依然最高，能够最为便捷地引入到当前国民统计核算体系中。具体来说，主要有以下三个方面的原因。

第一，在各国统计机构的统计实践中，已经开始重点关注与数据高度相关的指标统计。比如，中国国家统计局就以"新产业、新业态、新商业模式"为核心、以制定"三新"专项统计报表制度为基础，逐步研究建立新经济统计指标体系框架。这些统计指标大多是从企业和个人支出的角度开展核算，因此可以直接用于成本法估计。

第二，在数据经济的当前发展阶段，无论是使用市场法还是现值法，都存在现有统计手段难以解决的问题，因此采用这两类方法测度或估算的数据价值的准确度，实在难以保证。而与之相对的，由成本法得到的企业在数据上的支出已经具有一定的参考性，即使这一办法在推算数据价值时仍需依赖对于资本回报和间接成本占比的假设。

第三，针对维尔德坎普和钟（2019）等研究提出的数据实际成本低导致数据的经济价值被低估的问题,如果将企业在大数据技术的投入纳入数据价值统计,就可以在统计过程中充分体现数据相关的直接投入和对应的虚拟资本积累情况。考虑到企业在数据和数据库上的支出经常是同时发生的(例如,订阅了某个宏观数据库的服务),数据价值被低估的可能性其实并不高。

综上所述,我们建议在实际测算数据价值时,应优先考虑使用成本法,而在本书的后续研究中我们也将采取这一思路。

五、从"货币战争"到"数据战争"

在 21 世纪最初的 10 年间,"货币战争"一词常年占据着各类媒体的头版头条。无论是在中央商务区里工作的金融界人士,还是围坐在小区里下象棋的退休人士,提起"货币战争"总是侃侃而谈。他们或褒或贬,对于美国历史上的金融家和金融集团如数家珍,即使并没有相关专业领域的知识,但终能对这一话题侃上一番。一言以蔽之,"货币战争"在当时被用于描述货币、资本和衍生品等金融产品与现象,在人类历史中如何深入影响世界经济、政治和社会走势。虽然关于"货币战争"的著作与媒体报道未必都逻辑清晰、论述严谨,其中也不乏一些危言耸听、夸大其词的表述,但是金融作为实体经济的"润滑剂",其确保生产要素有效配置与经济循环顺畅运行的重要作用是毋庸置疑的。

2018 年 3 月,美国科技杂志《连线》大胆预言,经济体乃至社会之间围绕数据与个人信息展开的"新冷战"已经开始。在此之后,媒体与大众的焦点也逐渐从"货币战争"转向围绕数据资源与技术而展开的"数据战争"。

1. "数据战争"的导火索

试想一下,如果 22 世纪的历史学家准备开始编撰一本关于"数据战争"的编年史,会从哪个事件开始写起? 本书认为,以下两个事件极有可能会被视为引发"数据战争"的导火索而被日后的史学家大书特书。

　　➤剑桥分析丑闻

　　引发"数据战争"的第一个关键事件是2018年爆发的、造成重大社会影响的剑桥分析（Cambridge Analytics）丑闻。剑桥分析是一家于2013年在英国剑桥成立的政治咨询公司，其主要运营地是美国，主要服务对象是欧美政客与大型企业。剑桥分析公司对外宣称，其主要业务是向政治和企业客户提供消费者研究、分众广告投放以及其他数据类服务。公司的联合创始人之一，是特朗普参加2016年总统大选时的竞选团队主管，并且在特朗普当选美国总统后被任命为白宫首席战略师和资深顾问的极右派政客——史蒂夫·班农（Steve Bannon）。

　　2018年3月17日，英国《观察家报》（*Observer*）和美国《纽约时报》（*The New York Times*）同时爆料，剑桥分析公司从一名外部研究人员手中获取并使用了8700万脸书用户的个人数据，他们通过数据分析向参与各类大型选举（如美国总统大选、英国脱欧公投等）的选民精准地推送选举广告，并且通过微定向和心理学相结合的方法影响或干扰选民选择，旨在提升其"雇主"在选举中的支持率。最终，剑桥分析成功帮助特朗普赢得美国总统选举，并且在欧洲脱欧公投中也产生了一定影响。

　　剑桥分析丑闻一经曝光，便震惊世界。该事件中最令大众感到惧怕与担忧的，恰恰是平台型互联网企业对于其用户数据安全的漠视。剑桥分析公司丑闻中使用的用户数据来源——脸书公司，其实早在2014年就检测到剑桥分析公司对于其用户信息的获取；但是脸书公司自始至终没有采取任何措施，而是纵容了剑桥分析公司在2016年美国总统大选期间对于特朗普的暗地支持。此次丑闻曝光之后，剑桥分析公司正式宣布停止运营。然而，被部分媒体戏谑为"（数据）漏得像个筛子"一样的脸书公司，在事件发酵后除了在英、美等国的数家主要报纸上刊登致歉信外，并未公开采取任何实质性的弥补和补救措施。

在剑桥分析丑闻后,一系列大型网站的数据泄露事件频繁发生并被不断曝光,数据的经济价值与数据安全等问题开始进入大众的视野。全社会开始意识到脸书、苹果等大型互联网企业对于用户数据的滥用和泄露所带来的潜在风险,以及当前全球范围内数据监管体系的不完善。

➢《通用数据保护条例》的推行

引发全球性"数据战争"的第二个重要事件,是《通用数据保护条例》的推出。欧盟于 2016 年 4 月 14 日通过,并于 2018 年 5 月 25 日起正式实施 GDPR。

虽然此法案现在才施行,但欧盟对于数据安全隐私的重视起始于 20 世纪 80 年代。1980 年,当时由 20 个欧洲经济共同体成员国参与的经济合作与发展组织,出台了一份关于"保护隐私和个人数据跨境流动"的指导方针,对企业使用、收集和保存用户数据的目的、步骤,以及数据的跨境流动作出了基本限制。然而,作为一项指导方针,它的作用也仅限于"指导"而已,实际上对于经合组织成员方并没有实质性的约束力。

1995 年,欧洲议会基于上述指导方针,推出了针对欧盟成员国的《资料保护指令》(Directive 95/46/EC),要求其成员国在 1998 年年底前将该指令转化为法律,以确保其在国内的实施。2012 年,考虑到数据规模的不断扩张以及隐私安全重要性的提升,欧盟委员会开始起草效力层级仅次于宪法的《通用数据保护条例》,旨在将其作为欧盟各国唯一且统一的数据保护条例。该条例的适用范围极为广泛,任何收集、传输、保留或处理涉及欧盟所有成员国内个人信息的机构组织,均受该条例的约束。

客观地说,最终通过的《通用数据保护条例》是现行的对于个人数据、信息和隐私的定义最为明确、对于数据拥有者责任的界定最为具体、对于数据安全要求也最为严格的数据安全管理办法。《通用数据保护条例》中个人信息的定义既包括直接信息（如姓名、住址、各种 ID 等），也包括网络信息（如 IP 地址、账户信息与密码等）和间接信息（所有可追溯至某一特定个人的生理、心理、基因、文化等特征数据）。因为个人数据被国外企业和跨国企业收集是常态，《通用数据保护条例》适用的范围是任何收集、处理、管理或存储欧盟公民数据的企业、组织与机构。《通用数据保护条例》还规定，除了收集和使用数据的数据拥有者外，数据分析处理者与数据中介（如提供大数据服务的云服务提供商等）也需要直接承担相应的合规风险和义务。同时，《通用数据保护条例》更是强调，一旦出现数据安全问题，数据供应链自上而下的各方都将会被问责。

在《通用数据保护条例》成功通过之后，各主要经济体开始更加深刻地意识到数据安全问题的重要性以及保护数据安全的紧迫性，并已经或者正在出台相应的法律法规或管理办法。然而，《通用数据保护条例》有一个明显不足，就是它仅仅关注与个人信息相关的数据保护，罕有涉及对于企业数据的保护，因而关于企业间的数据滥用和数据窃取这一问题依然有待解决。

2. 国际共识

通过剑桥分析公司丑闻与欧盟《通用数据保护条例》的推行这两个重要事件，国际社会进一步认识到了数据的价值，并且逐步形成了围绕数据的以下三个国际共识。

第一，数据中包含的海量信息和知识具有巨大的应用潜力，但目前还远未被充分开发。除了传统意义上"数据提供信息、协助决策"的基础性作用外，通过数据获取的信息还能够被用于潜移默化地影响个人和群体的各种行为而不为人所知。譬如，抖音短视频通过算法识别出用户画像，进而对用户进行精准的广告投放，引导用户购物。

第二，数据被互联网公司等平台型企业滥用，这已然成为一种普遍性现象。平台型企业能够通过用户网络获得远超于其实际用户数的海量数据，进而获得大量信息，甚至获得能够影响整个网络的力量。在剑桥分析公司的例子里，实际提供个人数据的用户数仅为 27 万，但是通过社交网络获取其好友信息后（之后又可以通过社交网络进一步扩展），被剑桥分析公司直接收集到数据的脸书用户数，实际高达 5000 万之多。

第三，实际上平台型企业可以自动收集大量的用户数据，并且无须支付任何有效成本。例如，在脸书注册新账号时签署的用户协议中，就明确提及脸书会为了"信息安全及提供更好的服务"而收集用户的各项数据。通过拥有这些数据，平台型公司获得了巨大的利润和竞争优势，但这些收益完全没有被分享给提供数据的用户。

在明确了上述三个共识后，个人、平台企业、非平台企业以及国家间围绕数据展开的激烈竞争甚至可以说是"数据战争"，正式全面打响。

3. "数据战争"的表现

在宏观层面，"数据战争"主要表现为各经济体围绕大数据技术和数据治理能力的深入竞争。

围绕大数据展开的技术竞争是"数据战争"的基础形式。2010 年 11 月，德国联邦政府启动"数字德国 2015"战略，旨在推动互联网服务、云计算、物联网和 3D 技术等信息通信产业的发展。此外，德国还同步推动实施基于传统制造业智能化和数据化的"工业制造 4.0 战略"，将物联网引入制造业，大力打造智能工厂，通过信息物理系统（Cyber-physical Systems，CPS）实现生产过程的全球互联。

2012 年 3 月，奥巴马政府宣布启动《大数据研究和发展计划》，成立"大数据高级指导小组"，并在后续出台了一系列与大数据有关的发展规划和战略报告，初步形成了从发展战略、法律框架到行动计划的完整大数据布局。

2013 年 6 月，日本政府公布了《面向 2020 年的 ICT 综合战略》，全面阐述 2013—2020 年以发展开放公共数据和大数据为核心的"日本新 IT 国家战略",提出"要把日本建设成为一个具有世界最高水准的、广泛运用信息产业技术的社会"的目标。

2014 年,以《英国数据能力发展战略规划》为标志,英国政府开始重视大数据重大项目的研究与应用,提出将重点扶植具有高新技术的大数据产业作为英国政府的第一要务。

中国在大数据发展方面并没有落后。2014 年 3 月,"大数据"被首次写入《政府工作报告》。2015 年 10 月,党的十八届五中全会正式提出"实施国家大数据战略,推进数据资源开放共享"。这表明中国已将大数据视作战略资源并上升为国家战略,期望运用大数据推动经济发展、完善社会治理、提升政府服务和监管能力。2018 年 5 月,习近平主席在向中国国际大数据产业博览会的致辞中指出,"我们秉持创新、协调、绿色、开放、共享的发展理念,围绕建设网络强国、数字中国、智慧社会,全面实施国家大数据战略,助力中国经济从高速增长转向高质量发展"①。这一讲话,首次将发展大数据上升到国家战略的高度。

在提升国家数据治理能力方面,不同的经济体采取了两种迥然不同的治理思路:分散化管理与集中化管理。

对于数据的分散化管理,意味着由企业和机构作为各类数据最主要的收集者和使用者,而政府的作用主要是对公共数据的开放、对数据使用的监管以及对数据安全的保护。时任美国总统奥巴马推进的第 13642 号总统令②、英国政府发布的《开放数据白皮书》,以及澳大利亚的《公共数据政策

---

① 《习近平向 2018 中国国际大数据产业博览会致贺信》,新华网,见 http://www.xinhua-net.com/2018-05/26/c_1122891772.htm。

② 2013 年 5 月,奥巴马签署第 13642 号总统令《促进政府信息的开放与机器可读》,要求所有的联邦政府独立机构必须执行开放数据政策。

宣言》等法案，所体现的就是分散化管理的数据治理思路。

与其相反，集中化管理的思路是由政府对重要数据或数据库进行统一管理，以减少微观个体对于其他个体数据的滥用与侵害。2020年12月，中国国家发展改革委发布《关于加快构建全国一体化大数据中心协同创新体系的指导意见》，明确数据作为国家基础战略性资源和重要生产要素的地位，提出构建全国一体化大数据中心协同创新体系，具体包括创新大数据中心体系构建、数据中心布局优化、算力资源服务化、加速数据流通融合、深化大数据应用创新和强化大数据安全防护等内容，充分体现了中国政府力求在数据上实现政企协同、行业协同、区域协同的发展目标。需要意识到的一点是，对于所有数据的集中化管理并不现实，而是应该聚焦于国民经济与科技发展的关键数据上。

在企业层面，围绕数据展开的竞争则显得更为激烈与血腥，一场"你死我活"的数据与算力竞赛早已悄然打响。

企业在数据上的竞争首先是在数据的基础设施——ICT资本上的竞争。根据联合国的估计，2015年全球ICT产品以及服务方面的支出占全球GDP的比重约为6.5%，同时有大约1亿人就职于ICT服务部门，而随着时间的推移这两个数字都在不断提高。国际数据公司预测，2022年全球ICT市场支出将增至6万亿美元，并将体现出以下三大趋势：第一，中国将成为全球最大的物联网、AR/VR和机器人技术支出市场，2019年中国大数据产业规模达到8500亿元，而2020年这一数字将极有可能超过1万亿元；第二，企业数字化转型支出将占全球ICT支出的50%以上，没有充分数字化的企业将难以存活；第三，由金融科技发展所驱动的，金融服务板块的数字化转型最为成熟。

美国数据经济学家法布迪和维尔德坎普（2020），通过建立一个动态信息选择模型，描述了金融业使用数据分析与处理技术的三个阶段。在第一阶段,数据分析技术相对贫乏、简单,金融企业重点关注与企业基本面有关的数据,侧重于通过基本面分析制定投资决策。在第二阶段,现代数据技术(如大数据、云计算和 AI 预测等技术)的兴起,提高了需求侧数据分析的回报率,推动金融企业更多地基于其投资者(类似于平台企业的用户)数据来制定以投资者满意度为核心指标的投资决策。这也是当前大多数金融企业所处的阶段。在数据技术发展更为成熟的第三阶段,企业基本面数据与投资者数据这两类数据均足够充裕,金融企业可以按照固定的比例在两类数据分析上进行投资。法布迪和维尔德坎普的这一研究,为金融企业不断提高数据与算力上的投入建立了一个理论基础。

4."数据战争"的特点

总结来看,目前的"数据战争"呈现出以下四个突出的特点。

第一,"数据战争"所比拼的,既是经济实体拥有的数据规模、类型和内容,也是经济实体所掌握的运算技术和大数据分析能力。亚马逊与谷歌之所以能够建立并保持在网上购物、网络云服务和在线搜索等领域的绝对领先地位,与这些企业在数据和人工智能等技术上的巨大投入是分不开的。在全球所有企业中,亚马逊和谷歌在云服务与人工智能上的投入分别位居首位,支出规模远远超过其他企业。

第二,在围绕数据进行的竞争中,经济个体的类型和边界往往十分模糊。政府、平台企业、非平台企业以及个人其实是在同一个赛道上赛跑,不存在任何明确的准入规则,跨国、跨区域竞争也不受到任何地理或者物理层面的限制,可以说除了互联网基础协议(如 TCP/IP 协议)外没有任何额外规则。

第三,从经济学的角度来说,"数据战争"并非绝对的零和博弈①。一方

---

① 零和博弈(Zero-sum Game),是博弈论的一个概念,与非零和博弈相对,属于非合作博弈。它是指参与博弈的各方,在严格竞争下,一方的收益必然意味着另一方的损失,博弈各方的收益和损失相加总和永远为"零",双方不存在合作的可能。

面,这是因为数据具有非竞争性的特征;另一方面,也是因为任何一个微观经济个体都无法独立完成从数据产生、收集、储存、分析到应用的所有步骤,只有协同合作才能发挥数据的价值。因此,理论上来说"数据战争"是能够获得多赢结果的。只是这一多赢结果未必能由市场自主实现,需要政府的介入与监管(琼斯和托内蒂,2020)。

第四,"数据战争"本身是一场不对等的竞争。与一般意义上的技术相比,数据和技术之间存在一个重要区别,那就是为了获取技术而进行的研发投入存在一定的不确定性,然而在数据上作出的支出几乎总是能够产生信息和新的知识,因而在投资回报上具有更高的确定性(徐翔和赵墨非,2020)。因此,相对于中小型企业和非平台企业,自身资金实力雄厚的平台型企业具有天然的优势,容易形成数据垄断。这也再次凸显与验证了政府监管的重要性。

六、以史为鉴:加利福尼亚淘金热的经验

在本章伊始,我们就将当前的大数据热比喻为一场21世纪的"新淘金热"。19世纪中期,美国西部淘金热的发展史,能够在一定程度上预示当前的这场大数据热或者"数据战争"将会如何进一步演变与发展。

1. 美国西部的"淘金热"

19世纪30年代,"淘金热"在多国兴起,其中美国加利福尼亚州的淘金热规模最为庞大,其影响力也最甚。

1803年,约翰·奥古斯都·萨特出生于一个德国中产家庭,虽然幼年生活富足,但他成年之后的事业发展却并不顺利。1834年,由于在瑞士的生意宣告破产,萨特被迫离开瑞士,来到美国西部的萨克拉门托地区①居

① 萨克拉门托是一个位于美国加利福尼亚州中部、萨克拉门托河流域上的城市,也是加利福尼亚州州府所在地。1839年建居民点,1848年当地发现黄金,于1849年12月由John Sutter建立城市并且迅速发展,今天已成为加州第五大城市。

住。他于1839年在萨克拉门托河畔建立了一个城堡和锯木厂,从事边境贸易,并且取得了不错的收入。

在萨特的锯木厂中,有一个名为詹姆斯·W.马歇尔的颇有手艺和眼力的木匠。1848年1月24日,马歇尔在检查锯木厂的水道时,发现锯木厂旁的亚美利加河中有一些闪亮的光点。他好奇地蹚过河道,拾起一片发光的金黄色小薄片,经过揉捏、敲打和牙咬,马歇尔发现这些小薄片虽然可以被改变形状,却又很有韧劲,不会轻易折断,根据经验判断他认为这些河道中的物体很有可能是黄金。在拿给他的雇主萨特看了之后,两人确认了这些黄色物体确实是纯度很高的黄金。深感震惊的萨特嘱咐马歇尔千万不要向外透露他们发现黄金的消息,与此同时开始偷偷招募工人进行秘密淘金。

作为当地地主,萨特担心一旦消息被透露,将会有大批人加入搜寻黄金的行列,不但影响他自己的淘金行动,也会影响他后续的事业发展计划。但是,世界上从来没有不透风的墙,萨克拉门托地区发现黄金的消息还是不胫而走。最开始,萨特锯木厂里的其他工人知道了在附近的河岸有黄金的"秘密",纷纷丢下工作去河道寻找黄金,这使萨特的锯木厂濒临停业;不久之后,发现黄金的消息又传到了附近的旧金山市,一开始民众还不敢相信这个消息是真的。直到1948年3月,一家报纸进行了相关报道,而当地一家商店的老板也在城镇游行时向人们展示了他从萨特地盘发现的黄金,这两件事终于让人们确定了黄金的存在。至此,"淘金热"真正开始,旧金山地区的居民争先恐后地加入了淘金的队伍。

据记载,到了1948年6月,大约3/4的旧金山居民都离开了家园涌向萨克拉门托地区,整个旧金山城镇几乎为之一空。在后来的几年里,来自美国各地甚至世界各地的淘金者纷纷来到加利福尼亚州,加利福尼亚淘金热达到顶峰(见图3-8)。

在淘金热刚刚开始的一段时间，能够"淘"到的黄金就在地表层，只要拿一个脸盆儿就能从河水中冲掉沙子淘出金块，淘金活动的边际回报相当可观。在当时，一个淘金者平均每天能有大约20美元的收入，相当于当时美国东部工人日工资的20倍，而富矿区的日均收入甚至还要更高。但是这样的日子并没能持续多久。随着越来越多的淘金者涌入，地表的金沙变得越来越少，而想要获得等量的黄金需要投入的精力与时间都迅速上升，在后期开采一天能够获得的黄金的价值，甚至已经难以覆盖成本。

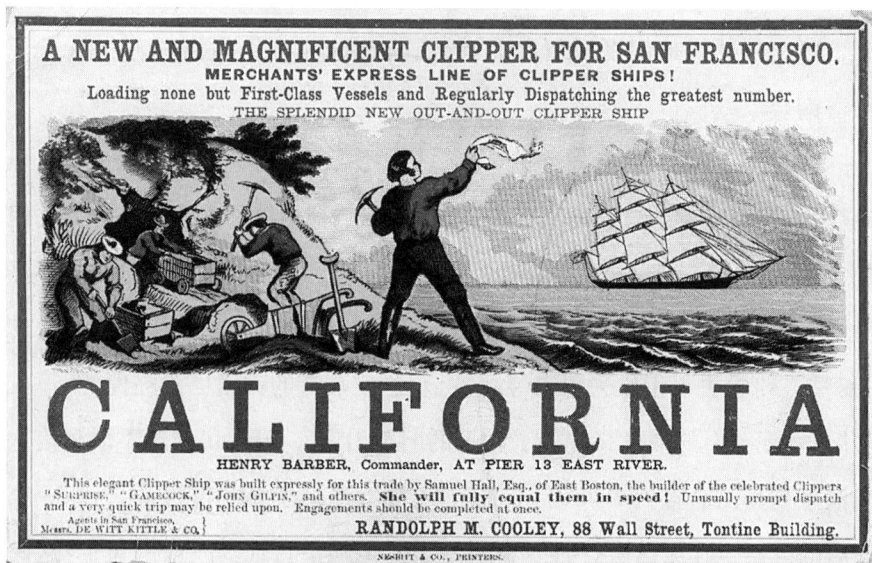

图3-8　淘金热时期加利福尼亚州帆船广告
资料来源：斯坦福大学在线图书馆。

由于越来越多的人慕名而来，加利福尼亚矿区变得日益拥挤，每个人能够分到的"淘金"区域也越来越小，不但生活环境艰苦险恶，淘金者围绕矿区资源也展开了一系列竞争和抢夺，各类违法犯罪行为屡见不鲜。此外，因为淘金者的大量涌入也导致当地的商品稀缺，萨克拉门托地区各种商品的涨价幅度令人瞠目结舌。除了淘金者，当地各类商人和小贩成为这场淘金热最直接的受益者。

记者爱德华·古尔德·巴福姆在其1850年出版的纪实作品《金矿中的六个月》中，对于当时金矿区的物价上涨作出了十分详尽的描述。

"淘金热开始之前，矿工们使用的平底锅价格仅为20美分，之后暴涨到了8美元，按购买力平价计算相当于今天的250美元——如果你乐于烹饪，正好可以用250美元买一款德国高端厨具品牌菲仕乐（Fissler）的进口不粘锅；当然，在各地的小超市里依然有价值8美元的平价锅待你挑选。"

根据巴福姆在书中的描述，淘金热爆发之后，"淘金"最重要的工具——铲子一度涨价到36美元，换算成今天的价格约为1000多美元，而这个价格在今天可以购买一种数据时代最为重要的工具：一台性能不错的笔记本电脑。

除了与淘金相关的工具，其他物价也都奇高无比。巴福姆与友人在当地吃的一顿早餐——包括面包、奶酪、黄油和沙丁鱼，还有两瓶啤酒，就花费了他43美元，换算成当前物价在1300美元左右——这几乎是中国三线城市的平均房价。高昂的物价消耗掉了绝大多数淘金者辛苦挖到的黄金，却让各种物资的经销商赚得盆满钵满。

如果将19世纪的"淘金热"与21世纪数据科学发展的前中期进行对比，可以发现两者之间存在惊人的相似性。在数据科学刚刚兴起之时，通过数据分析可以获得关于市场规律和消费者行为的大量信息与知识，数据分析的直接回报很高，这正如"淘金热"刚刚开始之时；而当几乎所有企业都开始招募数据分析团队、在数据库和数据科学上增加投入之后，试图通过数据分析得到具有独到价值的信息就变得越发困难，企业只有在数据规模（大数据）和分析技术（人工智能）上进行大量投入，才有可能获得数据优势，"数据淘金"的成本不断增加。

2. 大数据热的未来发展

通过对加利福尼亚淘金热的回顾以及将其与当前的大数据热进行对比，我们可以得出对于当前大数据热后续将会如何发展的四个预判。

第一，能够在大数据热的早期占据领先地位的国家、地区和企业，将取得持续性的竞争优势。如果没有加利福尼亚淘金热，可能就不一定会有在今天仍为美国人口第一大州，同时也是 GDP 最高州的加利福尼亚州。同时，美国西部的基础设施建设、农业发展和工业化进程也都会减缓许多。进一步地，美国可能也不会和真实历史中一样，在 1890 年成为全球第一大经济体。当然，也可能不会有李维斯牛仔裤、富国银行以及斯图德贝克汽车公司等大型企业的崛起。

在当前的大数据热中，中国的互联网企业和数字经济行业也在许多领域具有一定的领先地位。而在大数据技术发展与监管的过程中，我们应当采取有效手段尽可能地保持这一领先地位，在鼓励竞争、保护创新的大前提下，力争形成一批具有显著数据优势的企业和地区，以此作为中国经济未来20 年的重要增长点。

第二，随着数据资源的逐渐丰富，利益分配将成为至关重要的问题。先前淘金热的故事中，我们并没有介绍到地主萨特和工人马歇尔的结局。实际上这两位黄金的发现者均没有在淘金热中获得大量财富。由于黄金信息的走漏，萨特的土地、城堡和其他不动产不断受到淘金者的入侵，致使他的财物和牲畜纷纷被盗走。1852 年，淘金热尚未完全结束，萨特却已经不得不宣布破产，被迫离开了加利福尼亚州。而木匠马歇尔的晚年穷困潦倒，最终在一个不避风寒的小屋中默默离世。

事实上，绝大多数的淘金者都没有在这个过程中真正发财，那些真正获得巨大利润的恰恰是那些将工具和生活用品卖给淘金者的商人（如销售耐磨的牛仔裤的商人),用纸币兑换黄金的金融家,以及组织淘金行为、控制矿场的大企业主。不仅如此,淘金热的兴起还干扰了周边地区一些无关人群的正常生活。在大量外来移民迁入加州之前,加州原本住着许多被称为"四九人"(以 1849 年命名,即淘金热移民的高峰年)的原住民族群。但是由于淘金者的涌入,这些土著美国人的平静生活被打破,他们被淘金者袭击,许多人被迫背井离乡,从此移居他乡。

可以预见,当下的大数据热通过对数据的挖掘、分析和充分应用,必将创造出大量财富。而淘金热的历史告诫我们,围绕数据进行的收入初次分配未必会是合理、公平的。考虑到数据作为一种虚拟资源,以及其权利边界不清、权益分配规则不明、纠纷解决机制不健全的特点,数据相关的收入分配切实需要政府介入,并制定保护数据弱势群体的规则和制度,以避免大数据热导致的收入不平等加剧。

第三,大数据热将促进各项生产资源的跨国、跨区域和跨行业流动,进而促进一批新的职业和就业岗位的产生与发展。在加利福尼亚淘金热期间,约有 30 万人从世界各地来到加利福尼亚,他们有些是从陆路到达,主要是从美国中东部经由加利福尼亚步道和希拉河谷步道;而另一些人则是通过海路到达,其中就包括来自拉丁美洲、欧洲、澳大利亚的淘金者以及中国的数千名工人,其中甚至有些是被贩卖到加利福尼亚的。无论是以何种形式,是自愿或是非自愿,淘金热确实间接地推动了旧金山"唐人街"的形成,以及加州地区经济、文化的多样化发展。而当下的大数据热,也是如此。

谢康等(2020)强调,数据从可能的生产要素成为现实的生产要素,其关键是在一定的 ICT 使用强度下,通过与劳动结合形成知识积累,进而更好地与管理相结合,促进企业组织效率提升和产品创新。因此,大数据热必将带动其他生产要素在国家、行业、区域、企业乃至个人层面的大范围流动,从而深入改变现代经济结构。此外，正如淘金热创造了淘金工和运输金融等职业与工作，大数据热也必将创造出一系列全新的职业，进而形成新的工作机遇，改变教育导向和人力资本积累。

2019年4月，中国人社部、国家市场监管总局和国家统计局正式向社会发布了13个新职业信息，这是自2015年版《国家职业分类大典》颁布以来首次新增职业，分别是：人工智能工程技术人员、物联网工程技术人员、大数据工程技术人员、云计算工程技术人员、数字化管理师、建筑信息模型技术员、电子竞技运营师、电子竞技员、无人机驾驶员、农业经理人、物联网安装调试员、工业机器人系统操作员、工业机器人系统运维员。不难看出，这些新增职业中绝大多数都和大数据或者人工智能相关，大数据热正在触发劳动力市场的深层次结构变化。

第四，数据相关基础性行业的发展能否跟上数据规模的扩张，将决定大数据热的持续时间和发展程度。加利福尼亚淘金热可谓"来得快，去得也快"，从1848年到1853年，仅仅五年就基本结束。在萨克拉门托地区的金矿被挖掘殆尽之后，淘金者迅速将目光转移到新发现金矿的科罗拉多州，以及内华达州北部等地区，在将这些地区的黄金资源开采完毕后他们又转移到其他地方，直到淘金不再是一门赚钱的生意为止。

在这一点上，大数据热与历史上的淘金热显著不同。虽然随着数据挖掘的不断深入，新的知识的产生速度将可能有所放缓，但是永远无须担心数据或者数据所蕴含的信息和知识面临"枯竭"。此外，随着本章前述的5G技术、边缘计算以及量子计算等技术的进一步发展和普及，数据分析和处理能力将在规模、速度、广度、深度等多个方面得到进一步的提升。由此我们可以大胆预测，大数据热不仅不会轻易结束，而且将可能随着各项新技术的产生和推广，如潮水般一波又一波地席卷我们所处的社会。

小　结

　　毫无疑问,数据已经成为当今世界最重要的一种虚拟资源。诸多迹象表明,围绕数据展开的"新淘金热"远没有到达高潮,甚至可能才刚刚开场。在下一章中,我们将建立数据生产要素的经济学基础,基于现实经济陷阱和经济增长理论,深入探讨数据如何作为一种生产要素进入社会生产活动。为了尽可能精确地描述数据——这一看不见、摸不着的虚拟资源,我们将首先分析数据和资本——这一传统生产要素在社会生产过程中的惊人相似性,进而提出对于已经生产要素化的数据的一种新理解:数据资本。

第四章

数据资本的概念、测度与经济效应

> "曾经,计算机硬件是一种固定资产,而数据并不被视为资产。现在,硬件已经演变成人们实时购买的一项服务,数据则成了企业持续积累的资产。"
>
> ——埃里克·布伦乔尔森,麻省理工学院数字经济实验室主任

在第三章中,我们系统介绍了数据为什么是 21 世纪最重要的生产性资源,数据相关核心技术的发展,围绕数据、数据库与数据科学建立起的信息价值链和数据生态,以及从宏观到微观的各类经济主体对于数据资源的激烈竞争等诸多话题。然而,对于在宏观上数据如何进入社会生产过程,以及在微观上数据如何影响企业决策效率与盈利能力,第三章并没有给出太多解答。

在本章中,我们将重点介绍数据经济的宏观理论,尤其是数据作为一种生产要素如何影响一国的长期经济增长速度,而有关微观企业与个人决策的部分,我们将在第五章进行重点解析。

2019 年 10 月,党的十九届四中全会提出,要进一步健全劳动、资本、土地、知识、技术、管理、数据等生产要素由市场评价贡献、按贡献决定报酬的机制,明确了数据具有的生产要素性。2020 年 4 月 9 日,中共中央、国务院发布《中共中央 国务院关于构建更加完善的要素市场化配置体制机制的意见》,将数据和土地、劳动力、资本、技术等传统生产要素并列,明确了数据这一新型生产要素的重要地位。提出要加快培育数据要素市场,推进政府数据开放共享,提升社会数据资源价值,同时加强数据资源整合和安全保护。

当然,国际社会也早已将"数据"和"大数据"上升到国家战略层面,国家层面的竞争力也越来越多地体现为一国拥有数据的规模以及对数据的处理和解释能力。在前文中,我们重点介绍了美国政府与欧盟委员会围绕大数据技术与相关行业发布并实施的一系列政府文件与发展规划。这些文件与规划均充分表明,作为生产要素的数据已成为各国经济的发展重点。在本章中,我们提出对于数据生产要素的一种理解——"数据资本"(Data Capital),并以此为基础分析数据在生产过程中的使用以及数据经济的形成与发展。①

数据资本的产生与发展是 ICT 技术与数据分析处理技术相互融合、共同进步的结果。以计算机软硬件为代表的 ICT 技术是数据资本被广泛使用的前提条件,统计分析、大数据、机器学习等数据分析处理手段是企业使用

---

① 需要强调的一点是,将数据生产要素理解为数据资本,并不是把数据生产要素视为资本的一个子类,而是强调数据要素在积累、折旧与价值创造上与传统意义上的物质资本所具有的高度相似性。

数据资本的基本工具,互联网和各类型数据库是数据资本的传输和存储载体,生产要素性则是数据资本的核心属性。

数据资本在生产中具有直接和间接两种作用,通俗地说,数据资本既直接作为生产性投入进入生产过程,也对于社会生产活动有突出的间接影响和溢出效应。一方面,作为生产性投入的数据资本,参与企业的数据驱动决策过程,帮助企业减少预测错误,形成对于生产、销售和企业管理的正确判断,从而促进企业盈利。另一方面,数据资本还能够与其他生产要素深度融合,作为一种桥梁性要素提升其他生产要素的使用效率,而数据资本所依赖的大数据技术更是继互联网和计算机之后的新型通用目的技术,广泛地渗透到经济、社会的各个方面。

可以看出,数据资本既是经济活动中的一种投入,也是经济活动所伴生出的一种副产品。因此,构建关于数据的均衡分析框架时应该同时考虑这两种特征,以同时解释数据价值和其成本之间的差异,以及数据价值和数据相关产品的价值之间存在的差异。在上述共识的基础上,经济学界目前形成了两种将数据资本引入宏观经济模型的基本做法,我们也将在本章中进行介绍。

数据资本的概念并非本书首创。早在 2016 年 3 月,《麻省理工科技评论》(*MIT Technology Review*)杂志的一篇由介绍数据服务的评论文章中,首次预测了经济意义上的数据资本的崛起。该文章提出,对于当代企业而言,数据已经成为决定企业命运的核心资本,其重要性不亚于得到广泛认可的金融资本。之后的一些研究,如莫纳什大学的研究员贾森·萨多夫斯基(Jathan Sadowski)于 2019 年发表在《大数据与社会》(*Big Data & Society*)杂志上的论文《当数据成为资本:数据化、积累与提炼》中,也讨论了资本化的数据的积累与作用过程。

然而,在经济增长的意义上将数据定义为一种资本以描述其生产要素性，确是笔者开启之先河。2020年10月，笔者在《经济研究》杂志上发表了名为《数据资本与经济增长路径》的经济增长理论文章，描述了数据资本对于宏观经济增长的直接影响及其溢出效应，该文的一些研究思路与核心结论在本章中亦有所体现。

一、生产要素兴衰史

在前面介绍的各国政府发布的官方文件中，多次提到了数据的生产要素性这一经济学概念。生产要素，是指进行社会生产经营活动时所需要的各种社会资源，是维系国民经济运行及市场主体生产经营过程中所必须具备的基本因素。一旦某种资源成为生产要素，就意味着它在当前的社会生产过程中占据着至关重要的地位。

1. 生产要素的确立

农业经济时代，劳动力和土地的结合是生产的最主要形式，两者也因此成为最早的两种生产要素。1662年，英国著名政治经济学家威廉·配第（William Petty）首次在其出版的《赋税论》（*A Treatise of Taxes and Contribution*）中提出："土地为财富之母，而劳动则为财富之父和能动的要素"，形成了对于劳动力和土地这两类生产要素的最早判断。配第认为，"劳动是财富之父"——劳动是商品价值的基础，"土地是财富之母"——土地则是生产不可或缺的重要资源。在配第这一思想的基础上，形成了早期的"劳动价值论"，明确了劳动力在当时的农业生产中所占的主导地位。

工业革命之后，随着工业技术的高速发展，资本在生产中发挥的重要作用不断显现和强化，顺理成章地成为继劳动力和土地之后的第三种生产要素，同时也成为在生产过程与收入分配中占主导地位的生产要素。1776年，英国经济学家、哲学家、经济学的主要创立者亚当·斯密（Adam Smith）在《国富论》中强调了资本的生产要素性，他提出"无论在什么社会，商品的价格归根结底都分解成为三个部分——劳动力、资本和土地"。而之后马克思和恩格斯的政治经济学论述中,更是对资本的作用进行了入木三分的分析,为无产阶级革命提供了坚实的理论基础。

1890 年,英国经济学家、剑桥学派创始人阿尔弗雷德·马歇尔(Alfred Marshall)在其重要著作《经济学原理》(*Principles of Economics*)中,明确提出了"生产要素"(Factors of Production)的概念。马歇尔对于生产要素的具体定义是:"维系国民经济运行及市场主体生产经营过程中所必备的基础性社会资源,其最主要的特征在于为经济发展提供生产的基础条件与动力来源。"马歇尔认为,经济活动的三种基础性生产要素分别是劳动力、土地和资本,提供这三类要素的生产者分别获得以工资、地租和利息为形式的要素回报。马歇尔的研究是对已有文献的一次有效总结,有承上启下之意。

除了上述三种基础性要素外,重视企业家作用的马歇尔还将"组织"(Organization)定义为第四类生产要素,提出"利润"在本质上就是组织这一要素的要素回报。马歇尔认为,利润是企业组织整体克服风险的合理报酬,是组织有风险的生产活动的自然回报。此外,马歇尔同时也强调了以分工和协作为主要形式的经济组织在生产过程中的重要性。随着现代企业组织形式的逐渐发展,尤其是随着企业所有权与经营权的分离,组织之外的管理(Management)要素对于企业经营的重要性逐渐凸显,并在很大程度上开始替代组织的作用,"管理"逐渐取代组织成为描述企业综合生产效率的生产要素。

20 世纪 50 年代后,随着以索洛经济增长模型①(Solow Growth Model)

---

① 索洛经济增长模型,又称新古典经济增长模型、外生经济增长模型(Exogenous Growth Model),是在新古典经济学框架内提出的著名的经济增长模型。索洛模型描述了一个完全竞争的假设下生产函数具有不变规模报酬的经济体。在这个经济体中,资本和劳动投入的增长引起产出的增长,而新古典生产函数决定了在劳动供给不变时,资本的边际产出递减。这一生产函数,与储蓄率不变、人口增长率不变以及技术进步不变的假设相结合,形成了一个完整的一般动态均衡模型。模型结论:经济增长的路径是稳定的,在长期,只有技术进步是增长的来源。

为代表的新古典增长理论的兴起,技术进步作为经济增长核心动力的作用得到充分肯定,"技术"被确立为第五种生产要素。而对于技术进步的解释又催生了新古典经济增长理论的继承者——内生增长理论和新增长理论的发展。

1986年,纽约大学经济学教授保罗·罗默(Paul M.Romer)在《政治经济学杂志》(JPE)上,发表了具有奠基意义的理论文章《收益递增与长期增长》。该文章将知识积累(Knowledge Accumulation)视为经济增长的内生性驱动力,提出知识积累可以提高企业投资回报,知识积累是现代经济增长的源泉。由此,"知识"作为第六种生产要素的地位得以确立。

随着上一章介绍的数据相关核心技术的发展,以及围绕数据逐渐形成的数据生态和数据经济的兴起,数据如今已被广泛视为继知识之后的第七类生产要素。与其他在生产过程中涉及的投入如自然资源、人力资本和创意相比,数据为何能够在大数据技术发展起来的短短20年内超越它们成为一种生产要素呢?

依据已有的研究,本书总结得出以下三个方面的原因。

第一,数据是当前社会生产活动中不可或缺的生产性投入。绝大多数的社会生产活动,都需要投入数据,或者可以通过增加或补充数据分析处理的环节提升其产出规模或质量。而这是自然资源等投入所不具备的特点:并非所有的生产活动都需要投入自然资源,因此在大多数情况下不被视为一种生产要素。

第二,数据是一种直接进入生产过程的投入,而不是作为其他投入的组成部分。这是数据与人力资本等间接投入的主要区别。人力资本是指劳动力所具有的知识技能、文化技术水平与健康状况等,其与劳动力紧密联系在一起,不随产品的出卖而转移,也不能被单独出售或者交易。而数据与劳动力不同,数据既可以独立发挥作用也可以被交易,各国均在尝试培育、建立数据要素市场。

第三,生产要素的基础形式与进入生产过程的方式是稳定、可复制的。正如劳动力使用资本进行生产的基本过程稳定而可复制一样,绝大多数的数据都是以"二进制"信息单元的基础形式被记录、储存、传输和使用的。与之相对的,一些其他的生产性投入如创意和沟通却不具有这样的稳定性,因此尚未完全成为现实的生产要素。

2. 作为生产要素数据的特点

那么,作为生产要素的数据,具有哪些突出的特点呢?

首先,数据是一种实质上稀缺且独特的生产要素。一些已有研究强调数据所具有的丰裕性,这主要是指各种人类活动均会产生大量数据可供分析和使用,同时大数据技术的产生和发展更是催生了海量数据的出现,进而强化了数据的丰裕性。然而,尽管数据的总量是丰裕的,但有价值的,可以作为生产要素的数据却是稀缺和独特的。例如,在线购物平台如亚马逊和阿里巴巴,需要获得关于用户网上购物行为的知识以制定其商业策略。那么,关于工业品制造业企业的生产数据,无论其详细到何种程度,都无法给在线购物平台带来有益知识、创造商业价值。

其次,数据在很大程度上与在其之前成为生产要素的组织、管理、技术和知识一样,是一种虚拟生产要素①,有时也简称"虚产要素"。虚拟生产要素大多不具有实体形式,却能在很大程度上影响实体生产要素(劳动力、土地和资产)的生产效率与生产能力。此外,虚拟生产要素也可以作为实体生产要素的补充,例如技术水平的提升可以有效减少实体资本与劳动力的投入。此外,大多数虚拟生产要素都具有推动创新的能力,无论是技术创新还是组织创新。

① 虚拟生产要素,指在生产活动中,区别于原材料、资本和劳动力等实质性、物质性要素而存在的其他非物质性生产要素。

再次,数据具有现实意义上的可积累性。数据大多是以标准化的二进制信息单元的形式、按照比特单位存储在数据库中,尽管在数据类型和格式上存在一些差异,但其基本的存储形式是一致且可加的。正如企业可以计算出其存储的物质资本的货币价值一样,企业也可以通过积累不同的数据库获得其存储以比特为单位的数据总量。此外,正如企业所积累的资本不一定在当期完全使用一样,由于数据规模、种类、分析方法以及使用目标上存在的时间不一致性,企业也不一定在获得数据的当期使用这些数据,通常是积累到一定水平后再用于生产。例如,企业积累的关于主营业务之外的其他行业的各类数据,就会在企业进行是否转产或者扩张时被用于决策。因此,数据也具有资本的"先积累再使用"的特性。

最后,随着数据的存储与使用,企业积累的数据的价值会不断下降,体现出折旧的特点。固定资产的折旧,一般是指企业在生产经营过程中使用固定资产所导致的损耗。而数据的折旧则不完全相同,无论企业是否使用数据,折旧都会发生——反映为其他企业也购买了同样的数据库,数据中蕴含的知识被其他微观个体发掘或者不再有效(如消费者群体发生的趋势性变化导致旧的消费者数据不能反映消费者特征),或者企业支付额外成本收集的数据成为公开数据等形式。虽然同样存在等额折旧,但是数据的折旧并非类似于固定资产的等额折旧①,而是采取了一种更加复杂、尚未达成共识的形式。

综上所述,数据可以被视为一种与资本十分相似的、具有稀缺性的虚拟生产要素。考虑到数据生产要素具有的上述特征,我们在本书中将数据生产要素定义为"数据资本"。需要注意的一点是,并非所有的数据都是数据资本,只有被企业或其他生产性组织获取的、直接用于生产的数据才是数据

① 等额折旧,使用平均年限法(又称直线法)计算折旧,将固定资产的折旧均衡地分摊到各期,采用这种方法计算的每期折旧额均是等额的。

资本。与传统物质资本一样,数据资本可以被积累、消耗和交易,而这些过程决定了其进入生产活动的具体形式。

二、数据资本的概念与特征

在两位诺奖获得者:保罗·萨缪尔森(Paul A.Samuelson)和威廉·诺德豪斯(William D.Nordhaus)共同撰写的经典经济学入门著作《经济学》中,是这样定义"资本"的:"资本是指生产出来的生产要素,是耐用品,在进一步生产中资本又可以被作为生产性投入。"按照萨缪尔森和诺德豪斯的理解,资本最重要的特征是它既是一种投入又是一种产出。

在格里高利·曼昆(N.Gregory Mankiw)撰写的广受欢迎的《宏观经济学》教材中,资本被简单定义为工人使用的工具集合,如建筑工人的起重机、会计师的计算器,以及程序员的个人电脑等。

1. 数据资本的概念

无论采取上述哪一种定义,将数据生产要素视为资本都是合理的。一方面,数据的生产投入性自不必赘述,因而数据资本完全符合萨缪尔森对于资本的第一种定义;另一方面,所有的数据分析、处理和挖掘过程均由劳动力或者类似于劳动力的人工智能(也有学者称为"智能劳动力")操作完成。因此,数据在很大程度上可以看成是数据分析师与机器算法可以反复使用的"工具",那么数据资本也符合了曼昆对于资本的第二种定义。明确了数据生产要素的资本属性之后,我们便能够更好地理解其概念定义与主要特征。

莫纳什大学研究员萨多夫斯基(Sadowski,2019)提出,对于数据的收集与使用,已经成为21世纪的现代社会最为核心的经济活动之一。无论是在高科技产业、基础设施部门、金融业、制造业、保险业还是能源行业等国民经济的关键部门,数据均被视为一种重要的资本。随着数字经济时代的来临,数据已不再被视为其他活动的副产品，而是成为企业竭尽全力收集、存储与使用的关键资源，甚至连通用汽车和西门子这样的制造业巨头，都开始纷纷将自己标榜为"数据公司"。

萨多夫斯基认为，将数据定义成现实世界的"反映"或"记录"的做法已是明日黄花，如今数据已经一跃成为"塑造"和"改变"世界的力量，这种力量也使拥有数据资本的个体、机构和组织同时也拥有了权力与渠道。具体地，遵循马克思在《资本论》（Das Kapital）中对于资本的定义，数据资本既是产品生产过程中的一种"数字原材料"（Digital Raw Material），也是人们的各种经济社会行为产生的一种产品。

在大多数情况下，数据资本可以被转换成人们更加熟悉的经济资本，主要通过以下六种方式实现：第一，使用数据形成用户画像，定位目标客户群体，如电子商务中的大数据推送；第二，使用数据优化系统，如地方政府使用算法优化公共管理办法；第三，使用数据管理与控制生产过程，如企业常用的 ERP① 系统；第四，使用数据进行预测分析，如金融企业采用算法进行自动化交易；第五，使用数据构造物体，如 3D 打印；第六，使用数据提升资产价值，如通过引入物联网和大量传感器，实现固定资产智能化。此外，萨多夫斯基的文章还讨论了数据资本的非线性价值，以及定价困难带来的利益分配失衡这一重要的分配问题。

根据已有文献与作者研究，本章对于数据资本作出如下定义：数据资本是以 ICT 资本为基础性技术，以大数据分析和人工智能应用为使用工具，以互联网和各类型数据库作为运输和存储载体，具有生产要素属性的数据、信息和其他数字化内容。这一定义基于以下四个方面的考虑。

---

① ERP，即企业资源计划（Enterprise Resource Planning）的简称，是指建立在信息技术基础上，集信息技术与先进管理思想于一身，以系统化的管理思想为企业员工及决策层提供决策手段的管理平台。

第一,ICT 技术是数据得到广泛使用的技术基础。20 世纪中叶以来,ICT 技术的迅速发展与广泛应用,尤其是企业使用 ICT 资本替代传统物质资本(ICT 资本深化)的广泛实践(乔根森,2001),促使越来越多的企业将其生成、收集和积累的数据资本投入生产过程。毋庸置疑的是,企业在数据和信息所依托的 ICT 资本上的投入规模,决定了企业能否充分发挥数据资本的作用,实现生产效率和产品质量的提升。此类投入既可能是企业直接购置的 ICT 资本如电脑设备、通信设施、信息管理系统和服务器等,也可能是企业租用的云计算服务(见表 4-1)和在线存储空间,如亚马逊云计算服务平台(Amazon Web Services,AWS)或阿里云。在一定程度上,ICT 资本可以被视为数据资本的基础设施。与传统基础设施的差别在于,ICT 资本是企业自身投资积累的,而非依靠公共投资形成。

表 4-1　云计算服务的类型(按服务模式)

云计算服务模式	SaaS 软件即服务 (Software as a Service)	PaaS 平台即服务 (Platform as a Service)	IaaS 基础设施即服务 (Infrastructure as a Service)
面向对象	企业/个人	开发者	企业/开发者
交付物	软件应用	单项能力	基础资源
具体包括	管理型应用、业务型应用、行业型应用	数据分析处理、人工智能、Docker;推送、通信、语音识别、图像识别、统计、广告等	计算、存储、网络
特点	常为通用性较强的日常业务,如 IM、OA、SaaS 可以调用 PaaS 层能力,也可以使用 IaaS 层资源独立开发	常提供开发平台或以 API、SDK 的形式被客户应用调用	为客户系统提供基础资源支持

资料来源:艾瑞咨询研究院。

第二,大数据分析和人工智能应用,是企业使用数据生产要素的基本工具。现代化社会经济活动的不断运转产生海量数据,而各种数据分析处理技术就是将这些数据运用于企业决策和生产的工具。在以上这些技术和应用中,统计分析的历史最为悠久,是其他数据分析处理技术的理论基础,被广泛用于捕捉成本变化、分析市场情况以及预测消费者趋势等。随着大数据技术的发展,人工智能和机器学习等自动化手段也被越来越多地用于数据分析与处理,以更好地形成企业决策。

第三,互联网和各类型数据库,是数据生产要素的传输和存储载体。未连入互联网的数据被困于"信息孤岛",其非竞争性未得到充分发挥,因而其作为数据资本的价值极其有限。未进入数据库的数据一般是非结构化数据,它们既没有得到有效归类,也无法和其他同类型数据相整合,数据中包含的信息无法被完整提取,因而其能够发挥的价值自然受到限制。与之相对的,那些接入互联网的、被数据库记载和收录的数据,才可以被视为数据资本。

第四,生产要素性是数据资本的核心属性。具体来说,只是被简单堆积和储存的数据,并不能直接成为数据资本。那些经处理的、可以为新的生产过程所用的数据,才是数据资本。此类数据具有无形资本的各项基本特征,对于企业盈利、产业升级和经济增长的贡献,正在逐渐赶上甚至超越劳动力、资本和土地等传统生产要素。

2. 数据资本的特征

基于上面的定义与分析,我们凝练出数据资本的以下五项基本特征:无形资产性、衍生性、非竞争性、规模报酬递增以及显著的正外部性。

第一,数据资本属于企业的无形资产(Intangible Asset)。无形资产是指不具有实物形态的、可辨认非货币性资产。大多数情况下,无形资产是为企业使用而非直接出售的资产,在创造经济利益方面存在一定不确定性,可以被重复利用,它和企业的有形资本之间互相促进但又无法完全替代。数据资本完全符合上述条件，因此是企业的一种新型无形资产。

第二，数据资本是一种衍生性资本（Derivative Capital），大多来源于企业生产与运行的过程中。数据资本本质上是数据，在大多数情况下是企业自身生产和运营过程中产出的副产品。

虽然确实有一部分数据资本来自数据市场，或者是以"数据换服务"的形式从用户处得到，但是对于大多数企业来说，这并不是获取数据资本的主要渠道。从这个角度来看，数据资本的生成方式类似于知识，只是相比之下，知识的产生和积累过程更加抽象，而数据资本的生成过程则更加具体——表现为企业记录和存储了生产过程中衍生的数据。事实上，已有文献已经将知识作为一种特殊类型的资本来看待。美国哥伦比亚大学教授维尔德坎普和钟（2019）的研究提出，正因为数据是随着经济活动的发生而产生的，因而企业不需要额外的激励来生产数据，这也是数据资本与技术的一大差别。

第三，数据资本具有非竞争性。斯坦福大学教授琼斯和托内蒂（2020）重点研究了数据的非竞争性特征，他们强调数据在使用过程中不存在互斥性，并且同一组数据由更多市场主体使用的额外成本很小，在一定条件下额外成本甚至可以为零。

根据数据资本的具体类型，在其使用过程中还存在多重非竞争性。一方面，如果是在宏观或行业层面公开的、不同企业均可使用的数据资本，在其使用过程中存在企业间的非竞争性；另一方面，如果是企业独有的数据资本，则存在企业内部的非竞争性，同一组数据可以被企业内部的不同部门同时或多次使用，无须额外的数据使用成本。这种非竞争性提升了数据的潜在经济价值，但也提高了数据资本的定价难度。

第四，与传统的生产要素不同，数据资本具有规模报酬递增的特点。数据的规模报酬递增有两个具体表现：其一，通过分析海量数据，可以得到超出分析每个数据点或数据子集所能得到的信息总量，从而实现"2>1+1"的效果。譬如,通过分析在线教育服务市场的总体表现而得到的有效信息,将远远超过分析某一家在线教育企业的业绩表现所获得的信息。其二,由于数据资本所具有的非竞争性,多家企业都可以从同一组数据资本中获得知识,进而创造商业价值,最终实现规模报酬递增的效果。

第五,数据资本具有显著的正外部性。数据是机器学习的必要投入,扩大数据资本规模,能够增加企业通过大量机器学习获得的市场优势。舍费尔和萨皮(2020)研究了关键词数据对雅虎搜索引擎搜索结果质量的改善作用,并将这一影响分解为两个层面的正外部效应。

首先,越多的用户输入同一个特定的关键词时,为该关键词收集的反馈数据量就会越多,搜索引擎会从用户在搜索结果页面上的点击行为中进行机器学习,从而提高搜索结果的质量,这是直接的网络效应;其次,每一位用户个人搜索历史上的数据越多,搜索引擎从不同用户搜索同一关键词时获得的数据中进行学习的速度就越快,这强化了用户数量增多所带来的正外部性。总体来说,在用户群规模相同的情况下,能够访问用户更多历史记录的搜索引擎,可以更快地提高搜索结果的质量。数据资本的积累能够提升搜索服务的质量,进而使搜索引擎供应商在市场上占据更大份额,而这也正是谷歌能在英文搜索引擎市场击败微软、雅虎等强敌,进而占据市场绝对份额的重要原因。

3. 数据资本的社会学探讨

上文中对于数据资本的分析均基于以下假设:数据资本在本质上是一种经济资本①,只是其形式(兼具虚拟性和衍生性)与传统经济资本存在一

① 布尔迪厄将资本分为社会资本、文化资本、经济资本和象征资本。他认为,经济资本是资本的最有效的形式,表现了资本主义的特性,经济资本可以以普通的、匿名的、适合各种用途的、可转换成金钱的形式,从一代人传递给下一代人。同时,经济资本可以更轻易、更有效地被转换成社会资本或文化资本,社会资本或文化资本如学历和文学作品却未必能转化为经济资本。

定差异。通过采纳这一假设,我们可以很容易地将数据资本引入传统宏观经济模型之中,并按照传统物质资本的逻辑,分析数据资本如何影响生产过程。然而这一做法并非完美,尤其是考虑到一个基本现实——数据和数据资本发挥了改变社会与经济活动的基础性组织形式这一重要作用。也正因为如此,一些学者,如前文提到的萨多尔斯基,开始将数据资本视为与经济资本、文化资本、社会资本和象征资本同级的社会驱动力,并引入以法国社会学大师皮埃尔·布尔迪厄(Pierre Bourdieu)的研究为代表的资本理论,来分析数据资本的作用机制及其重要性。

布尔迪厄的"场域理论"是现代社会学的主要理论之一,这一理论中包括了其独到且有着深远影响力的资本观。在场域理论中,布尔迪厄将场域(field)定义为位置间客观关系的一个网络或一个构形,这些位置是经过客观限定的,如美学场域、法律场域、政治场域、文化场域和教育场域等。每个场域都以一个特定的市场为纽带,将场域中象征性商品的生产者和消费者联结起来。例如,艺术场域就包括画家、艺术品购买商、批评家和博物馆的管理者等。当然,这里的市场、生产者和消费者的含义,远比经济学中的定义要广泛得多,超出了传统意义上的经济活动的范畴。

根据场域理论,微观个体在场域中展开竞争,那么场域中则充满着不同力量关系的对抗,而这些力量本身就是资本,决定竞争的逻辑就是资本的逻辑。由此,布尔迪厄提出了"资本"的概念——资本是以物化的形式或"肉身化"的形式积累起来的劳动,这种劳动可以作为社会资源,在排他的基础上被行动者或群体所占有。

如果按照布尔迪厄的场域理论来思考数据资本,那么在以信息技术为主导的、在当今世界经济社会发展中占据重要地位的"数字场域"中,数据资本既是人类活动的起点——它催生了一系列以数据资本为对象的经济社会活动的兴起与发展,也造成了个体竞争活动的不平等——企业所拥有数据资本的规模,在很大程度上影响和决定着企业的发展前景。从这个意义上来说,数据资本的重要性,使其不应仅为经济资本的一个子类。

诚然,建立在社会学意义上的数据资本理论有其深刻的意义与内涵,笔者也希望能够进行更加深入的探讨。然而从紧抓写作主题的角度,本书对于数据资本的分析与研究,还是将更多关注经济层面的数据资本,以保持主题的一致性与内容的统一性。

三、进入生产过程的数据资本

一般来说,除数据资本之外的各项生产要素中,劳动力、资本、土地等传统生产要素,是直接进入生产过程的直接物质型要素,而知识、技术、管理等新型生产要素,则是能够影响生产组织形式和生产效率的虚拟要素。从形式上来说,数据资本与知识、技术、管理这三类虚拟要素更加接近,已有文献也更为强调数据资本作为一种间接投入通过和其他生产要素联动,进而发挥促进产业升级和经济增长的作用。然而,随着 ICT 技术和大数据技术的进一步发展,以及数据不断地投入生产过程,数据资本开始更多地作为与劳动力、资本、土地这三类直接物质型要素一样的生产要素,直接投入生产过程。采用这一生产模式的企业,多处于新兴行业,或在传统行业拥有领先地位。譬如,以 ATM(阿里巴巴、腾讯和美团)和 FAANG(脸书、苹果、亚马逊、网飞与谷歌)为缩写的中美互联网平台巨头企业,在数据的收集、整合、处理和使用上,相对于其他企业就具有明显优势。当然,它们成功地通过运用这些优势,获得了细分市场上的绝对市场地位。

1. 数据资本进入生产过程的模式

根据笔者的研究,数据资本进入生产过程的方式有两种不同模式。

第一种模式是传统意义上的数据驱动决策过程(Data-driven Decision-making,以下简称"DDD 模式"),如图 4-1 所示。在这一生产过程中,生产者直接将数据资本作为一种初始投入,采用 ICT 等技术将数据资本进行处理与整合,再凭借大数据技术和数据科学对数据进行深入分析。基于数据分析结果,将形成具有可操作性的经济决策、商业判断或生产用知识,而企业能够根据这些决策、判断和知识,采取或中止商业行动、改善或升级生产过程,最终实现价值提升。按照 DDD 模式,数据资本对于生产活动带来的附加价值,就体现在这些行动或过程的经济回报上。已有实证研究表明,采取 DDD 模式的企业,其盈利能力和生产率要显著高于同一行业中没有使用 DDD 模式的企业(布伦乔尔森等,2011)。

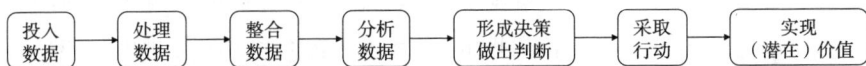

图 4-1　DDD 模式

数据资本进入生产过程的第二种模式,是 DDD 模式的 2.0 版本,如图 4-2 所示。在这一生产过程中,数据资本既是生产的中间产品又是最终产品,数据资本的价值链因而得以延长和扩展。这一生产过程主要应用在数据服务、商业媒体和投资咨询等行业,其基本流程可以概括为:生产者通过投入劳动力和资本等生产要素,生成或收集大量原始、原生数据,在对这些数据进行清洗、筛选、积累和分析后,形成可以直接被使用的数据产品或数字化服务——数据资本。在获得数据资本后,生产性企业有三个选择:(1)直接使用自身产出的数据资本;(2)将数据资本出售给其他企业、机构或个人;(3)将数据资本与其他产品和服务打包(如金融信息平台提供的金融信息服务)后,再出售给其他企业、机构或个人。

不难看出,数据资本进入生产过程的第二种模式,是 DDD 模式的一次升级。在第二种模式中,数据的来源更加多样化,数据资本的流向也有了更多选择。当然,为了实现这一升级,需要两个不可忽视的基本前提:全社会

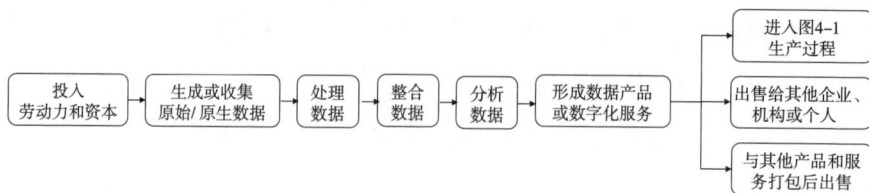

图 4-2 DDD 模式(2.0 版本)

进一步认识到数据资本的重要性,以及大数据技术的显著进步。

在数据资本进入生产过程的第一种模式中,经济主体直接使用数据资本或者通过数据处理和分析得到的信息与知识,改进商业决策和经济行为;在第二种模式中,经济主体将数据资本看作一种内含价值的可交易商品或服务,侧重于对数据本身的价值挖掘,是基于大数据技术的发展对于原始数据和原生数据的一种再创造。

2. DDD 模式:企业决策的关键步骤

自大数据技术发展成熟并被广泛投入企业运营和生产后,DDD 模式已经发展为企业决策的关键步骤。伴随着数智经济的持续发展,越来越多的企业在进行生产与管理决策时,减少了对领导者的直觉依赖,转而更加依赖基于数据的分析方式。布伦乔尔森等(Brynjolfsson 等,2011)开发了一种衡量企业对于 DDD 模式的使用情况的统计方法,以描述企业围绕外部和内部数据开展的收集和分析活动。他们的统计研究发现,基于美国 179 家上市公司的调查数据与公开信息,DDD 模式可以解释 2005—2009 年美国企业 5%—6%的产出增长和生产率增长。使用工具变量法和替代模型进行的内生性分析还表明,在 DDD 模式使用与生产率增长之间,存在的是一种明确的因果关系,而不是相关关系或反向因果关系。布伦乔尔森和麦克赫兰进一步的合作研究还发现(Brynjolfsson 和 McElheran,2016b),2005—2010 年,美国制造业中使用 DDD 模式的企业占比增加了将近 2 倍(从 11%的工厂占比增长到 30%),而到 2020 年这一比例或超过 50%。显然,DDD 模式已然成为美国制造业企业的"新常态"。

迈克菲等(McAfee 等,2012)的研究也指出,数据驱动型的决策要优于企业管理人员的主观决策。对大数据的利用,能够促使管理者基于"证据"而不是"直觉"来作出决定,因此有可能彻底改变企业的管理模式。通过调研,迈克菲等还发现,在一个行业中使用数据驱动决策频率最高的 3 家企业,其平均生产效率要比它的竞争对手高 5%,利润率则要高 6%。普罗沃斯特和福塞特(Provost 和 Fawcett,2013)研究区分了数据科学和 DDD 模式的概念差异,提出数据科学的发展支持了 DDD 模式,使大规模的自动决策成为可能,这一判断也与我们在上一章中给出的结论是一致的。

布伦乔尔森和麦克赫兰(Brynjolfsson 和 McElheran,2016a)利用美国人口调查局(United States Census Bureau)2005 年和 2010 年收集的制造业数据,分析了制造业企业对于 DDD 模式的使用程度,以及这些企业在 ICT 技术上的投资和对其他结构化管理实践的应用,他们最终给出了关于 DDD 模式的以下六条判断。

第一,属于多生产单位型企业(Multi-unit Firms)的大型工厂,更多且更早地使用 DDD 模式;第二,使用 DDD 模式的单一生产单位型企业(Single-unit Firms),其平均增加值比不采用这一模式的单一型企业高出 3%;第三,在采用 DDD 模式之后,绝大多数企业的绩效都有显著提升;第四,DDD 模式的先行者和后来者,两者之间的绩效差距会逐渐减小;第五,DDD 模式和 ICT 资本规模以及技术工人之间存在相互促进的互补关系,这一点同我们上文中提到的 ICT 资本与数据资本的互补性相一致;第六,由一线工人做决策的工厂,其采用 DDD 模式可以获得更高的收益。

在 DDD 模式的具体方法选择上,布伦乔尔森和米切尔(Brynjolfsson 和 Mitchell,2017)详细研究了机器学习领域中的"学徒系统"(Learning Apprentice),以此作为 DDD 模式的一个突出案例。简单来说,"学徒系统"就是让人工智能程序充当学徒来协助人类工作者，人工智能通过观察人类的决策进行学习，并将这些人类决策作为训练自己的示例。学徒系统有助于机器从它所协助的多个人类个体的组合数据中进行学习，而这可能会令机器作出比训练它的团队中的每一个人类都更优的决策。尽管如此，机器学习到的专业知识，仍可能会受到团队技术水平与相关决策变量的可用性的限制，DDD 模式也会犯错并不完美。

我们必须承认，采用 DDD 模式确实可以给企业带来诸多竞争优势。然而，从"人治"转向"数治"的过程，绝不能一蹴而就。为了采用 DDD 模式，企业需要深入改革企业的管理模式。高层的决策者，必须要逐渐接受由数据驱动的、基于证据（Evidence-based）的决策方式。为此，企业需要额外雇用能够发现数据中的模式规律，并将其转化成可用商业信息的"数据科学家"或"数据策略师"。同时，并且整个企业的组织结构，都必须重新树立对于"判断"过程的理解。

除了为 DDD 模式提供各类支持之外，影响决策质量的相关因素还有很多。大数据和大数据分析确实会带来更好的决策，但是需要满足许多其他条件。具体来说，大数据是从具有不同数据质量的不同来源处收集的，由不同的组织实体进行处理，从而形成的一个大数据链（Big Data Chain，包括数据收集、数据准备、数据分析和决策），类似于图 4-1 的形式。而作为决策依据，源数据的质量、数据的处理方式、数据传输的方式以及数据科学家的人力资本水平，都会影响企业基于数据资本进行决策的质量与效率。诚然，大数据的多样性和大数据分析的广泛使用，增强了发现欺诈的能力，从而有利于防止决策错误；但另一方面，它同样也可能加剧对于用户和消费者的歧视，我们将在本书第八章进一步讨论这一问题。

3. 数据资本在其他部门的应用

不仅仅在企业决策的过程中，在政府确立制度、制定政策的过程中，我们也越来越多地看到数据资本的身影。在大数据分析的支持下,政府制定的政策周期,不再一味遵从各个阶段连续执行的传统模式,而是能够在实施政策的每一个阶段对政策效果进行持续评估,并且通过采用大数据分析不同情景、制定替代方案,甚至在必要时可以提前放弃之前计划好的政策。总而言之,政府的政策制定过程逐渐实时化,变得更加灵活多变。

此外,政治选举活动中的策略选择,也与大数据的使用息息相关。近年来,许多政治候选人的竞选活动都开始使用包含一系列公民个人详细信息的选民数据库。具体地,竞选数据分析师会开发预测模型,计算个体水平的预测得分,从而预测公民作出的特定政治行为——表现为支持某位候选人或提出某种问题,以及对竞选团队的针对性干预(如定向竞选广告)作出反应的可能性。本书第三章中的"剑桥分析丑闻",就是采用数据资本协助选举的一个例子。而网飞公司在制作招牌电视剧《纸牌屋》第四季中,也专门设计了"选举操纵"的情节,其戏剧化的剧情引发了社会的热烈讨论和深度担忧。

在某种程度上,预测得分法揭示了未被观察到,甚至未被公民自身意识到的公民特征,这就提高了政治候选人和其竞选团队针对个体选民进行宣传、施加政治影响的能力,从而使竞选活动能够将其有限的资源集中在最有效的地方——而这无疑扩大了财力更加雄厚,进而能够在大数据分析上花费更多的候选人的天然优势。关于"由大数据支持的竞选活动是否公平"这一议题,政治学界展开了多轮激辩,但直到目前为止,仍未形成能让绝大多数人都满意的结论。

四、数据资本对于经济社会的溢出效应

数据资本、数据科学以及大数据技术的发展,深刻地改变了我们对于世界的理解。除了作为一种生产要素直接进入生产过程外,数据资本对于社

会生产活动还具有十分突出的间接影响，表现为数据资本以及大数据技术对于经济和社会发展的溢出效应。

1.促进已有生产要素的深度融合

第一，数据能够优化其他生产要素的使用过程，提高要素使用效率和不同生产要素之间的结合效率。基于在职者和求职者主动分享的薪资数据与企业信息而建立的招聘与求职平台，就是很好的例子。这些平台的存在，能够有效降低劳动力市场的不确定性，帮助企业更快（一般来说成本也更低）地，从劳动力市场迅速锁定合适的求职者；同时，也能帮助求职者不被企业的招聘广告所蒙蔽，进而得到关于企业工作情况与薪资水平的真实信息。

玻璃门（Glassdoor）网站，是美国用户最多的企业点评与职位搜索平台之一。玻璃门的核心产品，就是包括公司各项排名、薪酬水平、工龄情况以及职务评级的数据和信息。据统计，有超过90%的玻璃门用户使用他们的脸书社交账户作为关联账户登录玻璃门网站，这就使玻璃门可以轻松获取用户的社交网络数据。这些数据帮助玻璃门掌握了求职人更加全面的个人信息，从而实现精确定位与有效匹配。

3D打印①和人工智能，减少了从工业设计到工业品生产之间所需的步骤，提高了知识、技术和资本这几类生产要素之间的结合能力，改变了制造业的未来。正如"长尾理论"的发明者、美国《连线》（*Wired*）杂志前主编克里斯·安德森（Chris Anderson）在《创客：新工业革命》（*Makers: The New Industrial Revolution*）一书中所说："人工智能应大数据而生，它给大数据提供了一个深度思考的大脑，而3D打印给了智能数字化一个强健的躯体，这三者共同引发了智能时代浪潮的来临。"

第二，自动化技术通过将数据资本和传统物质资本相结合，在一定程度

---

①　3D打印，即快速成型技术的一种，又称三维打印或增材制造，它是一种以数字模型文件为基础，运用粉末状金属或塑料等可粘合材料，通过逐层打印的方式来构造物体的技术。

上起到了用机器人替代劳动力、用人工智能替代人力资本的作用。在第一章中介绍过的美国波士顿动力公司研制的智能机器人 Atlas,就代表着这样的一种未来。

Atlas 身高 1.5 米,体重 75 千克,最大负载可达 11 千克。与常见的凭借轮子或履带移动的机器人不同,Atlas 可以像人类一样使用"双脚"行走、跳跃和奔跑,即使摔倒也能自己爬起来——而这一切依靠的就是波士顿动力公司的核心技术:运动智能。Atlas 利用激光雷达传感器扫描前方地形,将地形与其运动轨迹数据库中的记录相比对,根据机器人自身的经验和预设来选择下一步动作,从而实现保证机体平衡前提下的"类人"行走。

除了模仿人类运动的 Atlas 之外,波士顿动力公司还设计出了模仿犬类移动的智能狗斯波特(Spot)——大型犬 Spot 身高 0.84 米,体重 30 千克,最大负载可达 14 千克。Spot 具有极强的适应能力和收集数据能力,因而成为了挪威石油公司 Aker BP ASA 第一个获得自己员工编号的智能机器人(见图 4-3)。

2. 通用目的技术性

除了促进已有生产要素的深度融合之外,数据资本具有的溢出效应,还体现在其核心技术:大数据技术具有的通用目的技术性上。

"通用目的技术"这个有些拗口的名词,出自布雷斯纳汉与特拉伊滕伯格发表于 1995 年《计量经济学杂志》上的一篇有着深远影响力的文章——《通用目的技术:增长的新引擎?》。在该文中,他们将通用目的技术定义为对人类经济社会转型产生深远影响的技术,认为这些技术在人类历史的长河中发挥了经济增长引擎的作用。一般被视为通用目的技术的发明创造包括:文字、印刷术、蒸汽机、电力、车轮、自动化以及互联网等。

阿里研究院副院长安筱鹏认为,绝大多数通用目的技术具有以下四个方面的特征(安筱鹏,2018)。第一,通用目的技术能够被广泛地应用于各

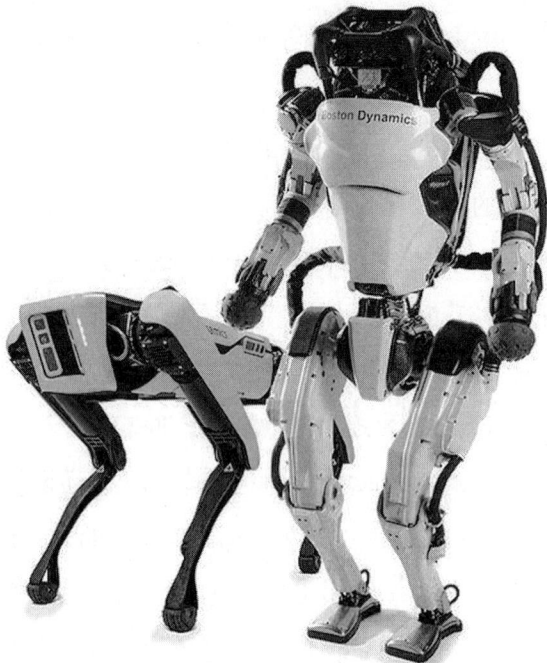

图 4-3 波士顿动力公司的 Atlas 机器人和 Spot 机器狗

资料来源：波士顿动力公司。

个领域。一般来说，通用目的技术起初大多以专有目的技术（Special Purpose Technology, SPT）的形式出现，逐渐被推广到其他各个领域。第二，通用目的技术的使用能够持续促进生产率提高，降低使用者的成本。随着新技术的进一步发展和应用，技术应用成本不断下降，且技术应用的范围不断拓展。第三，通用目的技术能够促进其他新技术创新和新产品的生产。通用目的技术与其他技术之间，存在强烈的互补性和正外部性，其自身在不断演进与创新的同时，还能够促进其他新技术的创新和应用。第四，通用目的技术的应用，会不断促进生产、流通和组织管理方式的调整与优化。此类技术不仅促进了产品生产环节的技术创新与生产方式的转变，还促进了企业组织管理方式的优化，实现了产品技术、过程技术和组织技术的全方位提升。

不难看出,在过去几十年发展起来的大数据技术,恰恰具备通用目的技术的上述特征。大数据技术首先具有通用性,相关技术能够广泛运用于各种生产过程与社会实践。大数据技术还具有广泛的渗透性,能够迅速扩展到社会生产活动的各个方面,在经济社会的各个领域中我们都能看到"大数据"的影子。

同时,大数据技术还具有与其他技术的互补性,其中一个突出的例子就是 ICT 技术。一方面,ICT 资本(电脑、服务器和互联网的软硬件等)是大数据技术的基础设施;而另一方面,大数据技术则是 ICT 资本的重要应用手段,提升了 ICT 资本对于企业的价值,将企业拥有的"算力"发挥到极致。

除此之外,大数据技术还具有对于创新的强烈启发性。谢康等(2020)总结了大数据驱动管理创新研究领域已经形成的三种共识。第一,大数据构成数字经济时代的一种企业竞争资源,具有提升企业动态能力的作用。许多企业开始重视"数据赋能"(Data-empowered)——通过提高大数据技术和数据分析能力的方式提升经济主体能力,进而实现价值创造。而在数据赋能之上,一些研究进一步拓展并提出具有模式颠覆、关键能力变革乃至新竞争范式的"数据使能"(Data-enabled)概念,强调数据资本带来的新的可能性。第二,大数据资源基础提升企业的学习能力,如企业通过大数据分析与处理,来提高探索式与利用式组织学习的能力。第三,大数据创造价值的过程,需要企业的关键结构与能力进行适应、调整与更新,避免组织原有流程和业务模式形成惯性,阻碍大数据分析对管理决策的影响。

综上所述,大数据技术为社会生产过程提供了新的数字化、智能化生产工具。大数据技术与海量数据的有机结合,推动了深刻的经济转型升级和社会变革。从这个意义上来说,数据资本确实已经超出了经济资本的范畴,开始逐渐接近布尔迪厄提出的"场域理论"中广义资本的层次。

五、数据资本的规模测算

上一章中，我们详细阐述了为什么在现有统计条件下，估计数据价值时应采用成本法。数据资本的本质仍是企业拥有的数据，因此也应使用成本法进行测算。数据资本的直接积累成本取决于数据资本是如何获取的，根据数据获取方式的不同，可以将企业拥有的数据分为三类。

第一类是一手数据，也就是由企业自己主动生成、收集和积累的，关于企业自身情况、生产过程、其直接用户及消费者、上下游企业、竞争对手、相关行业等的数据和信息。

第二类是二手数据，主要是企业在生产和经营过程中，通过与其他经济个体进行交易（有时并不涉及金钱）所获得的其他个体的数据。例如，互联网企业通过给用户提供服务而换取的用户数据，以及和贸易伙伴互相共享的数据等。

第三类是第三方数据，指的是企业从政府、个人或其他企业那里购买、收集或订阅的数据，如企业购买的宏观数据库，以及订阅的金融数据平台服务等。

1. 数据资本的"成本法"测算

按照成本法的基本逻辑，我们对以上三类数据采取不同的核算方法。

首先，对于企业专门生成和收集的一手数据，考虑到企业并不总是专门记录为获得数据而进行的支出，可以采用机会成本法进行测度。即通过记录企业在生产过程中，用于生产、收集、记录和储存一手数据的生产要素（主要是劳动力成本）所占企业对应相应要素使用量的比例，来估算企业的一手数据资本投入。简单地说，企业可以通过估计自己的员工耗费了多少时间收集、整理和分析数据，来计算企业在一手数据上的实际支出。

其次，对于企业生产和经营过程中自然生成的二手数据，我们可以直接统计企业记录和储存的成本。对于企业尤其是平台型企业来说，虽然经常存在"数据换服务"的情况，但是考虑到用户数据换取的隐性服务的价值几乎不可估计，很多时候是一种零价产品，所以我们建议只按实际支出记录衍生数据的成本。

最后，对于企业生产过程中使用到的第三方数据，可以直接按照企业购买或订阅数据的直接投入进行测度与统计。考虑到数据的存储需要数据库或网络云服务，而对于数据的分析和使用还需要大数据技术，因此也需要将这两类成本计入数据资本的投入之中。按照上述分析，可以给出在一个特定的时间段内，企业数据资本投入总规模的计算公式：

数据资本投入（流量）＝一手数据的机会成本＋二手数据的记录和储存成本＋第三方数据的直接费用＋数据库或云服务费用＋大数据分析支出

$$(4.1)$$

在得到每一期的数据资本投入后，下面就需要计算企业拥有的数据资本存量。考虑到数据资本的非线性折旧特征，我们按照一次计提全部折旧的方式，处理数据资本。简单来说，就是在企业删除特定数据（包括一手数据、二手数据和第三方数据），或者不再使用特定的数据库、云服务，或者淘汰旧的大数据技术时，直接按照原始支出的现值将这部分数据资本剔除。据此，就可以写出数据资本的存量计算方法。

数据资本一次性折旧＝删除数据原始费用的现值＋过期数据库和云服务的现值＋淘汰大数据技术的现值

$$(4.2)$$

数据资本（存量）＝前一期的数据资本（存量）＋当期数据资本投入（流量）－数据资本一次性折旧

$$(4.3)$$

通过将实际数据代入上面三个公式，结合对于资产现值的计算方法，我们就可以计算出企业层面的数据资本流量与存量。通过将微观企业的数据资本流量与存量进行加总，我们就能够获得行业层面、区域层面乃至宏观层面的数据资本数据，从而可以进行更加深入的数值模拟或实证分析。

2. 数据资本流量的测算

然而，尽管上述计算逻辑已经十分清晰，但在实际操作的过程中仍有诸多困难。比如，在计算数据资本流量时，"一手数据的机会成本"就难以直接记录和统计，需要进行专门的估算。在这一方面，加拿大统计局作出了一些早期的尝试，他们通过统计加拿大社会生产活动中，生产、生成或获得数据直接投入的劳动力成本及其他间接成本，来估计数据的经济价值。

由于加拿大统计局试图直接统计数据价值而没有采用类似数据资本的概念，因此他们在估计过程中引入了多个强假设，如"与数据相关的间接成本占与数据相关的劳动力成本的50%"，以及"数据总价值相对数据获得成本存在一个特定的资本溢价（3%）"等。毫无疑问，这些假设的引入，都会在很大程度上影响实际测算结果。如果采取本书提出的数据资本估算方法，就可以在很大程度上降低对于这些强假设的依赖程度，那么由此得出的数据资本规模和流量也能更加准确地反映企业在数据生产要素上的投入，进而提高相关实证研究结果的准确性与严谨性。

除了上文中提到的加拿大统计局的早期尝试之外，大多数国家的统计机构尚未对数据资本的统计测算予以足够重视。笔者纵览了目前我国各级统计机构对于各类企业开展的统计调查的基本制度和相关问卷，并没有找到对于企业数据资本投入的直接相关指标或统计问题，这就增加了通过实证手段进一步分析数据资本与企业决策之间关系的困难程度。过去几年内，我国国家统计局已经开始逐步构建"三新经济"（新产业、新经济、新商业）统计监测指标体系和相关的统计指标，而我们也不禁期待，在这一过程中能否通过尽可能简单、直接的统计制度改进，添加对于数据资本的统计测算。

可以说，数据资本测算的难点和重点，都集中在对于数据资本投入（流量)的测度上。只要能够测度数据资本流量,结合对于企业数据资本折旧的估计(可以通过设定数据、数据库和云服务以及大数据技术的特定折旧年限来实现),就可以较为准确地估算出企业的数据资本存量。

在已有的"三新经济"统计监测指标体系中,一项十分重要的指标就是"各类企业的科技支出",在相关统计报表中表示为"企业内部用于科技活动的经费支出"。这一指标包含了报告期企业内部用于全部科技活动的直接支出,以及用于科技活动的管理费、服务费与外协加工费等支出。对于在财务上单独核算研究开发费或技术开发费的企业,该指标直接抄取相应会计科目当年实际发生额,包括人员人工费、直接投入(包括原材料费等)、折旧费用与长期费用摊销、无形资产摊销、其他费用(含设计费、装备调试费等)。而那些未对研究开发费或技术开发费进行单独核算的企业,该指标按项目分列人员劳务费、原材料费、其他费用等支出项,再加上未列入项目经费的相关人员工资、管理和服务费用等支出取得。可以说,"三新经济"统计监测指标体系中的这一指标,较好地解决了科技活动支出类型繁多、难以直接统计的问题,为测度数据资本投入提供了良好的借鉴。

通过比较企业科技支出的测度方法与数据资本投入(流量)的测度方法,可以发现两种方法的测度思路和具体项目存在很高的相似性,只是在指标关注的经济活动上存在一定差异:前者关注科技活动,而后者关注数据分析处理。因此,一个很自然的做法就是,基于"三新经济"统计监测指标体系中的"企业内部用于科技活动的经费支出",构建"企业内部用于数据分析处理的经费支出"这一指标。将数据分析处理指标纳入企业生产经营与财务状况的统计报表和"三新经济"统计监测指标体系中,通过企业记录和问卷调查进行持续监测,结合上文提出的统计测算方法,即可以建立企业数据资本的相关指标(见表4-2)。

表 4-2 基于企业科技支出指标构建的企业数据资本支出指标

企业内部用于科技活动的经费支出	企业内部用于数据分析处理的经费支出
人员人工费(包含各种补贴)	人员人工费(包含各种补贴)
原材料费	数据购置、收集与储存费
折旧费用与长期费用摊销	数据库与大数据技术折旧费用一次性摊销
无形资产摊销	数据资本摊销
其他费用	其他费用

资料来源:中华人民共和国国家统计局与笔者研究。

3. 中国的数据资本规模测算

对于中国的数据资本存量规模,徐翔和赵墨非(2020)采用两种不同的办法进行了估计。第一种方法,类似于加拿大统计局测度数据价值的办法。徐翔和赵墨非沿用了加拿大统计局关于数据相关的间接成本以及资本溢价的数值假设,并结合 2015 年的中国基年数据资本存量与数据资本的短期零折旧假设,基于国家统计局数据、中国劳动力动态调查(CLDS)2016 年的数据以及中国综合社会调查(CGSS)2015 年和 2017 年的调查结果,估算出 2016—2019 年的中国数据资本存量。

徐翔和赵墨非(2020)采取的第二种方法,是基于理论模型的数值模拟。具体地,他们构建了一个包含数据资本的经济增长模型,再通过数值模拟求解稳态下的各类资本(传统资本、ICT 资本和数据资本)的资本存量,刻画数据资本在社会总资本中占比的动态变化,进而形成对于 2015—2019 年数据资本存量的估算。

通过以上两种方式得到的数据资本规模如图 4-4 所示。从图 4-4 中可以看出,采用两类不同估计方法得到的结果十分接近,估算出的 2019 年中国数据资本规模均在 9 万亿元左右,占当年实际 GDP 的 9% 以上,占社会总资本的 5% 左右。这一比例十分接近加拿大统计局估计出的,数据资本投资占社会总投资的比重。这足以说明,无论是在中国还是加拿大,数据资本均已成为经济资本的重要组成部分,对于宏观经济的影响不容小觑。

（单位：百亿元）

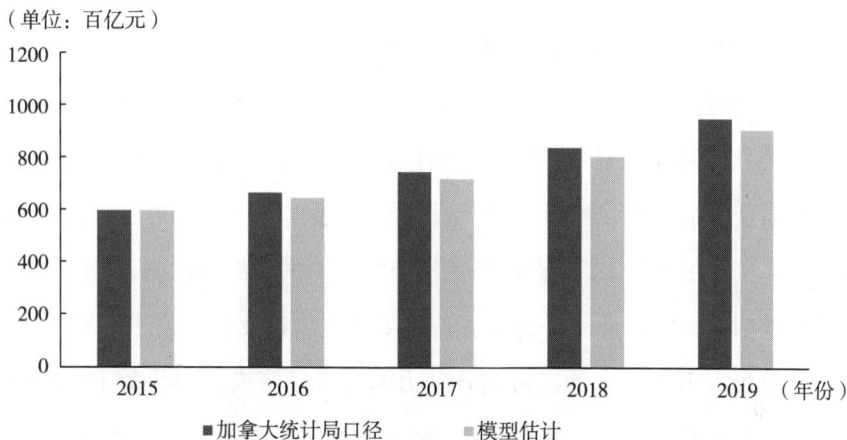

图 4-4　关于数据资本存量的两种预测

资料来源：徐翔、赵墨非（2020）。

六、包含数据资本的宏观经济模型

作为一种生产要素的数据资本,以及与数据资本高度相关的 ICT 资本和大数据技术,其对于经济增长的贡献到底有多大? 关于这一问题的探究可以追溯至 20 世纪末期。

在互联网泡沫①（Dotcom Bubble）破灭前后,伴随着数字经济在全球范围内的迅速发展,出现了一批从 ICT 技术的视角研究信息技术和经济增长相关关系的文献,如乔根森（Jorgenson,2001）等。这些文献大多将 ICT 资本看作一种相较于传统物质资本回报更高的要素投入,试图用 ICT 投资深化（用 ICT 资本替代传统物质资本）来解释美国新经济时期的增速提升。

————————

① 互联网泡沫,指自 1995 年至 2001 年的投机泡沫,即在欧美及亚洲多个国家的股票市场中,与科技及新兴互联网相关的企业股价高速上升的事件。

　　然而,随后的一些实证研究却提出,在对投资数据和实证方法进行修正之后,技术进步、创新乃至 ICT 资本对于全要素生产率的贡献比之前的估计要显著减少,ICT 技术似乎并没有带来经济增长速度的实质性改变,这一理论与实证的不一致被命名为"新索洛悖论"。

　　"新索洛悖论"促使学界开始重新审视现有经济增长理论的不足,并给出了两个方面的补充解释。第一,已有增长研究并未统一界定 ICT 资本和传统物质资本的区别,导致用于实证分析的数据口径不一;第二,已有研究对于 ICT 资本的分析,多以直接替代传统资本为主要作用机制,对于 ICT 资本具体是如何影响企业生产乃至影响技术的进步和吸收的关注不足。

　　考虑到以 ICT 资本为经济增长动力的宏观经济模型面临的上述问题,近期的一些文献开始关注数据这一新生产要素,并探究其对于经济增长的潜在意义,尤其是数据如何与其他生产要素相互融合,共同发挥促进经济增长的作用。

　　法布迪和维尔德坎普(2017)提出,数据本质上是一种能够被用于减少预测错误的重要信息。那些数据分析行为更加频繁、数据拥有量更为庞大的企业,具有更强的预测能力,从而在企业竞争中可以获得额外优势。进一步地,贝格瑙等(2018)提出,大型企业能够更轻易地接触和使用大数据,降低了其进行股权投资时面临的不确定性,从而使其相对于中小型企业的资本成本降低,从而导致了企业规模上的差距进一步拉大,逐渐形成了一批"超级明星公司"(Superstar Firms)。

　　基于上述研究,经济学界对于数据如何进入宏观经济理论,逐渐达成了以下共识:数据既是经济活动中的一种投入,也是经济活动中的一种副产品。因而,构建关于数据的均衡分析框架应该同时考虑这两种特征,以同时解释数据价值与其成本之间的差异,以及数据价值与数据相关的产品价值之间的差异。在上述共识的基础上,形成了将数据资本引入宏观经济模型的以下两种基础性做法。

第一种做法，将数据资本看成用来预测未知状态的信息，从降低信息摩擦的角度理解数据资本对于宏观经济的影响（法布迪和维尔德坎普，2019）。这一做法的基本假设是，通过使用数据资本进行分析和预测，企业能够选择更好的生产技术。譬如，时装企业通过分析消费者数据可以了解到什么颜色的衣服是当前的爆款，而汽车企业通过分析消费者数据可以了解到消费者更偏好纯电动汽车还是油电混合动力汽车。然而，消费者偏好并非一成不变，因此企业也需要持续不断地收集和分析数据，才能准确把握消费者偏好的变化。除了帮助企业了解消费者偏好，数据资本还能帮助企业优化其运营方式，如通过分析劳动力市场数据形成最优的雇佣方案。按照这一种做法，数据资本可以被视为企业的"参谋官"或"咨询师"，数据资本的价值就在于它使企业采取了何种行动，或者预测了什么样的变量。

将数据资本引入宏观模型的另一种做法，是将数据资本模型转化为一种带有非竞争性的无形产品（琼斯和托内蒂，2020）。在这一模型下，数据资本具有非竞争性和规模报酬递增的特征，进而产生了很强的正外部性。正外部性的存在，使政府介入产权分配成为实现数据资本的社会福利最大化的必要条件。在这一框架下，数据资本类似于生产率、技术或者知识，一对一地转化为企业的全要素生产率。由于非竞争性的存在，即使在考虑消费者隐私的情况下，在企业间共享数据资本也能够带来巨大的社会收益——通过让多个企业使用同一组数据资本进行分析，可以将数据资本的回报最大化。然而，由于畏惧竞争导致的利益损失或"创造性毁灭"的出现，企业更愿意将其拥有的数据资本"窖藏"起来不与其他企业分享，这就导致了非竞争性数据的低效使用。

琼斯和托内蒂认为，解决上述数据资源低效配置问题的有效办法，就是通过政府的介入将数据的产权赋予消费者。为了获得更大的收益，消费者会将自己所拥有的数据资本出售给多家企业，而这就能够实现社会福利的最大化配置。他们还预测，随着数据在宏观经济中的重要性进一步提升，更多的社会资源会被投入到创造数据的生产活动中，那些无法产生数据的活动——如新企业进入势必将会减少，而这对于创新来说未必是一件好事。

有理由相信，随着大数据与人工智能的迅速发展以及实体经济数智化的进一步加深，越来越多的学者和机构将会着手研究数据资本是如何影响宏观经济的。在不久的将来，我们必将看到一系列关于数据资本的重要理论成果。而在当前的研究视角下，有三个重要的研究问题有待深入解决。第一，数据资本究竟是补足了创新，还是替代了创新？第二，数据资本的产权及其分配方式，是否会影响经济表现？第三，各类宏观政策通过影响企业数据资本进而影响经济增长与波动的机制是什么？我们相信，上述这三个问题的理论突破，将彻底提升经济学界对于数据资本的认知，也有望使数智经济学真正成为一个独立、系统的经济学分支。

七、数据资本、金融资本与数字孪生

在一定程度上，目前世界经济正在经历的数据化进程，可以被视为经济全球化的一个新阶段。

按照国际货币基金组织（IMF）之前的定义，"经济全球化"，一般是指跨国商品与服务贸易及资本流动规模和形式的增加，各项新技术的广泛迅速传播，以及各国经济间相互依赖性的显著增强的客观过程。经济合作与发展组织认为，经济全球化可以被看作一种历史过程，在这个过程中，经济、市场、技术与通信形式都越来越表现出全球性特征，而民族性和地方性在逐渐减少。

在当下，世界经济的数据化进程，促使数据资本成为全球经济的主要推动力。相较于其他稀缺性资源，数据资本既不受地理空间限制，也无须跨语言翻译，因而能够以很低的成本和极快的速度流通，可以同时被不同国家、不同地区的经济个体使用以创造价值，减少了民族性、地方性因素对于经济活动的影响，从而促进了经济全球化。

经济数据化的标志，是数据资本的全面崛起与实体经济的全面数值化转型。虽然难以找到明确的时间节点和关键性事件，但是我们可以将经济数据化开始的时间大致确定在 2010 年前后。在经济数据化之前，经济全球化的主要趋势是全球范围内的金融化，主要表现为金融资本的迅速扩张以及资本流动的不断提速。

1. 金融资本的扩张

自 20 世纪 80 年代开始，以美、英、日、德为代表的主要工业化国家开始相继实施金融自由化措施，包括放松资本流动限制，取消利率上限，引入期货、期权和衍生品等创新金融工具，放宽金融市场准入与营业限制，等等。而这一趋势也很快传播到其他发达国家与新兴市场国家，各国的金融行业均得到长足发展。信息技术革命，为各国的金融化提供了强有力的技术支持，消除了各国市场之间信息传递与金融交易的时空障碍，也提供了高速度、低成本处理大规模金融交易的技术手段，使全球范围内的资本流动和交易清算可以以极低的成本在瞬间完成。

随着金融化的不断深入，金融资本在 20 世纪后期逐渐成为全球经济发展的关键动力。通过市场化手段，各种类型的金融资本被大大小小的金融机构集中起来，按照回报率从高到低投给了缺少资金支持的投资项目，从而促进了信贷资源的合理配置，也为投资者创造了可观的金融财富。

与此同时，金融化也不可避免地造成了微观上的"金融排斥"，以及宏观上的"脱实向虚"等一系列问题。"金融排斥"（Financial Exclusion），一般指社会中的某些群体没有能力进入金融体系，没有能力以恰当的形式获得必要的金融服务。"脱实向虚"，则表现为大量资金资本脱离实体经济的投资、生产和流通而转向金融部门,造成金融资本在金融体系内部"空转"的现象,不利于国民经济的持续稳定发展。在当前的全球主要经济体内,都或多或少地存在金融排斥与脱实向虚的情况。2008年国际金融危机的爆发就是上述问题的一次集中体现,而国际金融危机平息之后,金融化呈现出一定的放缓趋势。

2. 数据资本的发展趋势

在经济数据化和经济金融化之间,或者更具体地说,是在数据资本与金融资本之间,存在很多相似之处。这些相似之处能够帮助我们更好地理解未来一段时间内数据资本可能的发展趋势。

首先,数据资本和金融资本,均建立在信息革命所带来的新技术的基础之上。金融全球化的基础,是建立在ICT资本之上的全球金融交易与信息系统。数据资本同样依赖ICT资本,在此之上还依托于大数据、云计算和人工智能等新型数据分析处理技术的全面应用。

其次,数据资本和金融资本,在一定程度上都行使了"信息中介"的功能。数据资本自不必多说,其本身就是信息和知识的虚拟载体。然而,在大数据分析大行其道之前,金融资本及其所依托的金融机构,基于其所掌握的市场情况与价格信息帮助投资人进行投资决策,在一定程度上也充当了市场体系的观察者和决策者的角色,对投资人来说也是一种信息中介。

最后,与金融资本一样,数据资本也存在诸多问题。具体来说,数据资本也同样面临着金融资本分配不均所导致的个体排斥和脱实向虚等问题。一旦个体之间获取、分析和应用数据资本的能力出现显著差异,就会导致排斥现象的出现;而数据经济本身也是一种虚拟经济,对于脱实向虚的担忧自然也是不可避免的。

金融资本的崛起在很大程度上得益于市场机制存在的两种缺陷。第一种缺陷是信息不对称,即投资者不了解融资人和项目的各项信息;第二种缺陷则是交易平台的缺失,即由于缺少使大量投资者和大量融资人能够直接沟通、交易的有效平台,金融中介应运而生。数据经济的发展既能消除极大的信息不对称,也能为信贷交易的直接进行提供一个公开、透明的平台。而这无疑会给现有金融部门带来极大挑战,促使他们作出重大变革,或者选择与金融科技公司和平台企业合作,以把握数据经济带来的新机遇。

在《数据资本时代》一书中,维克托·迈尔-舍恩伯格和托马斯·拉姆什两位作者大胆预测了金融资本主义的终结。在他们看来,为金融资本敲响丧钟的,正是海量数据市场的崛起。

3. 数字孪生

按照信息中介理论,金融交易在本质上是实体经济的一种记录和映射。在此项功能上,数据资本的表现要远优于金融资本。而一种特殊的数据资本——数字孪生(Digital Twin)的存在,便是证据。

数字孪生,顾名思义,就是数字形式的双胞胎,是一个物理对象的数据化的复制品。这个物理对象既可以是一个机器、一个动物,也可以是一座图书馆、一座城市,乃至一个国家。通过数字孪生,我们建立了从物理实体到数字虚体的精确映射,既可以准确记录和分析物理实体的各项特征,也可以模仿和增强物理实体的发展趋势与行为方式,甚至还能够建立一个可以实时更新的、现场感极强的"真实"模型,以支撑物理实体生命周期各项活动的决策。

数字孪生技术是传统数字技术与大数据技术的有机结合,在现实中的应用场景十分广阔。在未来几年,我们将看到几乎所有重要文本资料与资源的数据化,这其中就包括哈佛大学法学院图书馆。

➢哈佛大学图书馆

哈佛大学图书馆收藏着英国殖民时代以来,几乎美国所有的州、联邦和地区的司法判决和重要法律条文，是法学研究的圣地之一。通过与 Ravel Law 这一在线法律案件搜索引擎公司合作，哈佛大学法学院图书馆正在将其拥有的 4.3 万卷，共 4000 万页的法律文献全部转化成数字形式。不久之后，作为这一图书馆的数字孪生体的在线数据库就将建立。

该免费数据库上线之后，许多付不起高额的判例搜索费用的辩护律师、法律系学生和普通人，就能够接触到更为详尽的法律文献。这将大大缓解司法领域的信息不对称，有利于司法公平与法学研究的进一步发展。对于免费提供这项服务的 Ravel Law 公司来说，他们也并非不计成本地"大发慈善"。通过建立该法律文献数据库，Ravel Law 公司能够尽早依靠这些法律数据，开发出可以销售给律师事务所与个人的高级分析工具，以帮助他们更好地理解和使用这一数据库，从而提高在案件审理中获胜的概率，而这正是数据资本的力量。

➤雄安新区

数字孪生的上限，远不止于一座大型图书馆。在中国河北，一座数字孪生城市——雄安正在慢慢崛起。2017 年 4 月 1 日，中共中央、国务院印发通知，决定设立国家级新区河北雄安新区，并将雄安定位为北京非首都功能集中承载地、京津冀城市群的重要一极，以及高质量高水平社会主义现代化城市。在雄安新区的建设过程中，与现实城市同步规划、同步建设的，是一座具有深度学习能力的数字孪生城市。

据雄安新区管理委员会规划建设局副局长刘利锋介绍，传统的智慧城市往往更多关注建筑、交通、水务和园林等某一行业或领域的智慧化、数字化，而雄安则是基于城市信息模型的全城智慧化，在此平台上可以把城市的各专业数据进行集成，实现整座城市的数字化管理与安全保障。我们有理由相信，雄安数字孪生城市的建立，将为数字孪生技术的大规模运用提供有价值的范例。

➤**数字孪生案例：广州市**

除雄安之外，一些长期位居一、二线城市行列的中国城市也开始大幅提升大数据在城市管理中发挥的作用，广州市便是其中翘楚。2020年，广州市着眼全市"一盘棋"布局，充分运用"云大智区"（云计算、大数据、区块链、人工智能）和物联网等新一代技术，搭建"两级平台、四级体系"基本框架，通过集运行监测、预测预警、协同联动、决策支持、指挥调度于一体的功能建设，构建"一屏知全城、一网治全域"的"穗智管"城市运行管理中枢这一广州市的数字孪生体。通过对于大数据的充分使用，实现全流程、全方位、全要素的整合，全面提升城市运行管理的科学化、精细化和智能化，探索数字赋能全周期管理的超大城市治理现代化新思路，助力广州建设国际一流智慧城市。

截至2021年年初，经过两个阶段、为期6个月的建设，通过"广州特色、一图二十主题"的建设，广州市政府打通了32个部门的业务体系和数据，对接了120多个业务处室共计105个业务系统，对接库表1839张，接入工单事件总量900万条，提供数据服务API接口1851个，接入数据总量超过1亿条，梳理广州特色的城市运行指标1万多个，打造了8个核心主题共25个城市运行管理业务闭环的场景，全面呈现"广州特色、一网统管、全城统管"，总体上建立了"横向到边、纵向到底、不留死角"的管理体系，初步形成了城市运行数智化管理的新格局。

➤**巴黎圣母院**

除了上文提到的诸多用途之外，数字孪生还可以帮助我们用于重构与修复现实世界。2019年4月15日下午6点30分，正搭着脚手架进行维修工程的巴黎圣母院突然遭遇大火，滚滚浓烟遮蔽了塞纳河畔的天空。这座竖立了接近千年的承载着无数人类艺术和文化结晶的建筑遭遇了毁灭性的打击，造成巴黎圣母院塔尖倒塌、建筑损毁严重，所幸未造成人员伤亡。巴黎圣母院是人类文明的瑰宝和财富，其历史价值无与伦比。大火被扑灭之后，法国政府迅速将巴黎圣母院的重建计划纳入日程。虽然火灾事故一个月内各界承诺为重建巴黎圣母院捐款的金额已近 10 亿欧元之巨，但是能否充分按照历史原貌进行重建，成为了一项技术难题（见图 4-5）。

图 4-5　修复中的巴黎圣母院

资料来源：新华社。

　　在解决这一困难的讨论中，一家大众未曾想到的机构：法国育碧游戏公司（Ubisoft Entertainment）提供了一个解决方案。2014 年，育碧公司发布了其旗下拳头游戏系列《刺客信条》第四部续作——《刺客信条：大革命》。该游戏以 18 世纪的法国大革命为历史背景，在场景设计中对巴黎圣母院进行了高度还原。事实上，育碧公司的关卡设计师为了完美地在游戏里重现巴黎圣母院，花费了两年时间无数次造访这座建筑物，学习并构建出教堂的建筑结构和 3D 图形，甚至还与建筑纹理专家一起以确保每一块石头、每一块砖都是它原来的样子。火灾事故后，育碧公司表示，愿意无偿提供其所有关于巴黎圣母院的建筑数据帮助巴黎圣母院进行重建，这无疑为重要文物和建筑的保护提供了一个新的思路：建立它们的数字孪生体。假以时日，我们将有希望看到所有重要的建筑、文物、资料和影像材料的数字孪生，人类文明将在虚拟环境中得以延续与传承。

小　结

　　本章从生产要素与宏观经济增长的视角，介绍了作为生产要素的数据资本如何进入生产过程，如何影响其他生产要素，如何发挥其通用目的技术性，以及数据资本积累如何影响宏观经济的各个方面。作为一种虚拟生产要素，数据资本能够通过与其他生产要素相结合以产生信息和知识、降低不确定性，提升其他生产要素的使用效率，还能鼓励与支持技术创新和制度创新。

　　通过对于金融部门的发展史进行简要回顾，我们看到了由信息通信技术、大数据技术与人工智能上的进步带来的数据使用成本降低，进而推动数据部门在国民经济中发挥更大作用的可能性。当下，没有任何一家企业能够忽视数据资本的作用，企业在大数据上的投入与策略将在很大程度上影响企业的业绩表现与发展前景。

第五章

数据资本与企业的未来

"一些金融服务公司还没意识到他们坐在一座由数据堆砌而成的金矿上。如果他们无视数据,金矿就会变成垃圾堆。"

——罗闻全,麻省理工学院金融工程实验室主任

在上一章中,我们将经济数据化视为经济全球化的最新阶段。在全球化的这一阶段,大数据技术的快速发展,成功推动了数据资本的逐步形成与广泛使用,进而促使绝大多数经济活动(如生产、交易、消费和投资)从实体空间转移到在互联网上的虚拟空间中进行。同时,国家与国家、地区与地区,以及个体与个体之间的边界被进一步消除,全球经济越来越紧密地连接在一起。

值得注意的是,经济数据化所消除的不仅仅是地理含义上的边界,企业

与企业之间的组织边界、职业与职业之间的岗位边界也受到了数据资本的巨大冲击，具体表现为数据密集型企业的大量兴起、以数据为工作对象的新职业类型的陆续出现，以及以网络而非阶级进行组织的新生产关系的诞生。

在过去的十余年间，数据密集型企业的异军突起是经济数据化的集中体现。数据密集型企业，既包括发展扩张迅速，已经逐渐成为经济社会发展重要力量的平台型科技公司，也包括以数据收集和分析为主要业务的大数据公司和金融科技企业，还包括为其他企业提供数据相关基础设施和服务的云企业等。

数据密集型企业的发展，一方面颠覆了现代经济的基本格局，对依赖资本和劳动力等旧生产要素的传统企业的市场地位构成了极大挑战；另一方面，又推动了传统企业加快数字化转型的进程，促使传统企业加大在大数据、数据库和数据分析等方面的资金投入，以维持其市场地位。

大多已有研究证实，无论对于数据密集型企业还是非数据密集型企业，扩大数据资本规模与提升数据分析能力，都能够帮助企业提升其业绩表现。拥有更庞大数据资本存量的企业，能够更充分地使用 DDD 决策模式，在制定商业决策时有更多的信息和知识作为参考。在大量数据的支持下，这些企业对于宏观经济形势、供应链网络、市场动态和消费者特征等状态变量的理解也更加深入，因而能够更少犯错，作出更好的趋势预测和商业决策，从而提升企业的生产效率和盈利能力。

在分析数据、提升算力的过程中，企业面临着多重选择，每一次选择都将影响企业对于数据资本的应用程度和深度。这些选择包括但不限于：大数据分析的应用模式选择、能力提升的优先级选择，以及数据部门的内外化选择等问题。有关以上问题的正确决策，能够帮助企业有效缩短从在数据上进行投入到获得利润回报的时间周期，从而尽早进入数据价值的指数上行阶段。

除了提升企业的运营和管理效率之外,数据资本的积累与使用还能显著提升企业的创新能力——无论是成熟企业的持续性创新还是新进企业的颠覆性创新。从公司的整体管理——到具体业务的运行——再到产品的设计与改良,企业创新贯穿于企业生命周期的每一个环节、每一个部门、每一个细节之中,可以细分到组织创新、技术创新、管理创新、战略创新等各个子领域。

从总体上看,数据资本促进成熟企业持续性创新的渠道有二。第一,DDD 模式有助于提高企业决策的客观性,通过实时决策以及发现隐藏模式,改善决策质量;第二,企业拥有的大量数据,允许企业提供更加优质、更个性化的产品和服务,从而提高企业回报。通过上述两个渠道,无论是数据密集型企业还是传统企业,都能通过投资于数据资本持续提升企业价值。

除此之外,作为一项通用目的的技术,大数据技术还为新进中小企业提供了颠覆传统大企业的可能性,金融科技企业对于传统金融企业如银行集团的有力挑战就是一个突出的例子。尽管如此,数据本身也依然有可能阻碍创新。拥有大量数据资本的企业可能会懈于市场信息的收集与技术革新,同时一些能够封锁系统的平台型企业,则可能通过数据垄断扼杀新进数据型企业的发展空间。而对于这些问题,目前,商界、学界以及政府部门均未给予足够的重视与关注。

随着数据经济的高速发展,还催生出了一系列全新的经济现象。其中包括因数据而生的新职业如数据经济学家。越来越多的人开始,投身于数据密集型科技企业以期获得职业生涯的新突破。企业已经不再仅仅作为传统供应链上的单一结点,而是如同叶脉从叶柄延伸而出、逐步散开一样,成为数字价值网络的起点,每个企业在各自的数字价值网络中占据着十分重要的位置。

在大数据技术的冲击下,先前的以工业化分工为基础的生产关系不再被视为金科玉律,弗里德里希·冯·哈耶克(Friedrich August von Hayek),蜂巢思维(hive mind)①逐渐取代了为传统企业保驾护航的管理哲学。目前,这些新现象和新变化正处于萌芽时期,它们的成长与发展无疑将一步步改变现代经济的基本面貌。

可以说,数据密集型企业的发展壮大,代表了数据理性逐步替代个体理性的社会进程。然而,企业和机构基于数据分析所作出的预测和决策并非总是正确的,对 DDD 模式的过度依赖会导致预测失准以及判断失误,进而对整个经济社会造成巨大冲击、负面影响。

在本章的最后一个部分,笔者分别列举了 2008 年国际金融危机的起源,美国长期资本管理公司(Long-term Capital Management,LTCM)的破产,以及西方国家基于民调选举预测的失败这三个案例。在上述案例中,基于数据进行的决策和预测,却得出了与现实相左的结果,进而导致了经济上的损失或是增加了政治上的不确定性。然而,导致出现这些失败的主要原因,并非错误的数据分析结果,而是作为决策者的个体对于数据分析与预测结果的错误使用。这就驱使我们反思对于数据和大数据分析的正确使用,同时更强调了在数据分析和相关决策中引入人工智能与机器学习的重要性。

一、数据密集型企业

按照生产使用的不同类型生产要素与资源的密集程度,企业一般可以被划分为"劳动密集型企业"、"资本密集型企业"和"资源密集型企业"。近年来,随着技术和知识的生产要素性得到普遍承认,"技术密集型企业"和"知识密集型企业"的概念也逐渐形成。

_____

① 蜂巢思维出自凯文·凯利(Kevin Kelly)的《失控:机器、社会与经济的新生物学》一书,即指"群体思维"——正如蜂巢中的每个蜜蜂各有分工、各司其职维系着整个蜂巢一样,人类之间相互协作、激发群体智慧。

在数智经济的当前水平下，"数据"以其独特的生产要素属性正在对经济社会发展产生重大且深刻的影响，由此我们也可以给出"数据密集型企业"（Data Intensive Enterprise）的定义：在生产过程中投入大量数据，对于数据的使用强度与依赖程度远高于其他生产要素和资源的企业。

那么，有哪些企业可以被视为数据密集型企业？无论是收集和处理大量数据的平台型企业——如脸书和领英等，以数据为主要生产对象或产品的企业——如彭博资讯和万德咨讯等数据分析公司和数据服务平台，还是依赖数据分析进行商业决策的金融投资企业——如蚂蚁科技集团，以及提供数据相关基础设施和服务的数据库与云服务供应商——如亚马逊 AWS 和阿里云，这些企业都可以被纳入数据密集型企业的范畴。如此一来，似乎目前各经济体中的主要科技企业，几乎都可以被视为数据密集型企业，这也充分说明了数据资本对于各国经济的重要性。

1. 平台型企业

在上述各种类型的数据密集型企业中，平台型企业的发展可谓最受人瞩目。目前，互联网平台型企业的发展规模已经达到"富可敌国"的程度。这些平台在政治、经济和文化领域的影响力甚至超越了很多主权国家，开始逐步取代传统工业企业与国际金融集团在现代经济中所占据的核心地位。2010 年前后，世界上市值最高的公司还是类似于中国石油、中国工商银行、美孚石油（Mobil）以及必和必拓（BHP）这样的传统经济巨头，属于 IT 领域的仅有微软和苹果。而到了 2020 年，全球市值排名前五的企业中有 4 家，排名前十的企业中有 7 家，均为互联网平台或信息技术公司。

相较于数据分析公司、金融投资企业或数据库等其他数据密集型企业，目前经济学界对于平台型企业的研究要更为完善、系统和深入。平台经济相关的理论研究，例如对于企业行为和商业模式的研究均已初见规模、自成体系，能够帮助我们更好地理解数据密集型企业具有的共性与差异。

中国的市场监管总局在 2020 年 11 月发布的《关于平台经济领域的反垄断指南（征求意见稿）》中，对互联网平台型企业进行了界定："平台是指通过网络信息技术，使相互依赖的多边主体在特定载体提供的规则和撮合下交互，以此共同创造价值的商业组织形态。"从经济学的角度，平台型企业不同于传统企业的一个显著特征，是平台型企业将数量众多的用户聚集到同一平台之上，通过促进这些用户之间的互动，最终实现交易的达成。因此，平台型企业不仅为用户群体提供交易撮合与供求匹配等方面的信息服务，更是通过构建并运营由一个实体的场地（如购物中心）或虚拟的空间（如淘宝网）所形成的平台市场，使买卖双方在这一平台上达成交易。

欧盟于 2020 年年底提出的《数字市场法》（*Digital Market Act*）将大型数字平台明确界定为在线市场的"守门人"（Gatekeepers）。通常经营一项核心平台服务（网上中介服务、在线搜索引擎、社交网络、视频分享平台、号码独立的人际沟通服务、操作系统、云计算、广告服务等），作为平台内经营者接触终端消费者的通道，将网络效应嵌入自己的平台生态系统中，从而在数据市场占据或预期占据持续的国际领先地位。

平台型企业同时连接供需双方的特性，使市场呈现出双边结构的特点，形成了所谓双边市场（Two-sided Market）。双边市场也称为双边网络，即有两个互相提供网络收益的独立用户群体的经济网络。双边市场的出现，改变了传统市场的运行方式，创造性地衍生出新的定价策略与盈利模式，允许平台型企业通过收取交易费、准入费、增强型接入费用和增强型内容管理服务费用等方式实现盈利。

然而，在技术驱动、标准竞争、低边际成本以及网络外部性等特性的共同作用下，由平台型企业操纵的双边市场极易形成寡头化或垄断的局面，这也是近期围绕"反互联网平台垄断"展开的社会大讨论火热异常的原因。关于平台型企业和双边市场的定价策略与市场结构等问题，数字经济学和产业组织理论均已作出详细解释,本章就不再对此多做赘述,而将重点围绕平台型企业如何建立和使用数据资本等问题进行讨论。

➤平台型企业的核心竞争力

毫不夸张地说,数据资本和算法乃平台型企业之命脉。谷歌公司之所以能够在21世纪初的搜索引擎之战中脱颖而出,战胜微软、雅虎等强劲对手最终成为最大赢家,离不开其始终将数据和算法视为企业核心竞争力的发展宗旨与经营理念。

谷歌的两位创始人拉里·佩奇(Lawrence Edward Page)和谢尔盖·布林(Sergey Brin),在1997年构建早期的搜索系统原型时提出的链接分析算法"网页排名"(PageRank),被部分学者视为20世纪末计算机科学史上的一大突破。佩奇和布林二人以极其简明的逻辑,提出了迄今为止在搜索引擎领域仍具有相当代表性的排序算法,这一算法对网站可靠度和重要性的评估奠定了网络信息检索的基础。[①]在过去的20年,谷歌近乎不计成本地构建了一个人类世界的数据库版本(吉尔德,2018):2005年,谷歌宣布其已数字化了世界上所有可以获取的图书;2006年,谷歌在其图片软件中数字化了全世界的面部表情;2007年,谷歌通过谷歌地图和谷歌地球两个应用数字化了地球上的所有地形,包括街景和交通状况;2010年,谷歌宣布数字化了世界上所有的语言和翻译内容。由这些数字化内容组成的海量数据库,是谷歌最重要的企业资源,也是谷歌对其搜索引擎领域霸主地位的一次展示。

在优步(Uber)公司看来,他们之所以能够在网约车市场取得今天的非

①　早在1994年,在道琼斯公司(Down Jones & Company)工作的李彦宏就开始研究搜索引擎的算法,并于1996年建立了一个名为RankDex的搜索引擎,使用网页间的链接关系作为结果排名的重要因素,这一做法在PageRank中也有所体现。1999年,李彦宏回国,并于2000年与合伙人共同创建百度公司。

凡成就,所依赖的核心竞争力正是其大数据策略,以及相较于其他公司更加实时、更加动态的数据资本——拥有全球71个国家、1万多个城市、超过7500名用户的出行信息。

对于优步、滴滴以及首汽公司这些网约车平台来说,大数据的应用场景主要集中在以下两个方面:其一,利用大数据的分析处理技术,不断提升网约车平台的服务和运营效率。譬如,通过对各个城市的交通拥堵程度进行实时监控和动态预测,网约车平台利用算法实现了优化调配与动态定价,解决了传统出租车公司难以解决的供需匹配难题,既提升了服务质量和水平,也扩大了企业的利润空间。而在采用大数据技术提供服务的网约车公司中,拥有更多用户和加盟车主,进而拥有更准确的交通数据资本的平台,自然而然地成为这场竞争的最大赢家。其二,网约车平台通过使用双向评分系统、结合用户信息,实现司机和乘客的优化匹配,通过对双方的交流习惯、行事风格等进行对比,从而尽可能地减少司机与乘客之间可能出现的矛盾与摩擦,而这种匹配无疑也是建立在大量的用户与司机评分基础之上的。

2. 其他数据密集型企业

除了上文所描述的谷歌和优步等平台型企业之外,许多新兴类型的数据密集型企业,如数据分析公司也已经日渐发展壮大,这些企业为客户提供个性化的数据服务,并且从数据资本中挖掘出大量的有用信息与商业价值。

贝宝(PayPal)创始人彼得·蒂尔和毕业于斯坦福大学计算机系的几位精英程序员,于2003年共同成立了帕兰提尔科技公司(Palantir Technologies)。在成立之后短短10年内,帕兰提尔就成为大数据领域的超级"独角兽"。

几位创始人称,他们成立帕兰提尔科技公司的目标与初衷再简单不过。他们希望基于之前贝宝自主开发的防欺诈系统,研发出一个愈加强大、能够处理海量复杂数据的分析体系,从而建立一个"人+机器"的超级数据系统。2010年之后,帕兰提尔科技公司对其发展目标进行调整,将其业务重点转为,在保障隐私的前提下提供大数据分析技术,进而帮助各国政府与大型企业解决最具挑战性的问题。

用数据分析师的话来说,帕兰提尔科技公司的工作重点,是帮助客户整合结构性数据库,再将整合后的数据经过机器学习,进而用直观的可视化图表输出分析结果,最终形成判断和认知,同时鉴别网上信息的真伪。这些工作看上去似乎并没有什么独到之处,任何一家大数据公司都能够做到。然而,当你对帕兰提尔科技公司所服务的客户与所参与的项目稍加了解,就断不会做此评判了。

帕拉提尔科技的主要客户,既包括摩根士丹利和摩根大通这样的金融集团,也包括空中客车和菲亚特·克莱斯勒这样的制造业巨头,甚至还包括美国国防部、国家安全局与联邦调查局这样的政府机构。帕兰提尔科技的另一个特殊之处,在于其已经完成或者参与的项目:他们开发的第一个数据平台——Palantir Gotham,在美国追捕本·拉登的行动中提供了大量的信息分析支持,还被美国多个地方警察部门用于实施"预测性警务",以应对可能出现的各类犯罪行为。

帕兰提尔科技开发的另外两个平台——Palantir Foundry 和 Palantir Metropolis,在现实中也受到了许多商业客户和对冲基金公司的欢迎,被这些大企业广泛用于集中、集成和分析数据的基础性平台。2020 年,Palantir Foundry 还被英国国家医疗服务体系(National Health Service,NHS)用于集成英国居民的健康信息、临床信息、新冠检测结果和健康咨询电话拨打情况等海量数据,以建立新冠肺炎疫情的趋势预测模型。

值得注意的一点是,推动英国国家医疗服务体系与帕兰提尔科技公司合作的,正是现任英国首相鲍里斯·约翰逊(Boris Johnson)的首席顾问多米尼克·卡明斯(Dominic Cummings),而他本人正是在 2016 年英国脱欧公投中采用大数据方法设计脱欧口号"拿回控制权"(Take Back Control),并通过社交媒体宣传,最终协助约翰逊赢得公投的重要人物。

　　3. 数据密集型企业的获利方式

　　无论是谷歌、优步这样的平台型企业,还是帕兰提尔这样的大数据公司,绝大多数情况下,数据密集型企业的获利方式基本可以被归纳为以下三种,而这三种获利方式也都与产品的质量密切相关。

　　第一,数据密集型企业可以保留数据,并利用数据生产更高质量的产品和服务,进而从高质量的生产中获利。在这种情况下,该类企业专门生产商品和服务。

　　第二,数据密集型企业可以通过出售数据直接获利。当然,这些企业可能也会生产产品或者提供非数据类的其他服务,但是其主要利润来源为数据销售所得。

　　第三,还有一些数据密集型企业,通过为其他企业或机构分析数据获利。对于此类企业来说,他们拥有的数据规模可能不是最大的,但是却能够采取前沿的大数据分析方法为其他企业创造数据价值。

　　图5-1描绘了一个典型的数据密集型企业从投资决策到用人决策、从生产产品到销售产品的全过程。在开始生产前,企业首先需要作出投资和用人决策。从投资的角度,数据密集型企业可以选择分别在ICT资本与传统物质资本(非ICT资本)上进行投资,并且根据企业需求调节投资的规模和比例;从劳动力使用的角度,数据密集型企业可以选择分别雇用分析数据的劳动力(数据科学家)和生产产品或服务的劳动力,并且根据企业需求调节雇佣劳动力的规模与比例。

　　在作出投资和用人决策之后,企业便进入了"生产—销售"的过程。具体地,企业中的数据科学家使用ICT资本对数据加以分析,便可得到关于企业生产、销售和管理的知识或信息(结构化知识)。而生产用劳动力进一步吸收、结合上述结构化知识,同时使用传统物质资本进行生产,便可以产出

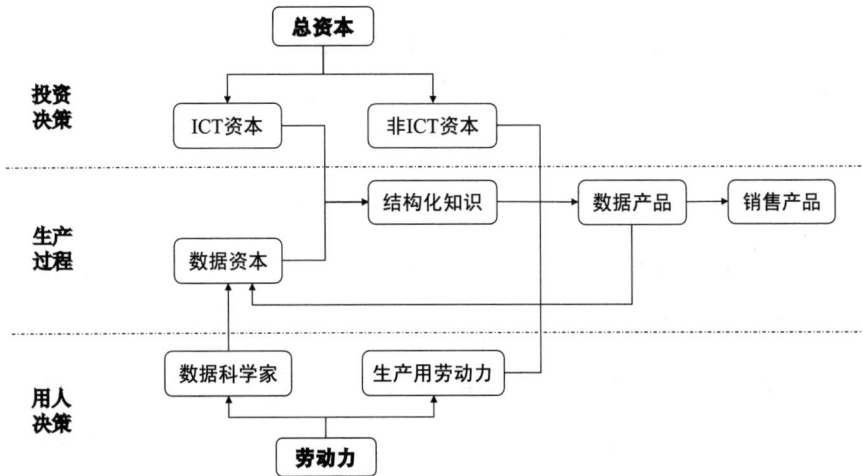

图 5-1　数据密集型企业的生产过程

包含数据的产品与服务。这些最终产品中的一部分被企业销售给消费者，而另一部分则以数据和信息为表现形式的产品，被企业纳入自身的数据库中，增加了企业具有的数据资本规模，也完成了从使用旧数据到产生新数据的一次正反馈循环。

正如资源密集型企业依赖于自然资源的丰富性，数据密集型企业极度依赖其所拥有的数据资本规模的大小与数据分析能力的强弱。许多数据密集型企业坚信，与生产产品或者提供服务的劳动密集型企业或资本密集型企业不同，他们具有创造新的知识、建立新的规则乃至重塑经济社会的独特能力。

一直以来，谷歌都在宣传其公司使命是"整合全球信息，使人人皆可访问并能从中受益"。2018 年，脸书也重新定义了其企业使命，"将世界更紧密地联合起来"。优步在自己的官网上强调，他们"通过让世界移动起来，创造出了新的机遇与可能性"。帕兰提尔科技公司更是以"你可以帮助我们一起拯救世界"的口号招募人才。

对于数据密集型企业来说,企业发展阶段的宏大叙事在一定程度上确有必要。此类企业的创造力,皆来源于其对于数据分析的想象空间和联想能力,这种创造力不但驱动了算法的大幅改良,也推动了大数据技术的推陈出新以及新知识的不断产生。然而,我们必须清楚这种技术与知识的正外部性,仅仅是数据密集型企业发展的副产品及其溢出效应,对于这些企业来说,实现公司财务上的利润提升与股价上行才是其最终目标,而这两个目标往往是通过获得对于市场的垄断力量而实现的。

在《从 0 到 1:开启商业与未来的秘密》(*Zero to One:Notes on Startups,or How to Build the Future*)一书中,彼得·蒂尔就将追求垄断的这种动力定义为创业者精神,并将其在科技创投领域取得的巨大成功也归功于此。然而,垄断所带来的社会福利损失是不容忽视的,相关的内容我们将在第八章中展开讨论。

二、数据资本、企业算力与业绩表现

无论是对于数据密集型企业还是非数据密集型企业,扩大数据资本规模与提升数据分析处理与挖掘能力("企业算力"),都是现代企业提升其业绩表现的重要手段。

1. 数据资本提升企业业绩的方式

穆勒等(2018)用计量方法对大数据分析的使用与企业绩效之间的关系进行了实证研究,发现二者之间存在显著相关性。通过将 2008—2014 年 814 家企业的大数据分析解决方案的投入情况与 Compustat 数据库中的财务绩效数据相结合、对比,穆勒等发现,对于所有行业来说,拥有大数据解决方案可以将其平均生产率提高 4.1%。而具体到行业层面,对大数据分析的使用与企业生产率的大幅提升高度相关,尤其是对于两类行业——数据资本密集型行业与高度竞争性的行业。

根据穆勒等的研究,对于数据资本密集型行业来说,大数据解决方案将带来 6.7%的生产率提升;而对于具有高度竞争性的行业(以产业集中度来衡量)来说,使用大数据解决方案对于生产率的提升幅度也有 5.7%之多——显著高于全行业水平(4.1%)。这一研究结果无疑为数据资本所蕴含的商业价值提供了有力的实证证据。

当然,扩大数据资本规模对于企业业绩表现的提升作用并不难理解:拥有更多数据资本存量的企业,能够更充分地使用 DDD 决策模式,那么其在制定商业决策时便拥有更多的信息和知识作为参考,对于宏观经济形势、供应链网络与市场动态等状态变量的理解相应地也更加深入,因而能够少走弯路,作出更好的预测和决策,最终获得更加优良的业绩表现。

➢流程挖掘

库比纳(2015)提出,个体和企业想要在竞争激烈的环境中生存下去,有赖于在正确的时间掌握正确的信息,而大数据恰恰是正确信息的重要来源。

一方面,企业可以通过对大数据的有效分析,提高组织内部信息的透明度,从而产生更广泛、更深入和更准确的观察,最终改进决策的质量。这一过程被德国大数据分析公司 Celonis①(也是欧洲最大的"独角兽"企业之一)定义为流程挖掘(Process Mining)。

对于流程挖掘的简单理解是,通过从其特有的信息系统数据库中提取日志里的有效数据,以发现、监控和改善实际流程。Celonis 自己正是流程挖掘的践行者,其主要业务是为西门子、雀巢、通用汽车、空中客车和瑞银等国际知名企业提供大数据解决方案。Celonis 在欧洲的最大客户——制造业巨头西门子这样评价 Celonis 公司的服务:"它像 X 射线一样解析西门子

---

① Celonis 成立于 2011 年,是提供 SaaS(Software as a Server)产品的大数据流程挖掘公司,主要满足企业需要分析并改善工作流程的需求。

的内部流程运行情况,让西门子能够轻松地看见那些效率较低的环节并进行改善。"尽管我们并不知道 Celonis 具体是怎么施展大数据魔法的,但其良好的财务表现以及一轮又一轮的火爆融资,都充分证明了其商业模式的有效性。

在中国,企业通过扩大数据资本规模而成功提升其业绩的例子也不胜枚举。例如,互联网房地产中介企业贝壳找房,就利用"软件即服务"(SaaS)系统跟踪房产经纪人与客户的互动与沟通。经纪人可以通过 SaaS 系统记录、管理、搜索房屋客户的信息,并发起与其他经纪人的合作。客观来说,SaaS 系统帮助贝壳找房实现了交易流程的数字化与标准化,在提高沟通效率的同时也优化了经纪人服务,促使购房者尽快作出决策,从而减少交易过程中的不确定性。

➢客户画像

除了流程挖掘外,企业还能够利用大数据刻画出更为复杂、更加完整的客户形象,从而有针对性地提供更准确的定制产品与服务。目前,越来越多的商业银行开始利用大数据技术进行客户画像,即通过算法标签化客户的信息与行为特征,进而提供因人而异的个性化服务,而这一服务的质量高低完全取决于银行能够接触到的用户数据的规模大小与种类多少。换言之,取决于银行所拥有的数据资本的"深度"。

中国银行就利用大数据和人工智能语义分析技术,搭建了"艾达"大数据风控系统,整合行内信息与外部互联网数据,通过企业画像和关联关系挖掘,为企业信用风险管理提供支撑。截至 2018 年 6 月,中行的"艾达"系统已经描绘了 2.6 万多家企业画像,累计识别舆情信息 800 余万条,绘制了股权、管理、担保和投融资维度的 3 个层次关联图谱,监测了 145 项企业动态预警指标,并定制开发了 5 个业务场景嵌入风险管理流程环节,可以提前1—3 个月发现风险预警信号,从而大幅提升运营管理效率(许宪春和王洋,

2021）。

　　2019 年,美国数据经济学家法布迪等学者发表了一篇名为《数据都去哪了?》(Where Has All the Data Gone?)的理论文章。文章指出,数据资本能够提高企业的生产效率,因而是一种有价值的信息资产(Information Asset)。她们还在该文中强调,企业的初始规模并不是企业是否能够最终获得成功的最重要的决定因素。一家能有效利用数据(从每单位生产中获取更多数据)的小企业,在一开始可能会因为花费大量成本建立自己的数据库而产生亏损;但如果该企业能够对这一发展阶段给予充分的资金支持,那么它的业绩表现和行业地位就会迅速超越那些规模更大但数据利用效率低下的企业,而这正是数据积累所带来的企业洞察力的提升。

　　➤数据微笑曲线

　　法布迪等学者的这一观点与阿里巴巴研究员、阿里云智能存储资深产品总监 Alex Chen 提出的"数据微笑曲线"概念具有一定的相似性。根据"数据微笑曲线"的逻辑,数据的价值呈现两极化的分布,企业对于数据资本的持续投资不会带来线性收益,而是要经历一个"先抑后扬"的过程(见图 5-2)。

　　在企业刚刚开始积累数据资本时,企业获得的数据将产生出实时的简单知识——这些知识来自消费者和用户点击不同网站的顺序,抑或是对于搜索结果的排序与兴趣。在获得这些知识之后,企业可以作出实时且具有时效性的决策,例如,调整在线购物网站内容的排序,以及进行点对点的广告推送等。在企业积累数据资本的中期,成本随之逐渐提高,企业不但需要建立用于存储海量数据的大型数据库,也需要在数据分析的工具和技术改良方面下足本钱。在这一阶段,由于数据规模尚未达到"量变引起质变"的水平,数据资本的价值也未能完全体现。久而久之,随着数据量的不断积累和数据分析的持续进行,企业最终将掌握对于消费者、市场、行业乃至宏观趋势的长期理解,形成"归纳的洞察",进而充分发挥数据资本的巨大潜力与商业价值。按照这一逻辑,数据价值的曲线就呈现出两极化的态势,"数据微笑曲线"便由此形成。

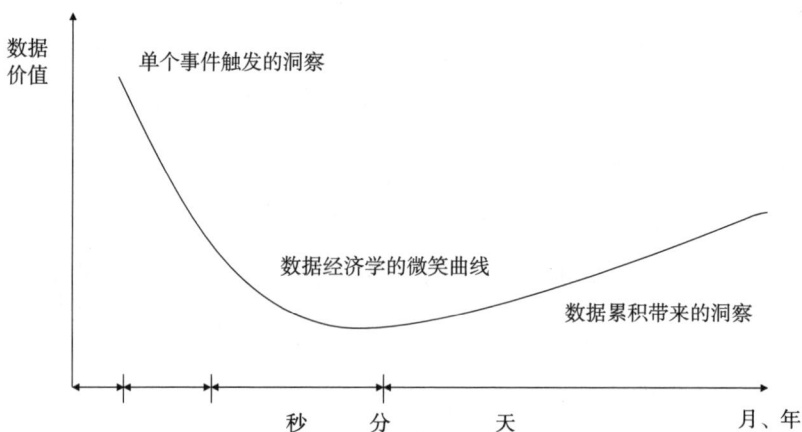

图 5-2　数据微笑曲线

资料来源:阿里云云栖公众号。

2. 企业面临的三大选择

通过上面的梳理可以看出,企业在数据资本上的总体投入终将反映在企业的业绩表现上。然而在分析数据、提升算力的过程中,企业面临着多重选择,每一次选择都将影响企业对于数据资本的应用程度与深度。这些选择包括但不限于:大数据分析的应用模式、能力提升的优先级,以及数据部门的内外化问题等。

企业需要做的第一个选择,是在企业运营的哪一个方面使用数据资本与大数据分析工具。根据神策数据① CEO、《数据驱动》一书作者桑文锋的研究总结,大数据分析在大多数企业中的使用途径主要分为以下六个方面:

───────────────

① 　神策数据,成立于 2015 年的大数据分析平台服务提供商,其核心成员均来自百度大数据部门。

流量分析、APP 分析、用户行为分析、数据可视化、应用市场监控，以及广告
效果检测。由此可以看出，大数据分析可以被嵌入企业生产、管理和运营的
各个环节。然而事实上，对于相当一部分企业来说，绝大多数的数据仍然由
ICT 部门掌握，而其他部门只能依赖于 Excel 等常规办公软件中完成的基本
计算，以及 ICT 部门执行的更复杂的大数据分析。

据信息咨询公司 Gartner 的调研显示，只有50%的公司拥有专门负责数
据管理与分析的高级管理级岗位。从这个角度来看，笔者认为企业若想要
充分利"数据红利"，首先需要明确自己的大数据战略，具体来说就是需要
回答以下三个问题：一是企业应该收集和积累什么方面的数据？二是企业
应该重点投入于什么类型的大数据技术？三是通过大数据分析，企业希望
优先解决的问题是什么？而需要在中长期持续关注的问题又是什么？

2016 年 3 月，《麻省理工科技评论》刊登了一篇介绍数据资本概念的文
章，该文提出企业在制定数据资本相关战略时应牢记三项规则：一是数据资
本来源于企业活动；二是数据会产生更多的数据；三是在围绕数据资本进行
的竞争中，平台总是会获得胜利。目前看来，这三项规则仍然适用。

企业需要做的第二个选择，是提升大数据分析能力的优先级问题。在
这一方面，甲骨文公司的高级数据策略师保罗·松德雷格（Paul
Sonderegger）建议，若想让数据资本在企业运营中发挥出更大作用，企业管
理者应聚焦于提升企业在数据流动性、数据生产率，以及数据安全性这三个
方面的能力。

首先，企业应提高在数据流动性方面的能力。数据流动性指的是企业
从数据源获得数据，并将其传递到使用端的能力，而提升此项能力的关键，
是减少将原始数据转化成能够用于生成信息和知识的形式所投入的时间、
成本与额外努力。

其次，企业应提高在数据生产率方面的能力。数据生产率可以看作每

单位数据投入所产生的额外现金产出。测度企业生成、购买及使用某项数据所带来的额外回报或者所节约的成本,并非易事,但是这样的测算尝试能够帮助企业考量其在数据而非 ICT 的软件和硬件上的合理投入。当然,对于绝大多数企业来说,现有的数据投入是远远不足的,因此任何额外投入都能提升企业的盈利能力。

最后,数据安全性也是企业必须在数据资本上提升的能力之一,即使保护数据安全意味着额外的成本消耗。除了一般意义上的数字授权、接入、加密与检查外,数据安全性还包括企业所拥有的用户数据是否对用户透明,以及企业是否满足其市场所在国家的数据安全性要求。例如,欧盟于 2018 年出台的《通用数据保护条例》和即将出台的《数字服务法案》(*Digital Services Act*),美国加利福尼亚州于 2020 年年初生效的《加州消费者隐私法案》(CPRA),以及中国将要出台的《中华人民共和国数据安全法》和《中华人民共和国个人信息保护法》等。尽管企业在数据安全性上的支出,超出了维护企业自身数据隐私安全的范畴,但却是保护用户数据安全、避免数据滥用和泄露等问题的关键所在,也是企业需要履行的社会责任。

松德雷格认为,企业通过提升上述三项大数据分析能力,将有效提升数据资本边际产出,并且可以控制企业的法律风险与名誉风险。通过对自身数据资源的有效管理,企业能够将自身的数据资本转化成稳定的比较优势,也为开展合法的数据贸易与生成新的数据产品和服务,创造了更多可能性。

企业面临的第三个选择,是在开始分析数据之前,需要根据实际情况选择是在企业内部构建数据分析部门,还是将此类工作交由第三方数据分析机构完成,即存在数据分析的内部化问题。桑文锋(2018)认为,关于企业是否需要建立自己的大数据部门这一问题,类似于在电气时代思考是不是每家公司都需要有自己的发电厂。电力技术的出现,确实极大地提升了企业的能源使用效率,然而并非每一家企业都有必要生产发电机或电动机。

相较于创造电力,对于电力的充分使用显然更为重要。我们认为,这一历史比较确有其道理,尤其是在数据已成为新的生产要素、大数据分析贯穿企业运营全过程的今天。然而,同电力相比,作为生产要素的数据存在两点明显的不同。

一方面,发电是一个连续的过程,需要由同一家生产机构(发电厂)完成,非发电企业仅需求发电厂的最终产出——电力;而对于数据的收集、整理和分析则与之不同,它可以被划分为数个单独的生产阶段,在此期间企业的介入程度要远高于发电过程。

另一方面,发电过程使用的原料如煤矿、太阳能等资源的来源与非发电企业无关,均是发电厂从外部环境中获得的。而与之相对的,需要加以分析的数据往往来自企业自身活动或者企业的上下游与竞争对手,可以由企业内部的大数据部门或者第三方进行处理与分析。

考虑到上述差异,笔者认为对于数据的分析,完全可以在企业内外部同步开展,而各部分所占的比例取决于企业的实际发展与数据需求。在企业内部,至少应该存在一个独立的数据分析岗位,以实现企业自身数据的整合与统筹,避免"数据孤岛"问题的出现。

数据资本的兴起和企业算力的提升,毫无疑问充实了企业管理的科学性内核,让企业更少地依赖"人治"、更多地依赖"数治"。"现代成人教育之父"戴尔·卡耐基(Dale Carnegie)于 20 世纪早期提出了"管理的艺术",风靡全球近一个世纪的。现如今,"管理的艺术"已逐渐被"数据的技术"所替代。用流行语来说,企业管理变得更加"硬核"了,数据理性逐渐代替了个人理性。

美国通用电气公司在《工业互联网:打破智慧与机器的边界》白皮书中,提出了著名的"1%的威力"(the Power of One Percent)概念;在一些重点行业,通过工业互联网和数字化手段实现 1% 的资产效能和生产效率的提升,就能够创造万亿级的利润。这种通过边际改善提升企业业绩表现的思路,所代表的恰恰就是数据驱动的企业管理逻辑。

三、数据资本与企业创新

除了提升企业运营和管理效率外,数据资本的积累和使用还与企业的创新过程有着十分密切的联系。从公司的整体管理,到具体业务的运行,再到产品的设计与改良,企业创新贯穿于企业生命周期的每一个环节、每一个部门和每一个细节之中,可以细分到组织创新、技术创新、管理创新、战略创新等各个子领域。具体来看,数据资本既能驱动企业实施改善现有决策、产品和服务的持续性创新,也能成为一些新兴企业颠覆传统企业市场地位、实现跨越式发展的关键。

1. 持续性创新理论

根据已有文献,数据资本促进企业创新的渠道主要有以下两种。首先,数据驱动的决策(DDD 模式)有助于提高企业决策的客观性,并通过实时决策以及发现隐藏模式改善决策质量;其次,企业拥有的大量数据,允许企业提供更加优质、更为个性化的产品和服务,从而提高企业回报。上述这两种渠道,都属于持续性创新的范畴,充分反映了数据资本积累对于提升企业持续创新能力的重要意义。

经济合作与发展组织于 2013 年发布的一份研究报告中,总结了五个数据密集型行业——在线广告业、医疗保健业、公共事业、物流和运输部门以及公共管理部门,通过使用数据能够达成的五个方面的提升。

其一,数据的大幅使用能够加强由数据驱动的企业研发,提升产品质量。

其二,数据使用能够帮助企业开发新产品,尤其是数据产品和服务。

其三,数据使用能够帮助企业优化生产或交付流程,提升企业的综合生产效率。

其四,数据使用通过提供有针对性的广告和个性化推荐来改善企业营销,使企业能够更快地将产品和服务推给目标客户。

其五,企业能够通过数据使用开发新的组织和管理方法,或显著改善现有做法,进而升级为数据驱动型组织。

以上五种益处,都可以归纳为数据驱动的企业创新。

中国社会科学院工业经济研究所李晓华研究员等学者,从"数据价值链"的视角解释了数据驱动企业创新的基本模式。他们认为,创新能够帮助企业形成先行者优势和差异化优势,为企业带来额外利润,因此,市场竞争机制会推动企业纷纷加大研发投入。

当然,与科研机构的创新不同,企业的创新活动不是以科学发现为主要目标的探索性活动,而是有着明确的利润导向的创新活动,只有那些能够为企业带来市场和利润的创新,才是企业的主要投入方向。然而,企业的研发活动往往投入很大但成功率却不高,可谓面临巨大风险,这是研发活动的自然规律所导致的。幸运的是,海量数据的产生与收集,以及大数据、云计算和人工智能等技术的迅速发展,在很大程度上改善了这一局面。

根据李晓华等学者的研究,数据在研发环节的价值创造作用,主要体现在以下两个方面。

其一,数据能够显著提升研发效率,降低研发成本。企业研发投入过大的原因,在于开发新产品的设备、人才、耗材投入大且周期长,往往需要烦琐的试验过程和反复试错才能得到理想的结果。但实际上,许多企业的研发环节积累了大量能够解决研发效率低、投入高问题的数据,却没有得到有效应用。在人工智能的支持下,对研发数据进行分析,可以大幅缩减研发周期、降低研发成本。

譬如,新药的研发往往需要几十年时间,同时耗资巨大,而基于人工智能的虚拟测试和药物筛选,则可以快速发现疾病的药物靶点,从大量化合物中发现先导化合物,加快药物筛选和结构优化过程,从而大幅降低新药开发的成本。新冠肺炎疫情暴发后,有团队通过人工智能对151个已在临床中应用的药物进行虚拟筛选,发现其中4种药物可能对新型冠状病毒存在抑制作用,从而加快了对于新冠抑制药物的筛选流程。

其二,除了提升研发效率之外,数据还能帮助企业提高创新的针对性,有效降低研发风险。企业的创新尝试往往面临较高的失败可能,这主要有两个方面的原因。首先是技术、产品和组织创新本身存在高度的不确定性;其次是企业在大多数情况下也缺乏对用户需求特征和市场趋势的准确预判。而上述两个原因都可以通过提升企业对数据的生成、收集和分析能力加以化解。通过对用户购买、搜索、使用和评价等各方面海量数据的收集与分析,企业能够更准确地把握市场形势、了解用户喜好、预测需求变化,从而提升市场化导向的研发活动的精准度,将来自市场信息不对称的影响降到最低。

譬如,依托数字化技术,中国车企一汽集团的新能源汽车工厂,就成功实现了对生产线上设备的预测性维护。根据一汽集团工程与生产物流部副总经理张晓胜的介绍,他们将数据传感器安装在那些容易损坏的配件上,如此一来,在设备运行的过程中,配件的温度、电流、电压还有振动幅度等数值都会被实时采集。而通过分析这些数值的波动曲线,工厂可以提前3个月预测到可能会出现的问题并提前做出预警反应,由此,再也不会出现在设备生产时配件损坏,进而影响生产进度的"生产事故"。

通过上述分析,可以看出绝大多数已有研究,都十分关注数据对于企业持续性创新(Sustained Innovation,亦称维持性创新)的驱动作用。持续性创新,一般是指对于产品、技术、管理和组织能力的渐进性改良。值得注意的是,近期也有一些新的文献,开始强调数据资本和大数据分析驱动企业发生

"颠覆性创新"（Disruptive Innovation）的可能路径。

2. 颠覆性创新理论

颠覆性创新理论，最早由哈佛大学商学院的商业管理教授克莱顿·克里斯坦森（Clayton Christensen）在其《创新者的窘境》一书中提出。颠覆性创新理论与熊彼特的"创造性毁灭"理论一脉相承，强调颠覆性技术的出现，使规模较小、资源较少的企业能够成功挑战占据市场主导的大企业，实现企业赶超型增长的过程。

具体来说，在位大企业更多地聚焦于为高要求顾客改善其产品和服务，专注服务于最有利可图、能支付最高价格的顾客，其企业资源大多被投入于边际利润最诱人的产品项目。也就是说，大企业会重点关注针对高端市场的持续性创新。这一做法虽然能够帮助大企业维持其市场地位，却失去了对于低端市场和潜在客户群体的关注。而与之相对的，中小企业大多聚焦于被忽略的细分需求，通过提供更合适的功能（往往价格也更低），获得相应的市场份额。一旦某些具有革命性的技术出现，那些能够为消费者提供价格更低、效果更好的产品和服务，就能够帮助中小企业迅速占据市场地位，而新进中小企业对于传统大企业的"颠覆"就此完成。

举例来说，尽管早在20世纪80年代，数字成像技术就已问世，但作为摄影胶卷业巨头的柯达公司（Kodak）却始终坚信，胶片的质量要远优于数码相机。同时，考虑到数码相机会削弱公司已有的胶卷业务，柯达并没有利用其市场地位率先开拓数字市场。而当数字技术的缺陷被攻克之后，其他公司已经在数码技术领域开拓天地，当柯达想要挽回颓势为时已晚。最终，柯达于2012年提交了破产保护申请。

在数字经济时代，面对产业数字化的整体趋势，只有那些积极采取大胆策略、追求颠覆性创新的企业才能在行业竞争中握有更大胜算。布辛（2017）认为，产业的数字化通过以下两个循环效应（Loop Effect）对现有企业的利润产生显著的负面影响:其一,数字化进入者通过颠覆性模式(Dis-ruptive Model),与现有企业竞争;其二,现有企业对"颠覆"作出反应,并在彼此之间相互创造更为激烈的竞争。布辛还进一步指出,企业在设计应对颠覆性创新所需的对策时,至少应该考虑在下述两个方面加以改进:首先,专注于新的客户群——如年轻消费者群体,而不是只关注现有客户;其次,专注于重新划分市场的新方法,而不是仅仅依靠自动化来降低成本和节约劳动力。

除了传统制造业,银行业当前正在经历的转型升级也是由大数据技术带来的颠覆性创新所驱动的。在过去的几年里,金融服务的开展方式从主要依赖于实体分行的开设,转向依赖对于 ICT 技术、大数据以及高度专业化的人力资本的整合投入。随着数字化水平的提升,银行在支付和咨询服务等核心业务方面,面临着相较于其他中介机构更大的竞争威胁。新近崛起的金融科技部门,开始在金融服务中使用创新的信息和自动化技术,使数字技术的采用速度以及相关用户的获取速度都显著加快。特别是在亚洲和非洲,技术跃进将银行服务扩展到了之前的非银行用户群体当中,普惠金融在中国的发展就是很好的例子。

根据中国人民银行、银保监会发布的《2019 年中国普惠金融发展报告》,截至 2019 年 6 月,全国使用电子支付的成年人比例高达 82.39%,其中以非银行支付机构的网络支付业务与银行业机构的移动支付业务发展最为迅速;仅 2019 年上半年,银行业金融机构移动支付达 434.24 亿笔,金额166.08 万亿元,呈现出持续增长的态势。

在中国的农村地区,特别是偏远山区、贫困地区,是金融服务覆盖的"最后一公里",也是金融供给、需求结构不平衡等问题在区域层面的集中表现。除设置机构网点之外,部分地区还借助电子机具等终端、移动互联技术以及便民服务点、流动服务站、助农取款服务点等代理模式,扩大了基础金融服务的覆盖面。截至2019年6月末,中国全国乡镇银行业金融机构覆盖率为95.65%,行政村基础金融服务覆盖率达99.20%,比2014年年末提高8.1个百分点;全国乡镇保险服务覆盖率为95.47%。同时,银行卡助农取款服务点已达82.30万个,多数地区已基本实现"村村有服务"。

银行业以及整个金融业正在面临的这种数字化颠覆(Digital Disruption),使得传统银行的技术变得过时(如大型机和陈旧的服务器),迫使现有企业为了达到新的竞争对手可以提供的服务标准而过度扩张自己的分支网络,即通过获取更大规模的客户群体来与新进金融企业对抗。

毫无疑问的是,数字技术会对银行业市场日益激烈的竞争产生重大影响,银行业将朝着以客户为中心且基于平台(Platform-based)的互联网企业模式方向发展,逼迫现有银行业将不得不进行大规模的行业重组。这种数字化颠覆能够通过创新提高效率,增加供给多样性,并建立了一个更具竞争力的金融体系,从而扩展整个金融市场,增强了金融包容性。

同时,数字化颠覆也给传统银行的利润率带来压力,导致其承担的风险增加,并将引发对行业租金的争夺。为了提高效率,现有企业必须在新竞争者进入的同时进行重组。而新的进入者——金融科技企业尤其是大型科技企业,应当通过提高效率来获得市场份额,而不是想方设法绕过监管或是垄断与客户的接触渠道。这无疑也对金融科技的相关监管机构,以及行业管理者提出了更高的要求。

3. 数据资本阻碍创新的案例

传统企业对于数据资本的充分使用,能够帮助其更好地推动持续性创新,而初创企业在数据资本上的大幅投入,更是能够提升其颠覆性创新、取代传统企业占据市场绝对份额的可能性。然而,在一些特定的市场环境和企业条件下,企业拥有的大量数据资本有可能反而成为了创新的阻碍。

20世纪80年代之后,作为曾经的世界第一大汽车制造商的通用汽车开始走向衰落,一个重要的原因就在于其对于自身技术水平和数据积累的过度自信。由于通用公司将更多的管理精力和资源投入到优化生产效率、扩大规模和分散化投资上,在技术研发、数据收集和市场分析上的投入相对不足,进而导致其在技术和产品的竞争中逐渐落后。

1981—1990 年,在罗杰·史密斯(Roger Smith)担任通用汽车董事长期间,通用汽车在非主营业务(如 GM-10 项目和工业机器人)上的大量资本支出并没有获得预期的收益,造成了大量资本浪费。与此同时,对于汽车相关行业以外的许多企业的收购与合资,如电子数据系统公司(Electronic Data Systems,EDS)和休斯飞机公司(Hughes Aircraft),进一步导致通用汽车将大量资源投入在了汽车工业之外的地方,忽视了对汽车产品的改进,最终致使其汽车产品在质量上落后于日本和欧洲的对手。

更为荒唐的是,在其他竞争对手竞相增加车型多样性以扩大市场时,通用汽车公司却在降低车型数量以减少成本:从 1986 年到 1989 年,通用汽车的车型数量从 175 款降至 150 款,供应商数量从 800 个降至 425 个。而这些错误决策的事实,都是源于通用汽车太过相信自己已经充分把握市场信息,进而忽视了市场变化与技术竞争所导致的结果。这样的例子并不罕见,一大批传统制造业集团,如索尼、波音等公司均面临着和通用汽车类似的问题。

数据阻碍创新的另一个可能是数据垄断。如果平台型企业滥用其市场地位,阻止其他企业在其平台上进行数据交换与内容共享,那么新进企业的颠覆性创新将极有可能会被那些将大量数据封闭于企业内部的平台型企业所"扼杀"。当出现此类情况时,新进企业必须采取法律手段抗击数据垄断。

成立于 2013 年的美国职场数据分析公司 hiQ Labs,主要通过抓取领英公司——这一美国最大的职场社交平台上的公开个人数据,为企业人力资源部门提供员工行为评测,帮助企业分析其员工的离职风险和技能地图。2017 年 5 月,领英公司向 hiQ Labs 正式发函,要求其停止未经授权的数据抓取行为,同时还通过技术手段阻止 hiQ Labs 获得相关数据。之后,hiQ Labs 向加州北部地区法院提起诉讼,指控领英公司违反了《加州不公平竞争法》等法律。三个月后,法院作出判决,禁止领英公司采取法律或技术措施限制第三方公司爬取其网站上的公开数据。这可以被认为是新进企业对平台企业巨头的一次胜利。

在过去的几年中,围绕数据产生的侵权纠纷频频发生,在目前已有的判例中,司法机构大多站在开发数据的新进企业一方,以维护数据开放和鼓励竞争,这也充分反映出各国法律机构对于数据产权等问题的基本态度。

四、新职业的诞生:数据经济学家

除了从总体上影响企业的生产、管理、运营与创新外,数据经济的崛起还在很大程度上改变了企业的组织结构。简言之,就是创造了新的企业部门以及催生了新的职业。专门研究企业大数据部门的文献与专著已经十分丰富,但经济学界对于新的数据类相关职业的关注却稍显不足——尤其是那些在已有职业中引入数据分析的工具和方法、围绕构建和使用数据资本而产生新的复合型职业。

纵览全球,如今各主要经济体均面临着大数据相关人才短缺的问题。根据职场社交网站领英的数据,在美国,数据科学家职位的人才缺口从 2015 年的 0 人扩大到 2018 年的 15 万人,并且仍然呈现出不断扩大的趋势。根据《欧洲数据战略白皮书》的研究,仅 2017 年一年,欧盟的 27 个成员国在大数据和分析领域的职业缺口就超过 50 万人,而具有基本数字技能的人口比例仅为 57%。

根据中国电子信息产业发展研究院赛迪智库的研究报告,截至 2018 年年底,全中国约有大数据核心人才200万人,其中将近50%的人才集中于五大信息技术产业发展的引领城市——北京、上海、深圳、杭州和广州,以及互联网和金融两大领域。据赛迪智库估计,截至2020年年底,中国大数据核心人才存在150万人的缺口,而到2025年这一缺口将进一步扩大到230万人。在人工智能领域,根据《2020人工智能与制造业融合发展白皮书》,我国人工智能人才缺口达30万人,其中"人工智能+制造"的复合型人才极其稀缺。我们不得不承认,大数据领域的职位空缺,并没有随着时间的推移被逐渐填补,而是在越来越多的企业转向数据密集型企业的大趋势下进一步扩大。

1. 经济学家在数字经济时代的演变与发展

自2010年起,以大数据分析为主要工作内容的行业,对于数据经济学家(Data Economists)和科技经济学家(Tech Economists)这类新兴岗位的需求迅速上涨。根据美国劳工统计局(BLS)的调查数据,截至2010年5月,仅有5580位经济学家在私营企业任职,而到了2015年5月,已经有11500位经济学家在私企任职。2019年,斯坦福大学的苏珊·埃塞教授(Susan Athey)和哈佛商学院的迈克尔·卢卡教授(Michael Luca)专门撰文——《科技公司中的经济学家和经济学》,以研究科技公司中经济学的发展情况。这篇于2019年发表在顶刊《经济学展望》(Journal of Economic Perspectives)上的文章,引起了经济学界对于经济学家这一职业在数字经济时代演变与发展的深入探讨。

埃塞教授等在文章中提出,在全球各大科技公司中,拥有经济学博士学位的数据经济学家们正在发挥着越发重要的作用。科技公司发展过程中作出的关键决策,如平台设计、数字产品定价与企业政策制定等都基于严谨的经济学分析,经济学博士在科技公司中的重要性要远比我们所预想的要高。以亚马逊公司为例,2015—2019年,该公司一共雇用了超过150名经济学博士——这一数量仅次于美国的中央银行美联储（Federal Reserve Board, Fed）。

科技公司对于经济学博士的需求，不仅限于扩大公司内经济学博士学位拥有者的数量。无论是刚刚拿到学位证书的博士毕业生，或是在某一经济学领域初露锋芒的"青椒"，抑或是已经在顶级学府取得终身教职的学术大师，都颇受科技公司青睐。依据其研究领域和方向的不同，数据经济学家在科技公司负责的工作也十分多样，既可以参与解决实际商业问题，如为新的数字化产品设定定价规则，也可以进行前瞻性科学研究，以形成影响公司未来发展的商业洞见。

有趣的是，科技界对于数据经济学人才的推崇又转而辐射到了学术界和教育界：一方面，各高等学府相继开设、新增与大数据分析相关的课程与教学内容；另一方面，与数据经济相关的研究如雨后春笋般迅速涌现，还有许多商学院和经济学院中曾经关注运筹学、管理信息系统的研究团队，转而研究在线市场、定价算法和大数据运用等经济问题。

事实上，科技界对于经济学博士学位的重视和推崇，在企业发展历史上罕有先例，相较于研究型人才，大多数工业企业都更看重技术型人才。当然，回顾漫漫历史长河，我们也能发现零星点缀其间的"经济学家热"，而最早的"经济学家热"可以追溯到20世纪位于美国新泽西州茉莉山的贝尔实验室（Alcatel-Lucent Bell Labs）——这一家曾经被视为人类历史上最伟大的实验室。

1925年，美国电话电报公司（American Telephone & Telegraph, AT&T）收购了西方电子公司下设的研究机构，成立了"贝尔电话实验室公司"，后改称为"贝尔实验室"。在过去的一个世纪中，贝尔实验室共获得7项诺贝尔物理学奖和1项诺贝尔化学奖，为全世界带来的创新技术与产品数不胜数（见表5-1）。

表 5-1　贝尔实验室主要研究成果

时间	主要研究成果
1940 年	数据型网络
1947 年	晶体管、移动电话技术
1954 年	太阳能电池
1958 年	激光
1960 年	金氧半场效应晶体管(MOSFET) (用于大规模集成电路的逻辑单元 CMOS,如微处理器、单片机等)
1962 年	语音信号数字传输、通信卫星:Telstar1
1963 年	无线电天文学(太空望远镜、电波望远镜)
1969 年	UNIX 操作系统、电荷耦合组件 (CCD,用于条码读取器、摄影机、扫描仪、复印机)
1972 年	C 语言
1979 年	系统单芯片型的数字信号处理器(SoCDSP) (用于调制解调器、无线电话等)
1980 年	C++语言

　　1968 年,贝尔实验室组建了一个由 30 名经济学家组成的研究团队,该团队在成立两年后就创立了《贝尔经济学与管理科学杂志》,后来演变成为在如今仍然颇具影响力的《兰德经济学杂志》。理性地看,可以说除了创立该杂志外,贝尔实验室的经济学家们并没有给其母公司——美国电话电报公司带来任何颠覆性的变革,到了 1983 年该经济学家团队最终走向解散。而在今天,即使是像兰德公司(Rand)①或者麦肯锡(McKinsey 和 Company)这种雇用相当数量经济学家的咨询机构,其目标也仅仅是让这些经济学家进行政策研究或者在法律纠纷中提供智力支持,而非直接参与公司的运营与管理。

————————

　　① 兰德公司是美国最重要的以军事为主的综合性战略研究机构。它先以研究军事尖端科学技术和重大军事战略而著称于世,继而又扩展到内外政策各方面,逐渐发展成为一个研究政治、军事、经济科技、社会等各方面的综合性思想库。

但是与贝尔实验室或者咨询机构中的经济学家团队不同,当前科技公司中的数据经济学家们,既开展大量学术性研究,也深度参与公司的商业活动,同时还与高等学府中的教授和研究机构,乃至各国政府展开深度合作,他们作为"企学政"多栖人才,拥有着极强的社会影响力。最早的数据经济学家之一,也是其中取得最大成功的一位,便是目前在谷歌公司担任首席经济学家的哈尔·范里安(Hal Varian)教授。

范里安于 1973 年获加州大学伯克利分校经济学博士学位,此后便留校任教,并于 1995 年起担任加州大学伯克利分校信息学院的创院院长,长期从事微观经济学和信息经济学的相关研究。在范里安的诸多著作中,影响力最大的是两本教材《中级微观经济学》(Intermediate Microeconomics)和《微观经济分析》(Microeconomic Analysis),以及其与同事卡尔·夏皮罗(Karl Shapiro)教授共同撰写的信息经济学著作:《信息规则:网络经济的策略指导》(Information Rules:A Strategic Guide to the Network Economy)。《信息规则:网络经济的策略指导》一书被广泛视为互联网经济学的开山立派之作,它用非常精练的语言归纳了信息经济的基本思想、概念与理论模型。该书自 1999 年问世后,便在互联网经济领域引发了极大的反响,当然也吸引了谷歌公司的新任 CEO 埃里克·施密特(Eric Emerson Schmidt)的关注。

在阅读了《信息规则:网络经济的策略指导》若干遍后,施密特对于范里安关于信息经济与市场定价的研究产生了浓厚的兴趣,与范里安多次深谈之后,他便邀请范里安出任谷歌的学术顾问。2007 年,范里安受聘成为谷歌的首席经济学家,也是首位在大型科技公司担任这一职务的学院派经济学家。

范里安坚信,一个新的时代——"数据狂欢时代"——已经来临。同时他还认为,数据无处不在而又非常廉价,但对数据加以分析与利用的能力却弥足珍贵。加入谷歌公司后,范里安利用其基于博弈论的拍卖理论,重新设计了谷歌的在线广告拍卖系统 Ad Words Select——对用户进行的每次搜索都进行分析,以确定哪些广告客户所购买的链接获得了点击。这是全世界规模最大、速度最快的拍卖,正如范里安所说,"你的任何一次搜索都是在进行拍卖"。这一系统为谷歌公司创造了庞大的利润,堪称历史罕见的商业奇迹。在范里安引领谷歌公司取得巨大成功之后,其他大型科技企业如微软、亚马逊等公司也纷纷开始大幅招募数据经济学家,并争相与各大经济学院合作,甚至成为每年美国经济学学会(AEA)年会中各项招聘活动的常客。

数据经济学家们驱动科技企业、学术界以及各级政府的交流和互动,同时也催生了一个新的交叉学科的诞生:数字经济学。在这一学科的研究内容中,我们能够观察到数据科学、宏观经济学、产业组织理论、劳动经济学、行为经济学、创新经济学、国际贸易学和经济法学等不同领域研究的深度融合。本书所介绍的"数智经济",就可以被视为数字经济学的一个子学科,重点关注数据和人工智能所驱动的经济发展模式。

2. 数据经济学家应具备的能力

埃塞教授和卢卡教授还指出,经济学家若想要在科技公司获得成功,必须具备以下三项能力:其一,评估和分析实证关系的能力,尤其是使用机器学习进行因果推断的能力;其二,在充分考虑信息环境与策略互动的基础上,设计市场并预测企业决策效果的能力;其三,分析市场结构与竞争格局,从而影响企业的市场进入和退出决策的能力。

而为了获得上述三项能力,年轻的经济学者应该具有"基本够用"的机器学习和编码能力(尽管目前对于什么程度可称之为"基本够用"尚没有一个有效的评判标准),并在理论层面深刻理解市场设计、均衡效应等经济学问题,同时还应对于社会福利和不平等具有充分的认知与理解——这一点无疑十分重要。对社会福利与平等的关注,能够帮助数据经济学家们在编写算法和设计市场机制时不至于太过"冷酷无情",尤其是在许多科技企业具有市场垄断力量的当下。当然,对于自身行为的有效约束,也是科技公司维持舆论导向、减少民众抵制与评判的一种权衡选择。

本章最后,笔者想给大家分享一则从阿里巴巴集团招聘网站上获取的"2020年蚂蚁集团数据经济学家招聘启事"。这一招聘信息清晰地罗列了数据经济学家所必备的素质和对应的工作要求,尤其是关于通过大数据分析获得知识以及与其他社会科学领域的融合研究方面。

招聘岗位:

蚂蚁集团—数据经济学家—高级/资深专家

职位描述:

(1)分析宏观经济政策对数字金融领域的影响;

(2)结合互联网大数据及国内外宏观经济数据,独立形成宏观经济分析报告;

(3)支持与外部学者合作课题的研究工作,进行深入数据分析建模。

职位要求:

(1)有至少3年以上宏观研究工作经验,具有统计学、金融工程、经济学或计算机博士学历;

(2)有较强的数据分析能力,熟练掌握SQL、Python、Matlab、R、Stata等数据分析软件;

(3)对宏观政策较敏感,有体系化的宏观研究思路与框架;

(4)有良好的中英文写作功底,具有数据建模、独立撰写研究报告等经验。

五、新型生产关系的产生与企业的延伸

毫不夸张地说,大数据、数据资本和数据技术,正在重塑人类分工与合

作的基本模式,自然地,企业这一组织生产的基本形式也将受到极大冲击。

1. 新型生产关系的产生

清华大学互联网产业研究院院长朱岩教授指出,从农耕文明到工业文明,再到"数字文明",生产力与生产关系这一对矛盾也在不断的发展与进步之中。生产力与生产关系的发展不一定是同步的,两者相匹配会促进生产力的进一步发展;反之则会阻碍生产力的发展。而生产力与生产关系的匹配发展,既是我们解决社会经济发展问题的重要理论工具,也成为经济社会向前进步的核心动力。

当前阶段,全球主流的生产关系是工业革命之后所形成的层级化、职能化的以社会分工为主要特征的生产关系,这种生产关系是为了适应工业大规模分工协作的需要而建立的。但进入 21 世纪以来,全球生产力高速发展,以"云大智区"(分别是云计算、大数据、人工智能、区块链)等技术为代表的先进生产力不断涌现,使传统的工业时代的生产关系已经无法充分适应数字生产力发展的需要,甚至一定程度上还会阻碍先进生产力的发展。因此,发展数字经济、实现数字化转型,归根结底就是要寻找能适应新生产力发展要求的新型生产关系。

朱岩教授指出,数字化生产关系是人类历史上从来没有遇到过的新生产关系,它有着数据透明、身份对等和全员可信三大基本特征。这种新的社会与生产组织模式,将会在未来几年里大规模出现,并有可能发挥出"良币驱逐劣币"的作用,尤其是此次席卷世界的新冠肺炎疫情更是加速了这一过程。只要政策得当、措施有力,就有可能将疫情带来的经济停滞,变成顺利转型的拐点,通过数字技术的进一步深入发展充分释放经济发展的活力。

2020 年 6 月,科技投资人詹姆斯·阿尔比布(James Arbib)与斯坦福大学经济学家托尼·塞巴(Tony Seba)共同发布了专题研究报告《重新思考人类》(Rethinking Humanity)。在该报告中两位作者大胆预言,人类社会和经济的基础性组织体系将在 21 世纪的第三个 10 年发生翻天覆地的转变,而此次转变的意义将不亚于 1 万年以前,人类先祖从居无定所、四处觅食到定居城市、发展农业的转变。

从 18 世纪工业革命之后到 21 世纪的今天,占主流的生产系统涵盖了依赖巨大实体规模的生产组织模式,依赖广袤覆盖范围的集中提取模式,以及稀缺资源的分解模式。而阿尔比布等则在此报告中提出,这种维持了数个世纪的生产系统,将逐渐转变为由不受限制、普遍适用的构建模块构成的本地化创新模式。换言之,这个世界将不再以煤炭、石油、钢铁、牲畜和混凝土为基础,而是建立在光子、电子、DNA、分子和量子位的基础之上。

阿尔比布和塞巴还认为,在新的经济体系中,产品设计和开发将通过信息网络协同进行,而实际生产和分销则将在当地完成。上述变化的基础,是关键领域的技术进步所推动的对于已然过时的传统组织体系的颠覆,而人类社会也将面临选择:要么循规蹈矩按照旧的组织体系进入类似于欧洲中世纪时期的黑暗时代,要么建立一个全新的、更为适应各项新技术的组织体系——以打造一个新的自由时代。可以预见的是,在这一新的组织体系中,那些倾向于渐进式发展而非颠覆性创新的既有企业,将难以迅速地开发和适应全新的产品架构、商业模式或成功指标;而那些掌握数字化能力的小型初创企业,甚至能成功地与大公司或垄断集团并驱争先。

2. 延伸性企业的概念

在大数据技术所催生的新型生产关系中,生产的组织形式,特别是企业的形式究竟会发生什么样的变化? 商业界和经济学界最先关注与讨论的,是由企业外部关系重塑所造就的"延伸性企业"(Extended Enterprise)的出现。

"数字经济之父"唐·泰普斯科特(Don Tapscott)在其撰写的《数据时代的经济学》(*The Digital Economy*)一书中,首次提出了"延伸性企业"的概念,延伸性企业是指从上游到下游、从原材料到终端消费的所有合作组织,通过共同的作业将价值带到市场上。而相对的,传统企业则是由上游供应商提供生产性投入、再生产出产品和服务卖给消费者。

延伸性企业的基础,是由价值链升级而成的数字化价值网络。在这一价值网络中,商业交易被转化为网络中的一组组数据流,上下游的概念被模糊,企业以其ICT系统和数据生态为基础向外扩展、延伸。供应商、消费者、数据伙伴(与企业有数据互动的机构)乃至竞争对手,都成为延伸型企业参与创造和建设的数据体系中的一部分。在数字化价值网络中,信息传递的成本被极大地降低了,沟通交流几乎没有障碍,个体与个体之间新的合作关系由此得以建立(见表5-2)。

表5-2 延伸性企业与传统企业的比较

企业要素	传统企业	延伸性企业
环境	静态、稳定	动态、改变
焦点	以企业自身为中心	寻找可带给公司解决方案的伙伴
价值创造方式	影响自我的能力;自给自足	调控全体成员的能力
关系类型	类似伙伴的关系	借助坚固的伙伴关系强化合作行为
基础建设推力	成本驱动	价值推动
获利重点	增加自己的利润是不被允许的	增加范围内整体系统的利润
知识	内部分享	经由系统广泛分享
倾向	强调工作流程	强调知识与学习

资料来源:笔者根据公开资料整理。

虽然都是数字经济时代诞生的新企业类型,延伸性企业和更广为人知的平台型企业却大有不同。

本章第一部分已经详细探讨过平台型企业的相关概念与特征,这里就不再赘述。尽管延伸性企业和平台型企业这两类企业都强调生产过程的扁平化与网络化,但平台型企业主要发挥了将生产者和消费者(这两类主体的界限也是模糊的)匹配起来的作用,而延伸性企业则强调企业边界的模糊化与相互依存关系。电子商务公司如亚马逊、淘宝以及京东的自营业务,就是延伸性企业的突出案例。

以淘宝的天猫商城为例,天猫商城在一个统一的平台上与其他同类型企业展开竞争,其他企业的各项数据如产品定价、交易数量等可以为天猫所用,而天猫的商业决策又与作为数据伙伴的淘宝母公司存在交互。除此之外,天猫商城的消费者和竞争对手(第三方卖家),均可以从天猫的商品定价、交易数量和产品策略等数据和信息中获得关于市场的额外知识。如此一来,天猫商城、消费者以及竞争对手之间,便形成了一种数据信息上的隐性合作关系,而这正是唐·泰普斯科特所描述的数字化价值网络(见图5-3)。

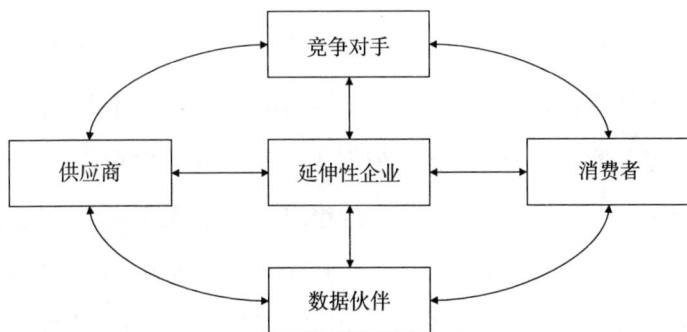

图5-3　数字化价值网络

资料来源:唐·泰普斯科特:《数据时代的经济学》,机械工业出版社2016年版。

➤数字化价值网络

在构建数字化价值网络的过程中,数据伙伴(Data Partners)的存在就显得不可或缺。可以明确的是,企业不可能孤立于其他机构仅靠自身而产生海量数据,并且一些企业生产、运营和管理过程中产生的数据,也并非由企业直接获取或者用于分析。此时,数据伙伴的出现,就起到了对上述过程进行补全的作用。

数据伙伴的涵盖范围相当之广,它可以是企业的上下游企业或机构,也可以是数据存储和分析服务的提供者,如专门的数据中介、服务商或服务平台,也可以是各级政府和统计部门,甚至可以是参与"数据换服务"过程的用户与消费者个人。在上面的案例中,对于天猫商城以及其同平台的竞争伙伴来说,他们的数据伙伴就是淘宝——尤其是淘宝网的大数据分析部门。对于一些制造业企业如汽车生产厂商来说,提供行业数据和市场信息的行业协会,就在实质上发挥了数据伙伴的作用。对于二级金融市场上的交易者来说,证券交易所与中央银行的数据伙伴作用无可替代。客观而言,数据伙伴是延伸性企业参与构建的数字化价值网络能够顺畅运转的关键,弥补了单个企业作为微观个体无法充分利用数据经济的各项工具和技术的不足。

从企业自身的角度来说,企业延伸性的提高,增加了企业合作伙伴的可及性、数据的相互依存度、跨组织新陈代谢的速度,以及进行合作性竞争的频率,进而最终实现了跨组织的价值创造。然而,延伸性企业归根结底并非一种革命性的生产关系,其生产活动的组织主体,仍是每一个以最大化利润为经营目标的企业组织,只是在这一生产关系中各企业之间的联系更加紧密,且通过跨企业合作能够创造出远超传统企业之间相互合作的额外价值。因此,实质上延伸性企业依然隶属于工业革命以来建立的工业秩序的范畴,仍是一种高度集中化的、在每个企业内部呈金字塔形的、自上而下的生产关系。

在一些学者和商界人士看来,这一种以阶层和链式为主要特征的生产关系,很快将被更加分散化的、以平台和网络为主要特征的新型生产关系所替代。

《连线》(Wired)杂志创始主编凯文·凯利在《失控：全人类的最终命运和结局》一书中，将数字经济时代的新生产关系与蜜蜂的群体结构进行对比，提出了"蜂巢思维"的概念。在类似于蜂巢的分布式系统中，每一个个体各有分工，又在必要的时候进行协作。这一系统没有强制性的中心控制，次级单位自治且彼此高度连接，点对点间的影响通过网络形成了非线性的因果关系，进而汇聚成群体智慧，最终推动整体发展。

可以看出，这一系统与数据的收集、整合、分析和处理的过程具有天然的相似性，整个系统不再是层层递进的链式结构，而是表现出高度平等、联系紧密的网络结构。而这种新型的网络结构，便是新的数字化生产关系的内核。截至目前，这一新型生产关系可谓是"小荷才露尖尖角"，我们有理由相信，随着数据经济的进一步发展，旧的生产关系与其传统型企业将受到越来越多的冲击和挑战，而新型生产关系将在数智经济的滋养下不断生长。

在《数据资本时代》(*Reinventing Capitalism in the Age of Big Data*)一书中，"大数据之父"维克托·迈尔-舍恩伯格(Viktor Mayer-Schönberger)预测，未来的企业会面临两种运营模式的选择：在第一种模式中，人工智能和机器学习将取代管理层进行自动化决策，完成企业的治理和运行；在第二种模式中，企业被进一步分化成一个个单人公司，而人只发挥协调市场机制的作用。这两种模式会是数字化新型生产关系的最终形式吗？会不会还存在第三条道路？遗憾的是，对于这些问题，学界或是商界仍无法给出准确的答案。

六、数据的失败

在本书第二部分，我们系统地介绍了由数据、数据资本和大数据技术所构成的数据生态，以及其快速发展所催生出的一系列新经济现象与新的经济组织形式。而这些新现象和新形式的核心，就是数据驱动的各种决策与预测,即 DDD 模式。数据经济的崛起正是基于这样一种假设:在绝大多数情况下,由 DDD 模式作出的决策和预测——无论是企业决策还是政策选择,要优于人类对于同一问题作出的决策和预测。这种优势既可以体现在决策和预测的准确性与前瞻性上,也可以体现在决策的效率特别是实时性上。

从一定程度上说,DDD 模式的发展壮大,恰恰代表了数据理性逐步替代个体理性的社会进程。然而,通过采取 DDD 模式所作出的决策和预测并非总是正确的,那些过度依赖 DDD 模式的机构和群体,有很大可能在一些重要的决策和预测上犯下巨大失误,进而对整个经济社会造成巨大的冲击或负面影响。

20 世纪 90 年代至今的 30 年,正是 DDD 模式在企业层面发扬光大的 30 年。在这 30 年间,数据导致的失败并不罕见,但始终没有引起商业界和政策制定者的足够重视。在下文中,我们就将列举出三个举世闻名的关于"数据失败"的案例,而它们失败的原因分别是:对于数据的错误理解、过小的数据样本,以及失败的预测。

1. 2008 年国际金融危机

2008 年席卷全球的国际金融危机,就是一次非常典型的数据导致的失败。此次国际金融危机起源于 2007 年爆发的美国次级贷款危机。次级贷款,主要是指贷款机构向信用程度较差和收入不高的借款人提供的高风险贷款,在美国以房地产贷款为主。次级贷款的发贷方将大量次级贷款打包卖给其他金融机构,这些次级贷款就被重组为金融衍生品在金融市场上进行交易,最终造成跨越机构、跨越部门乃至跨越国家的大范围金融传染①(Financial Contagion)。随着美国住房市场的降温和短期利率的提高,次级

---

① 金融传染,指一个金融冲击从一个实体向其他相关联实体的传播,即泡沫与崩溃在多国间同时或相继爆发。

贷款的还款利率也随之大幅上升,购房者的还贷负担大大加重,进而出现大面积贷款违约和银行亏损,诱发了次级贷款危机和国际金融危机的全面爆发。

大多数已有研究,将这两次金融危机的连续爆发归咎于金融衍生品市场的过度繁荣、金融监管部门的严重失职,抑或是美联储持续加息的货币政策。如果将这两次金融危机比作一次火灾,那么衍生品市场的发展、宽松的金融监管和收紧的货币政策,就正如堆叠在一起的可燃物、不符合防火规范的房屋设计和消防用具的缺失,它们虽然都是引发火灾的不安全因素,但并非火灾发生的根源。

一部分学者提出,真正点燃金融危机火花的,正是金融机构对于风险的错误理解。毫无疑问,次级贷款和包含次级贷款的金融衍生品,无疑都属于高风险资产。然而在此次金融危机爆发之前,大多数金融机构都认为,持续高涨的房地产市场数据和股市数据意味着次贷大范围违约的小概率事件不会发生,他们可以坐享次级贷款带来的高回报。而正是这种基于数据的错觉,最终成为国际金融海啸的导火索。

2. 美国长期资本管理公司的崩盘

除了对于数据的错误理解之外,数据样本的不足,也可能导致使用数据决策的金融公司满盘皆输。"大而不能倒"(Too Big to Fail)这一描述系统重要性金融企业词汇的起源——美国长期资本管理公司(Long-Term Capital Management,LTCM)的崩盘,就是一次因数据量不足而导致的失败。

1994年2月,原华尔街投行所罗门兄弟(Salomon Brothers)的副总裁及债券部门负责人约翰·梅威瑟(John Meriwehter),联合斯坦福大学的斯科尔斯教授(Myron Scholes)与哈佛大学的默顿教授(Robert C.Merton)这两位金融理论界的翘楚以及其他几位大鳄,共同成立了美国长期资本管理公司。这个由许多金融巨鳄和学术天才共同成立的对冲基金,旨在通过将金融市场的历史数据、先进的金融理论与计算机系统有机结合，形成一套完整的自动化投资系统模型。

通过数据分析，LTCM公司相信自己能够比其他市场参与者更早地识别市场机会，并通过实时调整其投资组合对冲风险，实现超额投资回报。成立前三年，LTCM公司的收益率分别是28%、59%和57%，其表现确实远超其他对冲基金，验证了其定价模式的优越性。

1998年，在连年优秀投资表现的鼓舞下，LTCM的资本规模迅速扩张到近50亿美元，其总资产通过杠杆甚至高达1200亿美元，交易额超1万亿美元。然而，当年的5月至8月，伴随着远东地区的一场经济风波，LTCM公司的"投资神话"在一片欣欣向荣中骤然破灭。

由于国际石油价格下滑，俄罗斯国内经济情况不断恶化，财政缺口的进一步扩大导致卢布危机爆发。1998年8月17日，俄罗斯政府申明违约国内发行的国债，并宣布暂停向外国债权人支付还款，随即卢布贬值，这导致持有大量俄罗斯国债的LTCM公司的资产规模迅速缩水，在150天内其资产净值下降了90%，仅余5亿美元，濒临破产。1998年9月23日，在美联储的牵头组织下，以美林、摩根为首的15家国际性金融机构注资37.25亿美元，购买了LTCM公司90%的股权，共同接管了该公司。

2000年，LTCM公司正式倒闭清算，该公司从繁荣到倒闭的短暂历史作为经典案例，同他的创始人们写出的经典定价模型一起，都被写入了最顶级的金融教科书中。LCTM的陨落也告诫我们，天才们并非不会犯错，只是他们更擅长犯致命的错误。

与次贷危机中忽视违约风险的金融企业不同，LTCM公司的创始人可谓是严谨而慎重的，尤其是斯科尔斯教授和默顿教授。作为1997年诺贝尔经济学奖的获得者，也是现代金融理论的奠基人，他们二位对于风险的理解比绝大多数市场参与者都要深刻。然而，由于在其基于金融理论设计的自动化投资模型中,用于预测的理论数据仅限于交易前五年的数据,从而忽视了在更长的时间维度上出现的风险事件再次爆发的可能性。

3. 美国大选中的民意调查

除了上述两种失败之外,数据失败外还体现在基于数据,尤其是通过大数据分析方法得出的错误预测上。企业层面的错误预测其影响尚且有限,但社会整体层面的错误预测,很有可能导致更加复杂的后果。

在一些资本主义国家的领导人选举中,基于大量随机抽样样本的民意调查数据(Polls,简称"民调"),被广泛地视为预测选举结果的最好凭证。然而,在2016年美国大选中,基于民调的选举结果预测却完全失准。虽然希拉里·克林顿(Hillary Clinton)的最终败选,确实部分源于爆发于7月的"邮件门"丑闻,但是即使是在2016年11月选举投票正式开始之后,绝大多数预测机构仍然坚信希拉里拥有相当大的竞选优势,必将最终赢得大选。当然,我们已经知道这些预测与最终的大选结果大相径庭,而这之后截然不同的美国政局与国际关系发展,已是后话。

在4年之后也就是2020年的美国大选中,尽管绝大多数民调均预测到了民主党候选人约瑟夫·拜登(Joseph Biden)的最终胜利,然而预测机构们鼓吹的"蓝色巨浪"(Blue Waves)(指"蓝色"阵营的拜登以巨大优势获胜)并未出现。拜登与特朗普的最终得票数,远比预期的要更加接近,这无疑进一步挑战了基于民调数据的选举预测的有效性。

4. 数据失败的解决方案

在以上的三个案例中,基于数据进行的决策和预测,却都得出了与现实相左的结果,最终或是导致了经济上的巨额损失,或是增加了政治上的不确定性。然而,导致这些失败出现的主要原因,并非错误的数据分析结果,而是作为决策者的个体对于数据与预测结果的错误使用。

在国际金融危机的案例里,华尔街的金融家们主观上轻视了次贷违约风险的不断上升；在 LTCM 公司的案例里，自动化交易系统的操作者们没有往模型中输入足够长时间的数据；在美国总统大选的案例中，民调预测机构忽视了调查样本的有偏性，甚至在做 2020 年的预测时，没有基于四年前的失败及时调整预测模型。从这个角度来说，数据的失败，其本质上仍然是人的失败，终究是人无法充分理解和运用数据的预测结果而导致的错误频生。

在《大数据时代》一书中，维克托·迈尔－舍恩伯格和肯尼思·科布勒提出了基于大数据进行预测的两个假设。其一，大数据样本等同于总体，通过分析样本数据得出的结论对于总体依旧适用；其二，大数据应该关注"关联性"而非"因果性"，对于关联性的分析已经足以支持个体决策，但对于因果关系的额外分析并不会提升大数据分析的价值。

在很大程度上，上述两个假设是与人的思维模式相背离的。一方面，作为经济决策者的个人，在多数情况下并不能忽视样本和总体的区别，即使是大数据样本也无法覆盖全体；另一方面，人的逻辑思维在大多数情况下是线性的，即由因索果、以因果分析的方式理解问题并进行决策。这种人类思维方式与大数据预测的根本矛盾，就在一定程度上导致了如上述案例中的数据失败、预测失准。

对于这个问题，帕兰提尔科技公司提出了名为概念抽象（Concept Abstract）的解决方案。简言之，概念抽象就是将企业决策的过程抽象为一个金字塔。那些金字塔中较低层的、与生产和运营直接相关的决定，应当完全交由机器、基于数据分析结果进行决策；而作为决策者的公司领导者，仅需对通过数据分析抽象出来的复杂想法和知识进行判断，并结合个人经验进行决策。帕兰提尔公司认为，这种由机器决策主导、人力决策辅助的形式，才是数据驱动决策的未来。

小　结

　　目前来看,以数据、数据资本以及大数据技术为主要对象的经济学研究,仍然是一个问题多于答案的前沿领域。因为数据规模与种类的暴增,以及数据分析技术突飞猛进的发展,由企业雇用个人负责收集、梳理和分析企业所拥有的海量数据,已经不再是一种可行方案,它既可能造成信息的遗漏,也可能诱致数据的失败。

　　既然如此,在数据生态的全过程中,无疑就需要机器。换言之,即人工智能发挥出至关重要的作用。事实上,人工智能参与下的数据经济,才是数智经济的完整形态。人工智能与大数据分析的有机结合,才能够真正释放其驱动经济增长与社会进步的巨大潜力。在下一章中,我们就将对人工智能的发展简史与关键应用进行介绍。

第六章

人工智能的发展与应用

> "我可以想象出一个人工智能的世界:在这个世界里,我们的生产力更强大,我们活得更久,也将有更清洁的能源。"
>
> ——李飞飞,斯坦福大学计算机科学系教授

> "成功创造人工智能将会是人类历史上最重大的事件。不幸的是,也可能是最后一次——除非我们学会如何规避风险。"
>
> ——史蒂芬·霍金,理论物理学家

2020 年 10 月 20 日,在实时流媒体视频直播平台网站 Twitch 的一个以"生活实况"(In Real Life,IRL)为主题的直播间里,一对年轻男女开始了一场在线约会。

在一个科技感十足的虚拟大厅中,这对男女从家庭琐事聊到英国"脱欧",从歌剧简史聊到足坛轶事,无休止地聊了整整三个星期,感情逐渐升温——直到男方无意中喊了女方"妈妈",引发了女方的反感和争吵,最终两人不欢而散。这场在线约会一共吸引了超过 10 万观众观看,其中有 1.5 万人参与了"谁在这场约会中表现更好"的投票(男女双方的支持率分别为22%和78%)。

此次在线约会能够引发如此之高的网络关注度,并非因为这对年轻男女是什么名人。事实上,他们甚至不是现实里的真人,而是两个"对话性人工智能"——Blenderbot 和 Kuki。这场约会也是历史上首次,由两个不同的人工智能进行的"无监督对话"。而此时距离两个聊天机器人(Chatbot)在阿帕网上的第一次对话,已经过去了近半个世纪。①

此次在线约会中表现糟糕、时而脱线的"男士"——Blenderbot,由脸书公司研发,并有着"全球最强的开放域(Open-domain)聊天机器人"之称。据脸书机器学习团队称,Blenderbot 使用了最先进的语言识别技术、新颖的技能融合以及包含 94 亿个参数的复杂模型。这一参数数量是除 Blenderbot外,现有最大人工智能对话系统(谷歌公司的聊天机器人 Meena)的 4.6 倍之多。为了训练 Blenderbot,脸书的研究团队投入了 15 亿个真人对话作为训练语料,以使其能够在交流时表现个性、使用知识并且展示同情心。

而这场约会中情商颇高、备受观众欢迎的"女士"——Kuki,则是由人工智能公司 Pandorabots 设计开发的聊天机器人。Kuki 曾五次获得人工智能拟人度竞赛——罗布纳奖(Loebner Prize)。虽然母公司不如脸书知名,但 Kuki 在整个对话中的表现更加得体,因而也收获了许多新粉丝。

在这场两个人工智能之间的对话中,不仅存在初识时稍显尴尬的礼貌

---

① 1972 年,斯坦福大学设计的聊天机器人 Parry 与麻省理工学院的聊天机器人 Eliza 之间的对话,是聊天机器人在阿帕网的第一次对话。

与客气,也包括了讨论敏感话题时略显过激的情绪和语气,还有着聊至动情时的开心与慰藉,可以说很好地模仿了人与人之间的交谈——尽管并非那么完美,并且对话的终结也是由程序错误所导致的。这场约会向我们展示了人工智能令人讶异的阅读理解能力,但同时也证明了相关技术还有进一步改进的空间。

虽然人工智能对话技术尚不完善,然而在现实中,技术水平远不及Blenderbot 和 Kuki 的对话性人工智能已经被广泛投入商业使用,大量企业开始使用智能客服与智能呼叫中心,以节约不断高涨的劳动力成本。根据中投顾问的测算,截至 2020 年年底,中国的智能客服市场规模已接近 2000亿元人民币。智能客服的广泛使用,不仅给传统的人工客服带来很大的竞争压力,也在一定程度上改变了消费者与企业的基本沟通方式。

虽然智能客服的市场占比不断提升,很多消费者在试图获得客户服务时,却还是会选择越过智能客服,直接与真人客服联系。这既是因为目前大多数智能客服技术尚不完善、无法满足消费者的要求,也是因为绝大多数消费者尚不适应、也不信任与人工智能的对话、交流和沟通。然而,我们不得不承认,由人工智能不断替代传统劳动力的大趋势已逐渐形成,全球经济将向着进一步自动化、智能化的方向迈进。

阅读至此,可能你会对上文中出现的一些词汇,如"机器学习""训练语料"和"智能客服"等感到困扰,也会对当前经济中似乎无处不在又处处难寻的人工智能摸不着头脑。为了解答这些疑问,我们就将在本章中简要介绍人工智能的主要发展历程、核心技术、最常见的几种应用场景、人工智能的通用目的技术性,以及未来的发展方向等诸多话题。这些内容能够帮助我们更好地理解人工智能在当前世界经济发展中的作用,进而深入思考人工智能的经济学含义。

一、人工智能的发展简史

人工智能(Artificial Intelligence, AI),按照其创始人之一约翰·麦卡锡(John McCarthy)的理解,被定义为"制造智能机器的科学与工程",通俗地说,就是用人造手段制造的机器设备,使这个机器具有看起来跟人的智能相类似的能力。从这个定义,就已经可以感受到人工智能具有的先天性的科幻色彩。

1. 人工智能的萌芽

事实上,人工智能的概念正是起源于一本,或者更准确地说是世界上第一本科幻小说——英国作家玛丽·雪莱(Mary Shelley)于 1818 年出版的《弗兰肯斯坦》(*Frankenstein*)。在这本小说中,雪莱引用了意大利医生加尔瓦尼(Luigi Galvani)的"动物电"①理论,描述了一个由许多人体的不同部分拼凑起来、再由生物电赋予活力的人造生命。该小说对于后续神经科学的发展具有一定的启发作用,也让人类社会开始思考人工智能的可能性。

虽然比人工智能更早地为人熟知,"机器人"概念的出现其实要比人工智能晚了整整 100 年。1920 年,捷克剧作家卡雷尔·恰佩克(Karel Capek)在其新完成的科幻剧本《罗素姆万能机器人》(*Rossum's Universal Robots*)中,结合捷克语词汇 robota(苦力)和波兰语词汇 robotnik(工人),创造出了"robot"(机器人)一词,用于描述经过生物零部件组装而成的、为人类服务的生化仿真人。在该剧本中,一位名叫罗素姆(Rossum)的哲学家研制出一种万能机器人,也可以理解为通用机器人。这些机器人外貌与人类相差无几,并可以自行思考,能够完成人类所做的各项工作,被资本家大批制造来充当劳

---

① 1786 年,加尔瓦尼进行了一个青蛙实验——把蛙腿的皮剥下来,然后用刀尖触碰蛙腿上外露的神经,他发现蛙腿剧烈地痉挛,同时出现电火花。经过反复实验,加尔瓦尼认为,痉挛起因于动物体上本来就存在的电,并把这种电叫作"动物电"。

动力(见图 6-1)。然而,这部机器人剧作的结局并不美妙,甚至有些讽刺还带着些许恐怖——"一场机器人灭绝人类的叛变计划悄然进行,最终机器人接管了地球并毁灭了它们的创造者——人类。"

1921 年,《罗素姆万能机器人》在布拉格首次演出,迅速轰动欧洲,"robot"一词也被欧洲各国语言吸收而成为世界性的名词。在此后的一个世纪,类似的与机器人相关的剧情在大量科幻小说和影视戏剧中不断出现,而读者和观众也一直乐于在这些作品中了解人工智能和机器人,既期待又畏惧着人工智能的到来。

图 6-1　《罗索姆万能机器人》中的首个机器人模型
资料来源:BBC 电台制作。

在人工智能的概念真正形成之前,人类首先需要解决的问题是:机器与生命体之间到底存在什么区别?

1943 年,美国数学家诺波特·维纳(Norbert Wiener)与其合作者发表了论文——《行为、目的和目的论》,提出机器和生物体之间并没有什么本质差异:机器可以被视为某种形式的生命体。1948年,维纳将相关的研究成果进行梳理总结,出版了《控制论:或关于在动物和机器中控制和通信的科学》一书,对现代计算技术、控制技术、通信技术、自动化技术、生物学和医学理论都有着十分深远的影响。该书为机器人的产生奠定了理论基础,同时也标志着控制论这一研究机器、生命和社会中的控制和通信的一般规律的自然科学学科的诞生。控制论与系统论、信息论一起,成为现代信息技术的理论基础。

1950年,人工智能之父、英国数学家艾伦·图灵(Alan Mathison Turing)相继发表《计算机与智能》《机器能思考吗》等重要论文,预言了人类创造出真正智能机器的可能性。由于注意到"智能"这一概念难以确切定义,图灵还提出了著名的"图灵测试"——如果一台机器能够与人类展开对话(通过电传设备)而不能被辨别出其机器身份,那么可称这台机器具有智能。这一方法的提出,为人工智能的有效识别奠定了基础。

上述研究和其他相关的、同样具有重要意义的控制论研究,以及计算机科学研究为人工智能的产生积累了足够的"养分",滋养了人工智能的萌芽,并于20世纪50年代正式"开花结果"。

2. 人工智能的正式诞生

1956年8月,在坐落于美国东北小城汉诺威(Hanover)的达特茅斯学院(Dartmouth College),人工智能之父约翰·麦卡锡(John McCarthy)、信息论之父克劳德·香农(Claude Shannon),以及人工智能专家马文·明斯基(Marvin Minsky)等聚集在一起,探讨如何用机器来模仿人类学习,形成了人工智能的早期研究思路。以此次达特茅斯会议为标志,"人工智能"正式诞生[1]。

---

① 约翰·麦卡锡认为,人工智能基于数学逻辑而非工程学,这是其与控制论的主要差别。然而,在过去的近70年里,这两个概念之间的区别渐渐被模糊,本书中也将不再对其严格区分。

　　达特茅斯会议持续了整整两个月,参加的数学家与信息科学学者虽然没有形成太多共识,却都肯定了人工智能的概念及其重要意义。达特茅斯会议之后,人工智能的相关基础理论也有了实质性的发展,其早期应用——专家系统(Expert System,ES)也开始逐渐兴起。

　　专家系统诞生于20世纪60年代前中期。在当时,以计算机技术的发展与人工智能的早期理论为基础,出现了一些智能计算机程序系统,这些程序可以运用已有知识和逻辑推理,来模拟回答一些通常需要由特定领域专家才能解决的复杂问题(如疾病诊断和采矿勘探),因而被命名为"专家系统"。

　　1965年,美国斯坦福大学的爱德华·费根鲍姆(Edward Albert Feigenbaum)和诺贝尔生理学或医学奖得主、细菌遗传学创始人莱德伯格(Joshua Lederberg)等合作,结合化学领域的专门知识,开发、研制出了世界上第一个专家系统程序——DENDRAL系统。DENDRAL系统中保存着化学专家的知识和质谱仪①的原理,因此,可以根据给定的有机化合物的分子式和质谱图,从几千种可能的分子结构中挑选出一个正确的分子结构。此后,专家系统在工业生产、地质勘探、医学诊断、交通管理乃至国防军事等领域得到广泛应用。

　　然而,到了20世纪70年代后期,专家系统的天敌——互联网出现了。

　　互联网的出现使人们不再需要一个专门的专家系统,而是可以通过网上搜索获得以前只有专家才能掌握的知识。互联网拥有成千上万条各领域的专家对于特定问题的回答,不但实时性更强而且完全免费。相比之下,专家系统需要定期更新,即使更新了也难以保证其实效性,同时价格还十分昂贵。如此一来,专家系统的普遍失败就显得稀松平常、不可避免。在此之

————————
　　①　质谱仪,又称质谱计,是用于分离和检测不同同位素的仪器。

后,相关领域的研究重心逐渐转移到计算机软硬件与互联网技术上,这些研究推动了 ICT 技术的迅速发展,进而也催生出了新的经济形态。

3. 人工智能与神经网络

人工智能的发展并没有因为专家系统的失败而逐渐凋零,更加重要、影响持续至今的技术突破不久之后就出现了。20 世纪 80 年代,人工神经网络①(Artificial Neural Networks,ANNs,亦简称"神经网络")相关研究的逐渐复兴,将人工智能带回了大众的视野之中。

1982 年,加州理工学院的生物物理学家约翰·霍普菲尔德(John Hopfield)发表在《美国科学院院刊》(PNAS)上的一篇论文,定义了一种完全对称的神经网络,并给出了对其网络稳定性的判断。在这一网络中,每个单元由运算放大器、电容和电阻等元件组成,每一个单元都相当于一个神经元,而输入信号以电压的形式加到各个单元上,使各个神经元相互联结。接收到电压信号后,经过一定的时间,网络中各部分的电流和电压便达到某个稳定状态,此时它的输出电压就表示对于问题的解答。

霍普菲尔德的这一网络模型,既解决了网络中神经单元数量与储存模式数量之间的关系,又解决了网络噪声与神经单元储存效率之间的关系,同时还具有统计力学和热力学的特性。最为重要的是,它还解决了险些扼杀人工智能发展于摇篮之中的"明斯基问题"②,因而引发了巨大反响,同时也重新引起了学界对于神经网络的研究重视。提出该网络模型的两年后,霍

---

① 神经网络的研究发源于 20 世纪 40 年代,但之后相关研究沉寂了多年,直到 20 世纪 80 年代,随着模拟与数字混合的超大规模集成电路制作技术有了质的飞跃,相关研究才重新进入主流。

② 1969 年,参加过达特茅斯会议的马文·明斯基(Marvin Minsky)与西蒙·派珀特(Simon Papert)合著《感知机》一书,书中提出了处理神经网络的计算机的两个关键问题:其一,单层神经网络无法处理"异或"电路;其二,当时的计算机缺乏足够的计算能力,无法满足大型神经网络长时间运行的需求。在当时这两个问题都无法从技术上得到解决,导致整个学术界都极度看衰人工智能,20 世纪 70 年代也成为"人工智能的寒冬"。

普菲尔德又设计出了模拟该网络性质的电子线路,为模型的应用提供了成功的范例。随后,一大批学者在霍普菲尔德方法的基础上展开了进一步工作,形成了人工神经网络的研究热潮。

总体上看,20世纪80年代至今建立在神经网络之上的人工智能,均以机器学习(Machine Learning,ML)为主要发展方向和实现路径①。根据已有研究,我们将人工智能在这40多年里的发展,归纳总结为以下三条较为清晰的主线。

人工智能的第一条主线,同时也是应用最为成熟的主线,是有监督的机器学习(Supervised ML)。在这一概念中,"监督"代表对每个数据点赋予的明确标识,一般可以被理解成为数据"贴标签""下判断"。

在有监督的机器学习中,人工智能所做的最主要工作,就是建立数据的内容与标签之间的逻辑联系,从而进行预测。具体来说,就是通过建立一个学习过程,将预测结果与训练数据的实际结果进行比较,并不断调整预测模型,直到模型的预测结果达到预期的准确率。此类机器学习最常见的两种应用模式分别是分类和回归,如垃圾邮件的识别(分类)以及股价的预测(回归)等各方面。

人工智能的第二条主线,与有监督的机器学习相对应,是无监督的机器学习(Unsupervised ML)。在无监督机器学习中,数据并不会被贴上标签,也没有特定的结果,学习模型需要自行推断出数据所具有的内在结构,这无疑增加了学习的难度与犯错的概率。

简言之,无监督机器学习的目标,并不是告诉人工智能应该怎么做,而是让人工智能自己去学习如何做。此类机器学习最常见的应用模式是聚类

---

① 事实上,机器学习的产生远早于人工智能,早在17世纪,贝叶斯、拉普拉斯关于最小二乘法的推导和马尔可夫链,构成了机器学习广泛使用的工具和基础。人工智能出现后,机器学习则被视为其核心和主要应用手段。

和数据降维,如目标群体划分(聚类)以及数字图像处理(数据降维)等。从理论上讲,无监督的机器学习能够应对更多的未知性,可用于对完全没有被分析过的数据进行挖掘和预测。然而,由于相关技术发展相对不成熟,致使目前无监督学习的应用尚不如其他两条主线。

人工智能发展的第三条主线,是强化学习(Reinforcement Learning, RL)。与之前两条主线相比,强化学习的逻辑更为"简单粗暴",它依靠确定的实例训练集,并通过与所在环境的直接交互来提高性能。简单地说,就是让机器一直做一件事,通过不断犯错积累经验,最终成为某个领域的"高手""老手"。

在强化学习中,机器会根据价值函数从系统中的各种状态获得奖励或惩罚,并通过策略函数决定如何选择下一步以从价值函数中取得最大化回报。强化学习也因此可以被视为机器的"条件反射"过程。在规则不变的情况下,强化学习能够发挥十分重要的作用,这也是 AlphaGo 能在围棋这一历史悠久却又规则固定的游戏上击败人类的技术基础。

进入 21 世纪后,人工智能的上述三条主线开始汇聚交叉,这标志着该项技术发展到一个新的水平,而其"集大成者"——深度学习(Deep Learning,DL)也应运而生(见图6-2)。

2006 年,"神经网络之父"杰弗里·辛顿(Geoffrey Hinton)开发出深度信念网络(Deep Belief Networks,DBN)这一重要的神经网络结构。在 DBN 中,辛顿采用逐层训练的方式,解决了深层次神经网络的优化问题,并通过逐层训练为整个网络赋予了较好的初始权值,使网络只要经过微调就可以达到最优解,从而为深度学习提供了一个基础性模型。

深度信念网络可以被用于人工智能的三条主线中的任何一类,通过训练神经元间的权重,让整个神经网络按照最大概率来生成训练数据。与非深度学习相比,深度学习更加类似于人类大脑的学习方式,包含多层贝叶斯

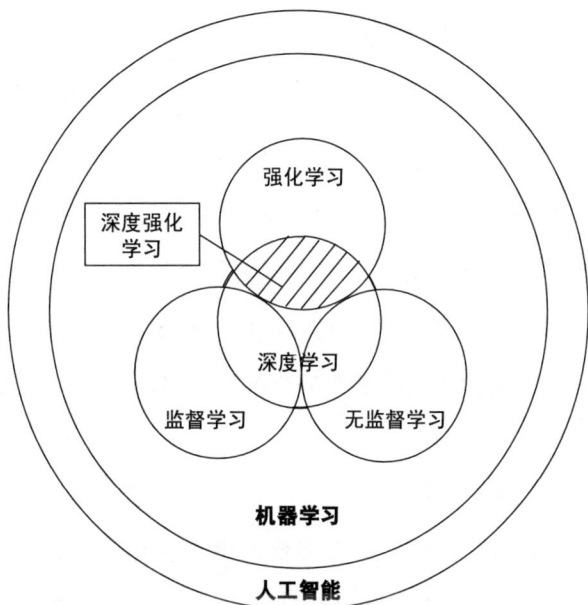

图6-2　人工智能与机器学习的内容划分

资料来源：Yuxi Li（2017）。

概率推理,能够分析更为复杂的问题和数据,也能够发掘数据集中未表现出来的隐藏变量。可以说,当前人工智能的绝大多数前沿研究,都是建立在深度学习基础之上的。

在深度学习发展起来以后,其他的一些子类如迁移学习(Transfer ML)和对抗学习(Adversarial ML)等也逐渐崭露头角。出于文章篇幅和内容相关性的考虑,在此不再展开,感兴趣的读者可以自行阅读和拓展。

还需要说明的是,在当前的技术水平下,"机器学习""智能化""自动化"和"机器人"等相关词汇均在特定场合被用于代表人工智能及其应用。作为一本经济学著作,本书的写作重点是该技术在经济活动中的各项应用,而非人工智能本身的发展。因此,在后文中,除非特别说明,将不再专门区分上述名词之间的差异,而是将其普遍视为人工智能的应用手段。

二、人工智能的应用场景

根据布伦乔尔森等（2018）的梳理与总结，机器学习代表着第一波机器智能化的根本变化。纵观历史，大多数计算机程序都是通过"精心整理人类知识—按步骤编写算法—再将输入映射到程序员指定的输出方式"这一过程来创建的。相比之下，机器学习系统则是通过输入非常大的示例数据集，使用一般算法如同神经网络一般可以自行找出相关的映射。通过使用机器学习算法汇总和分析数据，机器在"感知"和"认知"两个方面取得了传统编程难以取得的惊人成就。

1. 人工智能的三个层次

"运算""感知"和"认知"，是大多数人类在工作和生活中运用的三项基础性技能；而相应地，人工智能也可分为"运算智能""感知智能"以及"认知智能"三个层次。

在人工智能发展到如今的水平之前，机器就早已在"运算"方面超过人类。以1997年5月11日IBM的超级计算机"深蓝"（Deep Blue）二代战胜当时的国际象棋世界冠军加里·卡斯帕罗夫（Garry Kasparov）为标志，机器的计算能力全面超越人类已成定局。

人工智能需要克服的第二个难题是"感知智能"。感知，即视觉、听觉和触觉等感觉与知觉能力，而对机器来说就是通过传感器获取信息的能力。可以说，机器学习在图像识别和语音识别等领域的广泛使用，为感知智能的发展奠定了坚实基础，而目前机器在"感知"方面已经和人类难分伯仲。在测试机器图像识别能力的ILSVRC大赛中，2017年的获胜算法SeNet的错误率仅为2.2%，基本达到算法的极限。在语音识别方面，微软公司的对话式语音识别系统，在Switchboard语音记录语料库中的识别错误率已降至5.1%的极限水平，十分接近人类的识别错误率（5%左右）。

在实现了"运算智能"和"感知智能"后,人工智能的下一个难题便是"认知智能"。认知,即理解、推理和思考的能力,对机器来说就是机器具有主动思考和理解的能力、不用人类事先编程就可以实现自我学习并与人类自然交互。目前来看,相关的技术和应用均不够成熟,机器若想实现"认知智能"可谓长路漫漫。因此,人工智能的最常见应用仍然集中在"运算"与"感知"方面,而想要在"认知"上实现突破,深度强化学习甚是关键。

如图 6-2 所示,深度强化学习(Deep Reinforcement Learning,DRL)是将深度学习的感知能力与强化学习的决策能力相结合、更为接近人类思维方式的人工智能方法。人工智能在深度强化学习领域的发展前景十分令人期待,这也很可能是人工智能攻克"认知"难题的解密之钥。

深度强化学习作为一种有深度的强化学习,为复杂系统的感知决策问题提供了解决思路。无论是 DeepMind 公司的 AlphaGo 和 AlphaStar,还是 OpenAI 公司的 Dota 机器人,本质上都是深度强化学习的产物。然而在电子游戏之外的其他领域,深度强化学习的应用空间还未被充分开发。这既是因为相关算法的复杂程度远超处理简单计算和认知问题的智能算法,也是由于在当前的技术条件下,研究深度强化学习实质上是一种十分"烧钱"又无法得到短期回报的行为。但是我们有理由相信,随着相关问题的进一步细化和简化,以及新技术带来的学习成本下降,深度强化学习将有可能成为人工智能进入下一个发展阶段的突破口。

2. 人工智能的应用空间和场景

一个不争的事实是,人工智能在人类经济社会的各个领域,都有着巨大的、难以估量的应用空间,越来越多的公司逐渐意识到人工智能的重要性,并开始进行大规模的投资与研发。谷歌早在 2017 年就将整体发展战略从"移动优先"转为"人工智能优先",微软领导层也将人工智能视为技术上的"终极突破",腾讯则认为人工智能已经迈向"泛在智能"(广泛存在的智能)阶段,李彦宏更是宣称百度将要探索人工智能的"无人区"。

科技巨头对于人工智能的乐观与重视,充分反映在人工智能行业的迅速发展与扩张上。根据国际四大会计师事务所之一的普华永道的判断,受到下游需求倒逼和上游技术成型推动的双重影响,2020年全球人工智能市场规模将达到2万亿美元,并且未来几年相关市场和产业将继续保持高速增长,到2030年,全球人工智能市场规模将达到约15.7万亿美元,这十年间的复合增长率将高达20%。

近年来,对于人工智能的开发与应用,已经取得了相当多令人震惊的成果,这些应用大多可以被视为"数据""算法"和"算力"的组合。而根据数据的来源与种类的不同,人工智能算法和算力使用情况的差异,以及从计算、感知到认知的层次提升,我们可以将现有的人工智能应用大致纳入以下五个应用场景(见图6-3),在此仅做简要介绍。

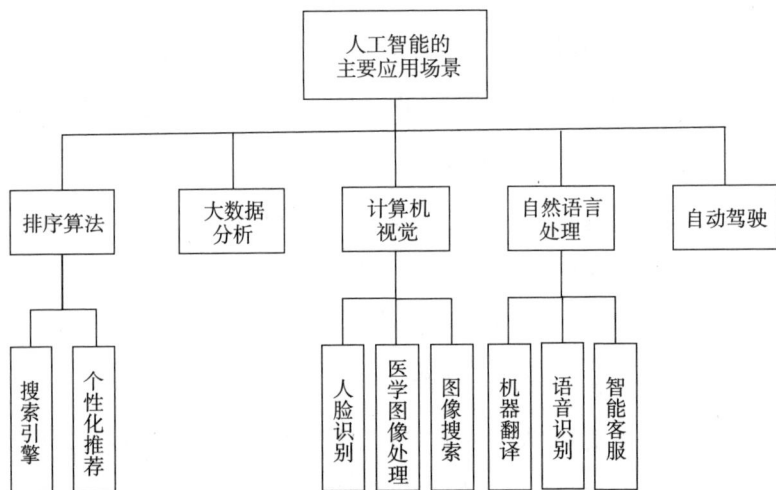

```
                    ┌──────────┐
                    │ 人工智能的 │
                    │ 主要应用场景 │
                    └──────────┘
  ┌──────┬────────┬───────┬────────┬──────┐
┌──────┐┌──────┐┌──────┐┌──────┐┌──────┐
│排序算法││大数据 ││计算机 ││自然语言││自动驾驶│
│      ││分析  ││视觉  ││处理  ││      │
└──────┘└──────┘└──────┘└──────┘└──────┘
 ┌──┬──┐      ┌──┬──┬──┐ ┌──┬──┬──┐
 搜 个        人 医 图  机 语 智
 索 性        脸 学 像  器 音 能
 引 化        识 图 搜  翻 识 客
 擎 推        别 像 索  译 别 服
   荐            处
                理
```

图 6-3　人工智能的五大应用场景

第一,排序算法。人工智能最常见甚至有时无法意识到其中含有智能成分的应用就是排序算法。搜索引擎在你键入任何一个词汇后所反馈的结果,本质上就是经过排序算法生成的。除了用于搜索外,人工智能还可以通过对于互联网上尤其是平台上的信息和内容(如网店商品、网上视频和在线广告)进行智能排序,为用户提供同他们的需求和兴趣相匹配的内容,实现基于聚类和协同过滤的个性化推荐。一方面,可以为用户快速定位产品和服务需求,弱化用户被动消费意识,提升用户兴致和留存黏性;另一方面,又可以帮助商家快速引流,找准用户群体,进而提高产品营销效率。

第二,大数据分析。在机器学习的过程中,通过大数据收集、整合与归纳而获得的数据集,成为人工智能的训练语料。而在对于大数据分析的使用中,我们也越来越多地看到人工智能的影子。2011 年,IBM 的认知计算系统 Watson(沃森)横空出世,并在当年的一档智力挑战电视节目"Jeopardy"中击败了两位真人选手夺冠,引起轰动。Watson 的基本功能就是用人工智能进行大数据分析,提供从解答商业问题到为企业提供可视化分析、从临床试验匹配到肿瘤治疗的各项服务。然而,Watson 的商业化之路并不顺利,主要原因是"人工智能+大数据分析"的综合成本太过昂贵,这也是目前人工智能领域的一些前沿技术投入使用所面临的共同难题。

第三,计算机视觉。计算机视觉是使用计算机及相关设备,对生物视觉的一种模拟。简言之,就是让计算机能够"看"的科学。通过应用计算机视觉技术,人工智能可以被用于人脸识别、医学图像处理以及图像搜索等多个领域,这里仅以人脸识别为例进行说明。2010 年,脸书推出"标签建议"(Photo Tag Suggest)功能,即利用人脸识别技术标注用户照片里出现的人,是人脸识别有迹可循的最早应用。2017 年,iPhone X 首次实现手机上的3D 人脸识别,也引得众多手机和设备厂商纷纷效仿。而到今天,人脸识别技术已经相当普及。根据南都个人信息保护研究中心于 2020 年 6 月发布的《人脸识别应用公众调研报告》,人脸识别最普及的三个场景分别是支付转账、解锁解密和交通安检,这些场景内相关服务的便携性得到了很大提升。然而,人脸识别所引发的安全性问题也屡见不鲜,引起了各国政府与监管机构的密切关注。

在医学影像处理与病情预测等领域,人工智能技术也大有可为。2020年4月,腾讯 AI Lab 联合研发的智能显微镜获得 NMPA 注册证,成为国内首个获准进入临床应用的智能显微镜产品。该智能显微镜产品集成了目前病理分析与诊断方面的最新技术,并针对病理医生工作流程和习惯进行多次产品迭代。临床测试表明,这款智能显微镜能有效提升病理医生的工作效率、病理分析的精确度和一致性,有望缓解医院(尤其是基层医院)病理医生数量短缺且经验不足的问题,是精准医疗从前沿研究走向落地探索的一个良好例证。2020年7月,钟南山院士团队与腾讯 AI Lab 联合发布了一项利用 AI 预测 COVID-19 患者病情发展至危重概率的研究成果,可分别预测5天、10天和30天内病情危重的概率,有助于合理地为病人进行早期分诊。该研究发表于国际顶级期刊 *Nature* 子刊 *Nature Communications*。同时,腾讯 AI Lab 也在第一时间开源了相关源代码并构建了一个免费的在线查询服务平台,为抗击新冠肺炎疫情贡献了自己的力量。

第四,自然语言处理(Natural Language Processing,NLP)。作为一门集语言学、计算机科学和数学于一体的科学,自然语言处理研究的是能实现人与计算机之间用自然语言进行有效通信的各种理论和方法。自然语言处理的发展几乎覆盖了人工智能的整个发展阶段,尤其是2000年之后,随着计算机运行速度和内存的不断增加,以及高性能计算系统的不断出现和升级,自然语言处理的各项商业应用开始如雨后春笋般不断出现,主要包括机器翻译、语音识别、智能客服、文本分析以及智能写作等多个方面。

第五,自动驾驶。自动驾驶是计算机视觉与自动控制等技术深度融合的结果,是从"弱人工智能"向"强人工智能"发展过程中的必然产物。在很大程度上,自动驾驶汽车是对运输业服务化的自然补充,而不仅仅是对个人汽车拥有量的补充。根据《财富》(*Fortune*)杂志 2016 年的一篇评论文章，一辆普通汽车有 95% 的时间都是停放于停车场上的。如此低的使用率，是为了确保车主在有需要的时候可以随时使用它，但却造成了实质性的出行资源浪费。然而，在分布足够密集的情况下，自动驾驶汽车可以按需召唤，这将使得汽车可以提供更加有效的运输服务，显著降低乘客的实际成本，同时也有利于交通管理、资源节约与环境保护。由此可以想见，自动驾驶的发展前景必然十分广阔。

诚然，上述五大场景内使用的人工智能，未必是该领域中最前沿、最具颠覆性的，然而这些技术已经在很大程度上改变了现有的经济模式，推动知识经济的进一步发展以及实体经济特别是制造业的深度数智化。我们有理由相信，随着人工智能的进一步发展，还会涌现出越来越多的、更具划时代意义的人工智能产品与服务，而这些产品和服务将从根本上改变现代生产力与生产关系，真正重塑我们所处的数字经济时代。

三、人工智能的通用目的技术性

在第四章中，我们介绍了具有通用目的技术性(GPT)的大数据技术，其中就包括了用于分析、处理和挖掘数据的机器学习方法。除了该方法外，一般意义上的人工智能，也开始表现出通用目的技术的各项基本特征：能够被广泛地应用于各个领域(应用场景广泛)，能够持续提高生产率并降低使用者的成本(如劳动力成本)，能够促进其他新技术的创新和新产品的生产(如大数据技术)，以及能够促进生产、流通和组织管理方式的调整与优化(如智能客服与智能供应链)。那么，人工智能已经成为一种通用目的技术了吗？

布伦乔尔森等学者(2018)提出，人工智能在朝着通用目的技术的方向发展。然而，人工智能若想要真正获得通用目的技术的地位，还需进一步改进以及大量的互补性创新。

第一,从实际应用的角度出发,目前的许多人工智能产品和服务都有着相当大的改进空间。脸书的研究团队声称,在他们对于聊天机器人 Blender 的图灵测试中,有 49% 的测试者把 Blender 的对话记录误视为人与人之间的对话——这同时也意味着有 51% 的测试者还是能够识别出 Blender 并非真人,说明这一聊天机器人仍有相当大的进步空间。有必要强调的一点是,机器学习系统本身具有持续自我改进的能力。

一方面,只要有更多的数据集被用于训练或是进行更多的人工标识,机器学习系统就能自动发现函数、生成知识,无须额外编写代码,因此人工智能的改进是可预期的。例如,遇到不寻常情况的自动驾驶汽车,可以将该信息上传到共享数据平台,当这个平台上聚集了足够多的此类信息,就可以通过机器学习自动推断出这个特殊情况的生成模式。简言之,只要有一辆自动驾驶汽车经历异常,其他汽车就能从中学习。第三章中提到过的美国无人驾驶汽车公司 Waymo,就拥有 2.5 万辆运行中的自动驾驶汽车,其每周模拟行驶里程达 2000 万英里,这些实际驾驶信息都进入了 Waymo 的自动驾驶数据集,帮助 Waymo 改进其机器学习系统以持续提高其无人汽车的驾驶能力。

另一方面,即使没有持续的外部输入数据,强化学习型人工智能也可以通过竞争性自我对抗训练,来提高自身的技术能力。2019 年 4 月,在多人竞技游戏 DOTA2 的人机决战中,由 OpenAI 公司研制的人工智能玩家 OpenAI Five 迎战连续两届世界冠军 OG 战队,并在三局两胜的比赛中零封对手,成为第一个在电子竞技类游戏中击败世界冠军的人工智能。而短短一年时间,从对 DOTA2 的一窍不通到面对人类的战无不胜,OpenAI Five 的诀窍无外乎四个字——"勤能补拙",其每天进行的自我对抗学习量,相当于人类训练 180 年的效果。

第二,从互补性创新的角度,ICT 技术的持续进步与大数据技术的进一步突破,都可以被视为人工智能的互补性创新。毋庸置疑,功能更为强大的计算机软硬件能够支持更高效、数据量更庞大的机器学习。与此同时,大数据技术上的进步,则表现为通过传感器、物联网等技术收集和存储更多的数据样本,进而为更多、更好、更快的机器学习提供优质素材。由此,ICT 技术、大数据技术以及人工智能三者之间,形成了一个良性正循环,这也正是数智经济能够在进入 21 世纪之后的短短 20 年间迅速发展、崛起的重要原因。

以大数据与机器学习为例,两者之间呈现出明显的相互促进、协同发展关系。

一方面,大数据技术能够提升机器学习的性能及其稳定性。首先,在机器学习中,为了训练人工智能模型需要输入大量数据,并且数据的结构化程度和颗粒度也需要达到一定水平,才能使机器可靠地识别数据中的有用模式。其次,大数据技术还能够清洗原始数据,删除无效的重复数据,进一步提高人工智能的训练效率。

譬如,商家想要基于电商的数据进行个性化推荐,就需要通过机器学习算法对推荐商品进行排序,确保推送的信息尽可能符合用户期待,能够引起用户的足够兴趣。而由于被用于训练的基础数据是电商大数据,这些数据自然包括用户群的点击、搜索、购物车添加和收藏,以及最终的购买行为和频次等大量信息,其中很多信息如用户的错误点击和无效搜索都是无关数据,不应成为机器学习的逻辑依据。因此,正确的做法是通过大数据技术,将缺漏数据、重复数据和错误数据清洗出去,从而保证机器学习内容的标准化和归一化。

另一方面,机器学习对于大数据分析的促进作用也显而易见。将那些以往由分析师进行的数据分析、处理和挖掘工作,交由更为高效、更少犯错的人工智能来完成，成为当下各行各业节约人力成本、提升公司效率的首选举措，尤其在金融行业中表现得更为明显。近年来，越来越多的量化投资公司开始采用基于机器学习的智能交易系统，而其业绩表现在大多数时候远超传统的个人投资模式——不知道这会不会让华尔街精英汗颜。这一方面的翘楚就是创立于 1982 年的"文艺复兴"科技公司（Renaissance Technologies Corp, Rentec）。

虽然名为科技公司，Rentec 的主要业务却与大多数对冲基金公司完全相同。而不同之处可能就是其保持的连续 27 年间（1988—2015 年）高达35%的平均年化回报率，以及算法预测代替投资人决策的公司宗旨。而现在，越来越多的金融企业开始试图效仿 Rentec 的做法。花旗银行在 2018年就宣称要在五年内裁去近 50%的投资银行部门雇员，并用人工智能替代他们进行工作，许多其他金融机构也作出了类似的调整决定与长期规划。

"研究与市场"网站发布的一份研究报告预测，在 2019—2024 年，全球算法交易市场将以约 10%的复合年增长率增长。阿比斯和维尔德坎普（2020）对于美国劳动力市场的研究也表明，金融企业不再需要雇用专业人员来帮助他们分析数据——这项工作基本上都已转由人工智能完成——而仅仅需要雇用更多的数据管理人员来帮助他们将数据输入机器学习系统。

通过对于人工智能的通用目的技术性展开讨论，我们发现，数智经济的一个重要特点是同时拥有两项具有很强互补性的通用目的技术：大数据与人工智能。这两种通用目的技术相互促进、协同发展，共同构建了数智经济的技术基础，为新知识经济的兴起以及实体经济的加速"数智化"提供了充足动力。

四、自动化机器学习与通用人工智能：人工智能的未来？

前文提到，同有监督的机器学习相比，无监督机器学习的发展水平相对较低。造成这一现状的主要原因,是当前的机器学习算法对"真实标签"具有相当高的依赖度,其本质是一种参考了"标准答案"后对于逻辑规律的"反推"。而无监督的机器学习则在机器学习中略去了"贴标签"的步骤,相当于不参考"标准答案"而求解,难度之大自然可想而知。

截至目前,无监督机器学习中最常见的聚类算法和降维算法的学习效果都比较一般,在现实经济生活中的应用空间也相对有限。因此,如今我们在日常生活中所见到、接触到的绝大多数机器学习应用,都是建立在有监督的机器学习基础之上的。既然有监督的机器学习方法已被我们熟练掌握,而无监督的机器学习尚存在一定的技术困难,在未来一段时间内很难成为机器学习的主要方法,那么从应用于经济活动的角度出发,人工智能究竟还有哪些值得我们期待的未来?

1. 自动化机器学习

对于机器学习的新用户——比如那些想要利用人工智能的传统企业而言,使用机器学习的一个主要障碍,就是算法的性能通常会受到设计决策的影响,而企业管理者——往往是行业专家或很可能并不擅长制定这些设计决策的经营管理人员,在一定程度上成为了"程序文盲"。

事实上,不只是企业管理者面临这样的问题。随着新的算法如雨后春笋般出现,人工智能领域的专业工程师和程序员们也难以掌握绝大多数新技术,并确保选择最优的技术解决特定的问题。在现实中,算法工程师需要在众多算法中选择相应的神经网络架构、训练过程、正则化方法和超参数等,不仅过程烦琐,其结果往往也不如预期——这些专业参数很难与企业的实际要求完美对应,由此更是加深了企业(即使是数据密集型企业)使用人工智能的难度。

因此,急需一个方法使得对于机器学习的使用变得更简单、更快捷、更高效,并且可拓展、可解释。于是,自动化机器学习(Auto ML)应运而生。

所谓自动化机器学习,简言之,就是"让算法选择算法",工程师无须再苦苦煎熬于算法选择的过程。自动化机器学习,在本质上是一个空间搜索优化的问题,即在有限空间范围内,以最短时间寻找最优解的过程。用户只需要提供数据,自动机器学习系统就可以自己去学习和训练规则,自动决定在可选空间内的最佳方案。

出于这一构思与设想,早在 2017 年,谷歌公司就率先推出了 Cloud AutoML 这一当前集成程度最高的自动化机器学习平台,该平台集合了包括自然语言处理、图像处理以及表格处理等当今几乎所有的机器学习领域(见图 6-4)。按照 Cloud AutoML 的主要设计者之一、时任谷歌云首席科学家李飞飞教授介绍,该平台允许仅对人工智能和机器学习具有有限知识的个人和企业,通过在系统中上传自己的标签数据,获得一个训练好的人工智能模型[①],而无须搭建训练模型或是自行调节参数。

简言之,使用者不需要任何机器学习的专业知识,只要将数据上传到该平台并根据系统指令进行简单操作,就可以完成机器学习的过程。必须承认的是,Cloud AutoML 平台为企业在有限投资于机器学习的基础上,获得具有一定水平的人工智能模型提供了一个可行思路,有效降低了使用人工智能的门槛与成本。

在人工智能研究领域,自动化机器学习作为一个活跃的新兴领域,吸引了大量学者的关注与重视;在实业界,特别是工业界,也出现了越来越多日益成熟的自动化机器学习产品——如 FeatureLab 和 Google's Cloud 等,这些产品毫无疑问确实帮助传统企业得以更快、更好地进行数智化转型。放眼未来,自动化机器学习的进一步发展,以及其在普及人工智能应用上的作用不禁令人期待。

[①] 需要注意的是,谷歌 Cloud AutoML 既不免费也不开源,在很大程度上类似于亚马逊云科技(AWS)。

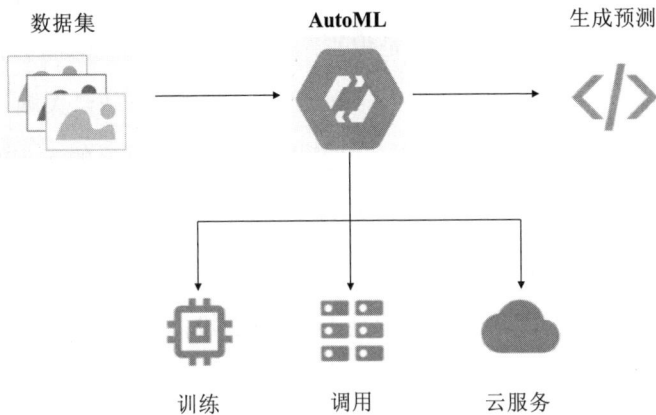

图 6-4　自动化机器学习过程

资料来源：谷歌 Cloud AutoML 平台。

2. 通用人工智能

除了自动化机器学习，人工智能还存在另一个截然相反的进化方向：通用人工智能。

正如前文所述，自 20 世纪 80 年代美国物理学家约翰·霍普菲尔德（John Hopfield）教授提出 Hopfield 人工神经网络模型后，神经网络成为人工智能领域的研究热点，也是当前主流人工智能的理论基础。

然而，一个不争的事实是，与传统意义上的人类学习过程相比，通过机器学习对于神经网络的训练是一个非常"不自然"的过程。美国硅谷人工智能研究院院长皮埃罗·斯加鲁菲（Piero Scaruffi）在《人工智能通识课》（又名《智能非人工》）一书中，就举了一个简单而典型的例子描述来这一过程：如果你想要让深度学习系统来识别蛋糕，就必须用成千上万张有关蛋糕的图片去训练它；然而，一个六岁的小孩，只要看过、尝过几次蛋糕，就能够准确地辨别出蛋糕来，不需要去看大量的蛋糕图片。这两种学习模式之间的差距，正是机器（至少是当前版本的人工智能）与人类之间的差距。

相信绝大多数人都同意的一点是，经过大量训练的人工智能可以在特定任务上（如对弈、驾驶汽车或是识别图片）远超人类。然而，目前存在的所有人工智能，均不能像人类一样自始至终只使用同一个"大脑"（神经网络）完成各类不同的任务。从这个角度来说，每一个单独的人工智能都是专用性（Special-purposed）的，尚不存在真正意义上的通用人工智能（Artificial General Intelligence，AGI）。那么，能够被用于解决多种不同问题的通用性人工智能（类似于罗素姆笔下的"万能机器人"），究竟离我们还有多远？

一个令人失望的结论是，截至目前，世界上唯一存在的、真正意义上的"通用人工智能"就是人类的大脑。

一些比较悲观的观点认为，通用人工智能永远不会出现。2020年，挪威卑尔根大学的拉格纳·菲耶兰（Ragnar Fjelland）教授发表在《人类与社会科学通讯》杂志上的一篇文章，就持这一观点。菲耶兰认为，目前许多人工智能的发展与应用看似极具突破性，然而刨去商业界和人工智能设计者们夸张的宣传与过度营销，这些技术在本质上并没有太多特殊之处，仅仅代表了计算能力的进一步提升与综合而已。例如，每当有公司或开发者宣称机器可以"像人类一样"从事某种活动时，这些活动往往是被高度简化为"机器可操作"的。通过对于已有批评的总结和梳理，菲耶兰教授提出，通用人工智能不可能出现的根本原因，就在于机器无法像人类一样与世界互动，进而导致电脑无法像人脑一样进行因果推断。或者更简单地说，电脑或电脑程序并不真的存在于这个世界中，而仅仅是对于现实世界的数字化模拟。

正如人工智能的创始人之一约翰·麦卡锡（John McCarthy）所言，"人工智能已经从分析哲学与哲学逻辑研究中获益"。人工智能在追求"像人一样思考"时，必然涉及"人是怎样思考的"这一哲学问题，也就是如何进行认知的问题。肖锋（2021）就从认知分型的角度出发，认为只有同时存在推算认知、学习认知、行为认知和本能认知，并能够将这四类认知融合与会聚的人工智能，才可以被视为通用人工智能。而现有的技术水平仅能够在部分意义上实现推算认知与学习认知，离真正的通用人工智能可谓天壤悬隔，从这一方面来说，人类或许不必过于担心被人工智能全面替代。

五、人工智能造就"人工愚蠢"

在本章最开始所提到的两个人工智能在线约会的案例中，那位表现较为优秀的女性人工智能 Kuki 曾五次获得罗布纳奖（Loebner Prize）。颁布罗布纳奖的罗布纳竞赛，是人工智能领域十分重要的一项竞赛。该比赛每年举办一次，采用标准的图灵测试，旨在评选出"最类似人类的电脑程序"，以检测机器是否具备人类的思考能力。每轮比赛中，评委与使用电脑的真人和智能机器人同时进行文本对话，并根据两者的答复判断哪个是真人、哪个是人工智能。

1995 年之前，由于智能程序的能力限制，该比赛以限定话题领域的测试为主；而自 1995 年开始，比赛不再限定话题领域，文本对话的时长也从最初的 5 分钟逐渐增加到如今的 25 分钟。最初，罗布纳奖的评委通常是普通人，其专业性不强，因此常常被人工智能欺骗。后来，为了提高对于人工智能的识别率，组委会专门邀请电脑工程师、哲学家、媒体人、文学家以及心理医生等各个领域的专家担任评委，但每年的获胜者——如 Kuki 一样，总有着瞒天过海般的模仿能力。

在 1992 年罗布纳奖评选结果公布后，一篇名为《人工愚蠢》的评论文章引起了极大的社会反响。该文指出，当年获胜的电脑程序之所以能拔得头筹，关键原因就在于该程序在与评委进行文本对话时"不小心地"拼错了几个单词，让评委误以为是真人在打字。古语云，"人非圣贤，孰能无过"，最类似人类的电脑程序一定不是毫无破绽、永远正确的程序，因为人不可能永不犯错。而想要完美通过图灵测试，就应当模仿人类略显"愚蠢"的行为，表现得不那么完美，正如小时候抄答案时写错一道题，反而能逃过老师的火眼金睛。

事实上，早在 20 世纪 50 年代，图灵本人就曾提出，在编写电脑程序时，确保其输出的结果中存在一些错误，能够增加图灵测试的识别难度。既然"人工愚蠢"能使得机器更为拟人，那么为了尽可能地模仿真人（在智能客服等需要与人接触的工作中，这一点十分重要），在编写程序时应该添加多少错误呢？进一步地，不同人类个体之间具有形形色色的差异，小孩与大人、男人与女人、不同职业者以及不同国家的人，无不存在显著的差异，那么电脑程序究竟应该模仿哪一类人的"愚蠢"呢？而关于以上这两个问题的答案，是应该由电脑工程师进行测算后人为设置，还是应该由机器根据算法自动选择呢？

显然，现有的人工智能水平下，我们尚无法对上述问题给出精妙的回答。正如蒙特利尔大学教授，同时也被视为"深度学习三巨头"之一的约书亚·本吉奥（Yoshua Bengio）所说，"我们的机器是无知的，而我们只是在让它们变得不那么无知而已"。随着未来技术的进步，以及神经科学与人工智能的进一步互联互动，我们终将要直面上述挑战。

伴随着人工智能的兴起，"人工愚蠢"的另一层含义也值得关注与警惕。

法国技术哲学家、思想家贝尔纳·斯蒂格勒（Bernard Stiegler）就从技术哲学的角度，思考人工智能的哲学含义。他在 2018 年"首届未来哲学论坛"中提出，人类生活在一个熵增①的世纪，人类所面临的根本问题是技术

---

① 熵增过程是一个自发地由有序向无序发展的过程。

产物所构成的技术圈对人类所在生物圈的包围。技术既是毒药也是解药，人工智能在某些方面其实也是一种"人工愚蠢"。斯蒂格勒认为，一旦智能变成人工的，它就会产生一种工业化的"愚蠢"——从而加速熵增；而人类要做的，就是正面地利用人工智能，使算法服务于人类，并且对技术的高度发展时刻保持警惕，从而最小化熵增。

华东师范大学的吴冠军教授在一篇评论文章中，解释了"人工愚蠢"的具体表现——由于人工智能对社会进行全方位"赋能"，人类原先具有的、引以为傲的生产性知识、实践性知识和理论性知识逐渐被技术所剥夺，人类开始在工作上笨手笨脚、头脑内无智可用、生活中不动脑子，进而出现"人工愚蠢"。从经济学的角度加以解释，即人工智能的迅速发展，可能会导致人类劳动力技术水平（Skill Level）持续性地下降。

小　结

人工智能的发展在一定程度上是一柄"双刃剑"。犹如斯蒂格勒所言，既是毒药也是解药。因此，经济政策制定者在引进和推广人工智能相关应用时，需要特别注意其对于传统劳动力市场、劳动生产率以及长期增长潜力的影响。而在下一章中，我们就将基于已有的实证研究与理论前沿，深入分析人工智能发展的经济学含义。

第七章

人工智能经济学

> "虽然还没人提及,但我认为人工智能更像是一门人文学科。其本质,在于尝试理解人类的智能与认知。"
>
> ——塞巴斯蒂安·特隆,Google X 联合创始人

> "先进的人工智能以及生物密码领域的突破,使许多研究者相信,像人类这样的生物仅仅是算法的产物。"
>
> ——乔治·吉尔德,美国经济学家

人工智能的发展对于传统生产方式与经济模式带来了巨大冲击,也自然引起了经济学家和政策制定者的广泛关注。目前的相关经济学研究,多从人工智能和机器人替代人类劳动力所带来的各种直接影响与间接影响入手,进

而逐渐扩展到企业组织、创新、生产率以及经济增长等各个领域的研究。

早在 2017 年,多伦多大学罗特曼管理学院的阿加伊·阿格拉瓦尔(Aghion Agrawal)教授、乔舒亚·甘斯(Joshua Gans)教授和艾维·戈德法布(Avi Goldfarb)教授等学者共同发起"人工智能经济学"年会(NBER Economics of Artificial Intelligence),截至 2021 年 4 月已成功举办四届主论坛与四届博士生论坛。麻省理工学院的达龙·阿西米格鲁(Daron Acemoglu)和埃里克·布伦乔尔森(Erik Brynjolfsson),以及斯坦福大学的苏珊·埃塞(Susan Athey)和查德·琼斯(Chad Jones)等全球知名学者,都积极参与这一年会并贡献稿件,为相关领域的研究奠定了十分坚实的基础。本章引用的部分文献也来自该年会历年的展示与论文集。

关注人工智能的经济学研究主要围绕以下三个核心话题展开。第一,人工智能与劳动力,包括人工智能对于劳动力市场在不同时间维度上的直接与间接、短期与长期影响;第二,人工智能对于企业与行业的生产组织形式带来的改变,以及在实际应用人工智能的过程中所面临的现实困难;第三,人工智能与劳动生产率,特别是关于现代生产率悖论(Modern Productivity Paradox)的深入讨论。在本章中,我们将先从经济思想史的角度,介绍与人工智能相关的四轮经济学思潮,再分别对上述三个核心话题予以重点讨论,最后再基于以上内容提出目前相关文献关注度相对有限但却至关重要的几个关键问题,以期为读者构建相对完善的人工智能经济学分析框架。

与本书第三章中所介绍的数据经济学尤其是数据资本理论相比,现有的人工智能经济学研究则要更为成熟和系统,其对于一些核心机制问题的讨论也更加清晰。通过将这两类研究进行对比不难发现,对于数据生产要素的研究,大多是将其视为一种特殊类型的资本[①];而对于人工智能的研

---

① 这一做法在 2018 年后的相关文献中极为常见。

究,则多将其视为一种新的自动化劳动力。按照这一思路,那么数智经济的发展在本质上可以被视为"数据资本替代传统资本,人工智能替代传统劳动力"的转变过程。

需要注意的一点是,上述替代过程必然不会是一种完全替代。无论是传统物质资本、ICT 资本,还是各种技术类型的劳动力,它们在数智经济中均有着不可或缺的作用,并且数智经济的虚拟生产过程也无法全面替代传统的物质性生产过程。从这个角度来说,相对于大数据与人工智能对传统生产要素的替代,同样值得关注的还有新生产要素所带来的结构性变化,以及新生产要素和生产技术出现后传统生产要素应如何作出相应调整等问题。当然,对于上述问题的讨论必须建立在充分理解大数据技术、人工智能以及它们如何改变传统经济模式的基础之上。

一、与人工智能相关的四轮经济学思潮

自古希腊思想家色诺芬①（Xenophon）最早使用"经济"②一词著书,形成了以色诺芬、柏拉图和亚里士多德为代表的早期经济学,到如今发展繁荣、多学科交叉的经济学,已然历经了两千多年。而在经济学漫长的发展史中,人工智能和自动化的兴起与发展,一共引发了四轮关注机器、智能与人类之间关系的经济学思潮。

1. 第一轮思潮

与人工智能有关的第一轮思潮,开始于 18 世纪后期工业革命全面兴起之后,主要关注早期机器的产生以及全面机械化对于生产过程尤其是劳动

① 约公元前 430—前 355 年,古希腊著名的史学家和思想家,苏格拉底的学生,著有《经济论》等。
② "economy（经济）"源自古希腊语"οικονομα（家政术）",οικο 意为家庭,νομο 意为方法或习惯。因此,其本来含义是指管理、治理家庭财物的方法。

力的影响。在第一轮思潮中，人工智能的概念尚未完全形成，机器是讨论的主要对象。在工业革命兴起后，"现代经济学之父"亚当·斯密（Adam Smith）对于机器的发展持非常乐观的态度。斯密认为，工业化可以带来个人福利的提升和国家的繁荣，并且随着机械化的发展，普遍富裕将扩展到社会最底层的普罗大众。在工业革命前后的相当长一段时间，亚当·斯密与其他古典经济学家们的乐观思想在经济学领域占据着主导地位。

然而，随着工业化的负面影响逐渐显现，一些经济学家开始反思工业化以及随着工业革命而崛起的资本家们所带来的福利损失。法国经济学家西斯蒙第（Sismondi），就是其中的代表人物。在研究生涯的初期，西斯蒙第对英国古典主义经济学理论抱有支持态度。然而，法国大革命后，小生产者的破产分化和 18 世纪末开始的英国经济危机，渐渐促使他成为英国古典政治经济学的激烈反对者。1819 年，西斯蒙第发表的《政治经济学新原理》一书，提出工业化生产的不断扩张导致了小生产者破产与社会分配不公，进而导致了经济危机与社会动荡。19 世纪初于英国爆发的"卢德运动"，为西斯蒙第的判断提供了重要证据。

1811 年，在工业革命发展到一定程度、大量工人的工作被机器取代之后，一些失去工作的纺织业从业者开始自称为"卢德分子"[①]，有组织地焚毁各个工厂中的织袜机、起毛机等工业机器（见图 7-1），并与英国警方和陆军产生大规模冲突，进而造成大量人员伤亡和财产损失。起初，骚乱集中在诺丁汉（Nottingham）这一重要的工业城市，后来逐渐蔓延至整个英格兰地区。1813 年，英国政府开始对卢德分子进行镇压，与卢德分子作战的英军数量，一度超过了在伊比利亚半岛与拿破仑作战的英军数量。尽管最终卢

---

① 关于卢德分子的"卢德"一名的来源存在多种说法。一是"卢德"来自传说中的人物的名称；二是"卢德"来自莱斯特郡一个名叫奈德·卢德（Ned Ludd）的工人，为了抗击资本家对机器的使用，失去工作的他第一个捣毁织袜机，是卢德分子的精神领袖。

德运动被残酷镇压,多位发起者被处决,一些参与者也被终身流放到澳大利亚,但是直到 1816 年,此类工人反抗运动仍时有发生,卢德运动的思想继承者仍然活跃在英国社会①,卢德运动的燎原之势第一次使政府和资本家意识到,"机器替代劳动力"这一巨大的生产力变革将会冲击劳动力市场,并引发一系列随之而来的社会问题。

图 7-1　"卢德运动"时期英国工人破坏纺织机

资料来源:英国国家档案馆在线资料。

---

① 在此之后,机器与工人的矛盾逐渐上升到资本家与无产阶级的矛盾,这一矛盾的激化孕育了马克思主义和无产阶级革命。

然而,在过去的两个世纪,导致卢德运动出现的经济社会问题从未得到根治,在如今的科技时代甚至有着愈演愈烈之势。近年来,人工智能的跨越式发展,更是使"新卢德主义"(Neo-Luddism)的幽灵开始四处游荡。牛津大学卡尔·贝内迪克特·弗雷教授(Carl Benedikt Frey)在其 2020 年出版的《技术陷阱》(*The Technology Trap*)一书中,就将工业革命之后的机器崛起时代与当前的人工智能浪潮进行了细致对比。弗雷教授认为,全面机械化生产导致的"中等收入的工作岗位枯竭"、"工资停滞不前"以及"经济不平等"等一系列现象,均已在 21 世纪重现,政策制定者和经济学家应对此给予足够重视,并充分借鉴工业革命的经验教训,直面如今的挑战。

2. 第二轮思潮

20 世纪五六十年代后期,人工智能的概念在达特茅斯会议后正式形成,而人工智能的第二轮经济学思潮也逐渐随之兴起。此轮思潮的领军人物是在 1969 年、1975 年与 1978 年分别获得美国心理学会杰出科学贡献奖、美国计算机学会图灵奖以及诺贝尔经济学奖,同时也是达特茅斯会议的参会人之一:"全才"赫伯特·西蒙(Herbert Simon,中文名为司马贺)。

1956 年,在达特茅斯会议上,西蒙展示了他与同在卡内基梅隆大学的合作者计算机专家艾伦·纽厄尔共同设计的"逻辑理论家"(Logic Theorist)程序。该程序能够自动证明罗素的《数学原理》一书中关于"谓词演算"①的 38 个定理,因而被广泛视为世界上第一个人工智能程序。为了设计"逻辑理论家",西蒙等开发出了人类历史上第一个人工智能程序设计语言——IPL 语言(Information Processing Language),为后续人工智能程序语言设计的发展奠定了坚实基础,他和纽厄尔也因此成功获得了 1975 年的图灵奖。

---

① 谓词演算是数理逻辑最基本的形式系统,又被称为一阶逻辑。

对于"机器学习"这一概念的提出,西蒙亦有贡献。在其 1983 年发表的《机器为什么要学习?》一文中,西蒙就指出,"如果一个系统能够通过执行某个过程改进它的性能,这就是学习",这也被视为机器学习早期最精准的定义。

事实上,与人工智能和计算机相比,管理学才是西蒙的主要研究领域。在人工智能和程序设计上的造诣,帮助西蒙更透彻地理解了经济组织的决策过程,进而形成了在经济学和管理学领域均具有深远影响力的"有限理性理论"①(Bounded Rationality Model)与"满意度理论"②(Satisficing Model),改变了整个学术界对于决策和理性概念的理解。

在与人工智能相关的第二轮经济学思潮中,西蒙等学者的研究主要集中在设计人工智能以模仿人类的决策过程,并通过观察人工智能程序的表现,转而提升对于个人和经济组织决策的认知程度。西蒙正是通过将人类决策与程序决策进行对比,提出了满意度理论——人类做决策不追求最优化而是追求满意度提升。在这轮思潮中,人工智能成为人类更好地理解自身的工具。

3. 第三轮思潮

20 世纪末 21 世纪初,以对于自动化的经济学研究兴起为标志,我们迎来了人工智能的第三轮经济学思潮。此轮思潮的主要驱动力,源于自动化和工业机器人在现代制造业中的广泛使用。此外,随着机制设计、一般均衡和内生增长等经济理论被频繁地应用于分析人工智能相关问题,人工智能经济学的一些早期概念和分析框架也在这一时期得以形成。

第三轮经济学思潮中的研究成果,以麻省理工学院的大卫·奥特尔(David Autor)教授等于 2003 年建立的 ALM 模型为典型代表。ALM 模型

---

① 有限理性理论,指人的理性是处于完全理性和完全非理性之间的一种有限理性。
② 满意度理论,指人们做实际决策时,是以满意度最高的方案为准。

是以泽拉(Zeira,1998)的理论研究为基础,将生产过程划分成若干个工作任务(Tasks),并通过允许人工智能和机器人替代部分程序化任务,建立了将人工智能引入生产过程的基础性框架,从而为进一步深入分析人工智能和自动化对于劳动就业与经济增长的影响打下了坚实的理论基础。在ALM 模型的基础上,一系列学者展开了深入的理论研究,探讨对于人工智能和机器人的使用,在提升企业生产率和控制成本上的积极作用。

4. 第四轮思潮

2010 年之后,随着机器学习(ML)尤其是深度学习(DL)技术的发展,以及其所推动的人工智能与智能机器人的广泛应用,经济学界开始重新审视与人工智能相关的一系列经济学问题,如就业、创新、企业组织以及生产率等,引发了人工智能的第四次经济学思潮。此轮思潮最主要的技术推动力,是深度学习技术所带来的人工智能的效能提升。而由于深度学习过程强烈依赖于用于训练的数据集,也引起了经济学家们对于大数据与人工智能之间共生关系的重点关注。

在第四轮思潮中,数据经济学与人工智能经济学逐渐开始密切交叉、深度融合。此外,由于这一时期在机器人与自动化相关统计数据方面取得的进展,与人工智能相关的实证研究也逐渐丰富起来,进而弥补了前三轮思潮以理论研究为主、有效经验证据相对缺失的不足与遗憾。

通过上述介绍可以看出,与人工智能相关的四轮经济学思潮,在其所关注的问题以及所采取的研究方法上均存在较大的差异。第一轮思潮更多地探讨机器、劳动者以及经济发展之间的关系,主要采取古典政治经济学的研究方法,并没有涉及太多对于人工智能的讨论;在第二轮思潮中,经济学中关于经济组织决策的理论逐渐被用于设计与发展人工智能;而在第三轮和第四轮思潮中,人工智能的关键突破(如深度学习)和广泛应用(如工业机器人与智能决策),开始促使经济学家们在理论分析与实证研究中将"人工

智能"视为一种特殊的新型生产要素,人工智能经济学的研究框架正式
形成。

本章所涉及的大多数文献,都诞生于进入 21 世纪后的这两轮经济学思
潮(第三轮和第四轮思潮)。这些研究中所讨论的技术与采用的分析方法,
仍然适用于分析当前与人工智能相关的经济学问题。

二、人工智能与劳动力

在上一章中,我们简述了人工智能的发展,如何推动计算机和智能机器
人在计算能力、感知能力以及认知能力方面的巨大提升。对于上述能力的有
效组合(如将计算能力与感知能力相结合的人脸识别技术、将感知能力和计
算能力相结合的自动驾驶技术),以及更加高效的算法所带来的自动化成本
下降,共同构成了机器人和人工智能广泛替代传统劳动力的技术基础。

1. 引入人工智能的生产者模型

关于"机器取代劳动力"的担忧,早在 18 世纪末工业革命时期的第一
轮经济学思潮中就已萌生,并在过去的 200 多年里经历了多轮深入的讨论
与激辩。伴随自动化的兴起与工业机器人的广泛应用,如何将人工智能引
入生产者模型,是相关研究需要解决的第一个问题。在这个问题上,已有研
究给出了两种基本解决思路。

第一种模式,源自以色列经济学家约瑟夫·泽拉的工作任务模型
(Zeira,1998)。泽拉建立的经济增长模型开创性地将生产过程划分为一道
道工作任务,并提出自动化的过程就是由机器人在一部分工作任务中替代
相对低效的劳动力的过程。泽拉认为,只有高生产率的工业化国家才能够
满足充分自动化所需要的资本水平,因此自动化必然导致不同国家之间生
产率与收入差距的放大,而非缩小。

第二种模式,来源于加州大学伯克利分校的罗宾·汉森(Robin

Hanson）于 2001 年发表的论文——《考虑机器智能的经济增长》。在这篇文章中，汉森假设机器既可以与劳动力互补，也可以替代劳动力，并且对于不同类型的工作来说，机器互补性与替代性的水平之间存在差异。汉森认为，使用技术进步速度高于一般技术的机器智能，其稳态增长率将远高于不采用机器智能时的情况。

此后 20 多年间的绝大多数理论研究都以泽拉的工作任务模型为基础框架，因为这一模型依赖更少的基本假设，且对于"人工智能部分替代劳动力"的理论描述也最为准确。

前文提到过的，奥特尔等学者（Autor 等，2003）提出的 ALM 模型，是泽拉的工作任务模型的一次全面升级。ALM 模型采取了将生产过程划分为不同工作任务的分析模式，其研究重点是机器对于不同技术水平工作的异质性替代。在 ALM 模型中，生产需要两种不同的工作任务——程序化任务和非程序化任务二者相互配合，其中程式化任务只需要低技能劳动力，而非程式化任务则需要高技能劳动力。举一个简单的例子，对于消费类电子产品如苹果手机来说，其组装的过程仅需要低技能劳动力——富士康的工人，而其设计的过程则依赖于高技能劳动力——美国硅谷的工程师与设计师。在奥特尔等学者看来，自动化只能用于完成程式化任务而不能完成非程式化任务。简言之，自动化对低技能劳动形成了替代，而对高技能劳动则形成了互补。在这种假设之下，自动化对劳动力市场的冲击将是有偏的，一方面挤压了中低技能劳动者的工作机会，但另一方面又创造了额外的高端劳动力需求，导致收入分配不平等的进一步恶化。

此外，奥特尔等学者（Autor 等，2003）还利用 ALM 模型解释了一类新的劳动力市场现象——"就业极化"[①]的原因。他们认为，最不容易被自动

---

① 就业极化，即相对于中等技能劳动者，高技能劳动者和低技能劳动者的就业份额相对上升。

化替代的工作任务有两类,一类是高技能的抽象任务——如管理和研究,另一类是低技能的抽象任务——如手工任务和传统服务。这两类工作任务处于技能水平的两个极端,而居于其中的工作任务便是自动化的重点,从而导致了明显的就业极化。诚然,ALM 模型区分不同技术水平工人的做法颇具开创性,但是其对于不同工作任务的划分也具有较强的主观性,也因此受到了一些其他学者的诟病。

麻省理工学院的本泽尔等学者(Benzell 等,2015)在讨论机器人对于劳动力的替代效应时,开创性地使用了代际交叠模型(Overlapping Generation Model,以下简称"OLG 模型")。通过求解这一模型,本泽尔等指出,机器人在一定条件下可以完全替代低技能工作,同时部分地替代高技能工作,而这会导致对劳动力的需求减少和工资下降。虽然机器人的使用能够在一定程度上提高生产率,进而改善劳动者福利,但从总体上来看,这一正面影响并不能完全弥补就业替代对劳动力造成的福利损失。因此,本泽尔等学者认为,机器人的使用可能会带来令人担忧的"贫困化增长"——从统计数据上看经济增长水平在提高,但是实际的国民福利水平却在下降。这是相关经济学研究中第一次将人工智能与潜在的贫困化增长联系在一起,为后续研究拓展了思路。

阿西莫格鲁与雷斯特雷波(Acemoglu 和 Restrepo,2018)颇具影响力的文章《人工智能,自动化与工作》,将模型中工作任务的个数进行了内生化,从而在很大程度上弥补了泽拉与奥特尔等学者的相关研究中所存在的缺陷。此外,阿西莫格鲁还引入了一个相当重要的新机制——对人工智能的使用将创造一些新职业,而在这些职业中劳动力相对机器具有比较优势,比如人工智能训练师与新兴智能算法工程师等。

阿西莫格鲁与雷斯特雷波这一研究的一项重要结论,是自动化进程同时存在"替代效应"和"生产率效应"。替代效应即机器对于劳动力的替代,而生产率效应则指人工智能带来的生产率提升所创造的新的工作机遇。他们之后的实证研究也指出,由于现实中存在各种限制生产率提高的因素,因此短期来看,替代效应超过生产率效应略占上风,自动化进程对于就业的总体影响可能为负。

2. 人工智能取代劳动力的替代效应

基于上述理论研究开展的一系列实证研究证明,人工智能取代劳动力的替代效应十分显著,生产率效应则有待验证。这就为阿西莫格鲁与雷斯特雷波(2018)关于"自动化进程对于就业的总体影响为负"的判断提供了比较有力的证据。

牛津大学的弗雷与奥斯本(2013)将美国现存的702种职业按照被自动化的风险程度,划分成高替代风险、中替代风险和低替代风险三大类别,他们通过计算发现,美国现存的工作岗位中有47%的职业可能会因为自动化而消失。对于日本劳动力市场的类似研究表明(大卫,2017),日本将有55%的职业有很大可能会被自动化所替代,这一数据比美国还要高8个百分点(见表7-1)。

表7-1 工作可自动化率　　　　　　　　　　　　（单位:%）

	弗雷与奥斯本 （2013 年）	大卫 （2017 年）	昂兹等 （2016 年）
美国	47		9
日本	—	55	
OECD 国家	—	—	12
实际上很难被替代的 工作的自动化率假设	98	—	24

德国欧洲经济研究中心的昂兹等学者(2016)批评了弗雷与奥斯本的研究结果,他们认为,该研究高估了自动化对于现存职业的替代作用,原因

正是在于我们上文介绍过的理论框架——泽拉的工作任务模型。弗雷与奥斯本(2013)并非基于工作任务,而是按照职业为单位测度自动化比例,但实际上一些被视为存在高替代风险的职业中存在许多难以被机器取代的任务,因此这些职业并不会因为自动化而消失,由此导致了对于总体失业风险水平的高估。这类存在高替代风险但实际上难以被替代的工作有许多,诸如记账、会计与审计等。弗雷与奥斯本(2013)认为,此类工作被自动化的比例将高达98%;而昂兹等学者则提出,考虑到这些工作中必须由人而非机器完成的部分(与其他人的面对面接触),此类工作实际上被自动化的比例仅为24%左右。依据昂兹等的估算,经合组织国家的平均工作可自动化率约为12%,美国则仅为9%——远低于弗雷与奥斯本47%的预测。考虑到上述两类研究采取的假设均具有一定的极端性,实际上美国的工作可自动化率应该介于10%—50%,而这一数字足以说明替代效应的影响已经十分显著。

尽管目前中国的已有数据尚不支持对于类似指标的测算,但是王永钦与董雯(2020)为相关的实证研究开了一个好头。基于中国行业机器人应用数据和制造业上市公司的微观数据,他们测算出工业机器人渗透度每增加1%,则企业的劳动力需求下降0.18%。他们还指出,这一影响也存在"就业极化"的特征,因此人工智能和机器对于中国劳动力的结构性影响不容忽视,亟待引起各方关注。

三、人工智能与企业组织

人工智能和机器学习的各类应用已经展现出各项技术优势。许多企业纷纷表达出对于该项技术的期待,但在现实中,真正引入人工智能的企业却并不占多数。

2019年,《哈佛商业评论》面向数千名企业高管展开了一项调查,旨在了解这些高管所在的公司如何使用和组织人工智能。调查结果显示,只有8%的公司在其核心业务中引入了人工智能,而绝大多数企业只是将人工智能作为试点或仅仅在某些业务流程中加以应用。

是什么原因导致企业在应用人工智能上进展如此缓慢?《哈佛商业评论》在调查中发现了答案。一方面,在多数企业中,对于人工智能的使用面临着巨大的文化障碍与组织障碍。已有劳动力担心机器人"抢夺"他们的工作,而企业也担心类似"卢德运动"的反机器浪潮重现,因此对人工智能的应用持保守态度。另一方面,少有的支持应用人工智能的企业领导者对该项技术的认识不足。由于其更看重短期利润,这些领导者往往在主观上将人工智能视为一种可以获得即时回报的技术。然而现实是,对于人工智能的一次性投入所获得的短期回报往往并不显著,而这与企业领导者的期待相去甚远。在大失所望后,企业领导者通常就会选择削减在人工智能方面的投入。

回顾历史,在其他通用目的技术的早期推广过程中,投资不足的现象并不罕见。其中一个突出的例子,是美国制造业历时半个世纪的电气化(Electrification)过程。1882年,尼古拉·特斯拉(Nikola Tesla)发明了交流电与多相传电技术,高效、便宜而安全的电力能源诞生了。然而,直到整整30年之后,美国制造业企业才开始进行广泛的电气化,使用交流电取代传统直流电。

导致电气化的产生和应用之间出现严重滞后的原因主要有三:其一,企业已经适应了旧的电力技术,因而产生组织惰性,不愿轻易改变;其二,考虑到成本和行业普及度等因素,企业没有积极适应新技术而进行互补性投入,在电气化的例子里是购入与安装交流电动机;其三,新技术如交流电的应用会给企业带来不可预知的风险,而大多数企业不愿意做在商海里"吃螃蟹的人"。

1. 组织惰性

而对于企业来说，任何重大变革都意味着克服难以避免的组织惰性。企业是一个复杂的系统，因而需要一个广泛的互补性资产网络，以允许新的通用目的技术全面改造该系统。试图引入新技术的企业，不仅必须重新评估与配置其内部流程，而且往往还必须重新评估和配置其供应链、分销链以及组织架构。而这些变化无不需要时间和精力，尤其是必须建立在企业明确知道这一改变会对其有利的前提之下。然而在现实中，只有基于其他企业的成功经验，企业才能确信作出改变是有益的。一个简单的例子，在银行业，只有在数家商业银行通过建立大数据平台成功提高业绩表现后，其他银行才会选择建立自己的大数据平台，然而这种跟随性投资的边际回报要远低于先行者所获得的回报，进而强化了企业本就存在的组织惰性。

2. 互补进投入

在前面的章节中，我们强调了人工智能、大数据与 ICT 这三类技术的互补性。为了充分发挥人工智能的作用，需要在人工智能的直接投资之外追加对 ICT 软硬件、大数据、专业技能以及业务流程的额外投入，这其中的一些投入，如数据库购买对企业来说就属于无形资产投资。与机器或建筑物等有形资产相比，无形资产难以保护、模仿或者出售，创造无形资产的过程往往需要昂贵的实验和持续的"干中学"，但其短期内的经济回报却几乎为0。这就导致绝大多数中小企业不愿意或者没有能力在人工智能及无形资产上进行大规模的投资，进而导致其不能充分享受到人工智能所带来的生产率提升，最终与大中型企业（许多是平台企业或数据密集型企业）之间的差距也日益扩大。

3. 大型企业竞争

事实上，即使企业克服了组织惰性，同时也进行了充分的互补性投入，其对于人工智能等通用目的技术的使用也未必会取得成功。想要充分发挥人工智能对企业的提升作用,既需要数据、算法和算力的充分积累与有效组合,同时也依赖于其他企业对于同类技术的开发效率与成果转化。很显然,如果已经有企业在同类技术的使用上占据绝对优势,那么大量的投入也未必能够使其获得相同或者相近的市场地位。亚马逊在商业人工智能方面的成功,就是一个典型案例。

在发展早期,亚马逊就筹建了一个将数据中心、云服务和应用程序等ICT基础设施与先进技术结合在一起的在线服务平台,这一平台最终演变成了AWS平台,为其人工智能与应用的发展奠定了坚实基础。与此同时,亚马逊也在AWS与供应商和用户的信息系统之间建立了开放的接口,建立了与客户之间的信息传输渠道与相互信任关系。毫无疑问,这种无形资产对亚马逊的成功至关重要,但同时也令其他企业难以模仿。

目前,亚马逊旗下将人工智能与硬件有机结合的Alexa系列和Echo系列设备,已经占据了人工智能服务的大部分市场,即使是谷歌助手服务也难以与之直接抗衡,更遑论其他试图在人工智能服务市场上分一杯羹的新兴企业。当然,这里并不是指亚马逊等大公司的市场定位不可动摇,"弯道超车"与"颠覆性创新"的可能性永远存在;然而,若想要在人工智能上通过追赶性投资取得巨大成功,确实面临诸多现实困难。

在上面的论述中,我们介绍了在企业和产业组织中使用与发展人工智能所面临的一些客观阻碍,包括但不限于:无可避免的组织惰性、大量的互补性投入,以及与已有大型企业的竞争。但是笔者认为,以上这些阻碍都不应成为掣肘企业通过人工智能提升其业绩表现与盈利能力的"闭门羹"。通过使用人工智能,企业仍然能够获得一定的竞争优势,但是前提是在使用该项技术的过程中坚持"实事求是"和"脚踏实地"。当然,笔者的这一判断并非空穴来风,而是有着一系列已有文献的充分支持。

美国沃顿商学院助理教授丹尼尔·洛克(Daniel Rock,2019)研究了人工智能的一类专门的互补性投入——技术性人力资本（包括 ICT 使用人员、研究人员以及工程师）对于企业价值的提升作用。通过对领英网站上超过 1.8 亿个职位以及 5200 万个技能描述的相关记录，洛克测算出每家企业多雇用一名技术性人才所提高的市场价值平均约为 85.4 万美元。除此之外，洛克还专门采取双重差分法（DID），实证研究了谷歌公司发布的深度学习软件包 TensorFlow 对于企业市场价值的提升作用。他发现，使用 TensorFlow 软件包进行人工智能应用开发的企业，其市场价值提升了 4%—7%。此外洛克还估计，如果一家公司当前对于人工智能的使用水平并非顶尖（前 25%），那么它额外雇用人工智能专业人才将其技术水平提高 1%，则会带来平均 356 万美元的企业市场价值提升。此项研究，在实证上验证了我们之前的判断——企业在人工智能与相关人力资本上的投资规模提高将带来超额回报。

斯坦福大学的杰克森与麻省理工学院的杰克逊和卡尼克（Jackson 和 Kanik，2019）则采用投入—产出模型，系统地分析了人工智能作为一种中间品投入逐渐替代低技能劳动力的一般均衡结果。在他们的模型中，人工智能与自动化逐渐完全替代了低技能劳动力，从而导致短期内低技能劳动力与高技能劳动力的相对工资差距扩大。但随着自动化进程不断深入，生产者网络变得更加紧密，人工智能生产过程的网络中心化也得到了加强和巩固，由此逐渐为那些因自动化而失业的低技能劳动力提供了新的工作机会。此项研究的贡献不仅在于它建立了一个技术进步提升自动化水平的理论机制，它还讨论了自动化进程对于生产者网络与社会福利的中长期影响。

除了洛克的此项研究外，还有一系列研究支持企业在人工智能投入上带来的诸多好处。然而，在克服组织惰性等问题上，经济学研究能够给出的建议并不多，因此需要更丰富的、更加深入的管理学研究提供可行的解决方案。

四、人工智能与生产率

无论是劳动力或是企业组织，人工智能的发展都给他们带来了正反两个方面的影响。那么，在研究人工智能如何影响生产率和经济增长率时，我们也需要辩证地看待人工智能对于生产率的综合影响。

1. 人工智能对生产率的影响

阿吉翁等学者（Aghion 等，2017）正是采取这一思路研究了人工智能对经济增长的影响机制，重点关注"人工智能革命"的正反两种作用——自动化与"鲍莫尔病"。

一方面，同其他绝大多数技术进步一样，人工智能的应用在促进生产率提升的同时也会加速自动化进程。而这将会导致生产过程中人力使用的减少，如此一来，虽然降低了国民收入分配中的劳动收入份额，却能够增加资本收入份额与企业利润。这一趋势虽然可能会进一步导致收入不平等，却从总体上提升了劳动生产率和经济增长潜力。

另一方面，人工智能对于经济增长的负面影响则体现在人工智能的技术革命也会遭遇"鲍莫尔成本病"（Baumol's Cost Disease）。鲍莫尔成本病的概念出自美国经济学家威廉·鲍莫尔于 1967 年发表在《美国经济评论》的一篇研究经济增长的论文。该论文中，鲍莫尔建立了一个两部门宏观经济增长模型，将经济划分为"进步部门"（Progressive Sector）和"停滞部门"（Non-progressive Sector），进一步的研究显示，进步部门的生产率相对快速增长将导致停滞部门出现相对成本的不断上升，这就会拖累整个经济的增长与资本收入份额的提升。在鲍莫尔的理解中，停滞部门包括音乐演奏、传统服务以及教育和医疗等不能被轻易工业化、自动化的部门。简言之，随着生产技术的进步，购买电脑、汽车等进步部门的产品将越来越便宜，而若想参加音乐会、美容理发以及继续教育则需要承担日益昂贵的花费。

诚然，人工智能的发展在一定程度上正在逐渐改变停滞部门的生产模式(如在线学习软件替代传统人类教师)，但是这一过程是相当缓慢并且极为有限的，尚未形成全面性的影响。一般来说，随着经济发展水平的提升，经济中的落后部门对经济发展的影响将会变得更为重要。而在这种背景之下，"鲍莫尔病"的影响将更加不可忽视。因此，阿吉翁等提出，综合上述两种效应——自动化与鲍莫尔病的影响，人工智能的使用对经济增长的总体影响将是不确定的，这一结论与前文介绍过的大多数关于人工智能与劳动力关系的文献的判断高度一致。

过去30年间的宏观经济数据对于阿吉翁等(2017)的观点提供了有力支持。在剔除2007—2008年金融危机的影响之后，自动化程度最高、速度最快的美国，其实际生产率增长在进入21世纪后的20多年期间持续下降。进一步地，如果我们转而关注美国居民的实际收入这一经济发展水平指标，还会发现一个惊人的事实——20世纪90年代之后美国居民的平均实际收入几乎没有增长(布伦乔尔森等，2018)。而在这期间，大数据技术以及我们重点关注的人工智能，对于经济增长的贡献也几乎无迹可循。

20世纪80年代末期，美国学者斯特拉斯曼对于292个企业的调查显示，这些企业的ICT投资与投资回报率之间没有明显的相关关系，这一相关性的缺失被新古典经济增长理论的奠基人罗伯特·索洛(Robert Solow)定义为"生产率悖论"(Productivity Paradox)。生产力悖论的主要表现是——除了生产力统计数据外，到处都可以看到变革性的新技术。如今，按照布伦乔尔森等学者的观点，我们又面临着"新生产率悖论"(Modern Productivity Paradox)，只是这一次，应该发挥作用但在统计上缺位的变成了大数据和人工智能。

2. 经济增长乏力的解释

虽然基于实际数据提出了"新生产率悖论"的观点，但布伦乔尔森等学者在本质上仍对人工智能驱动经济增长的潜力保持乐观，并对当前的经济增长乏力给出了以下四种解释（Brynjolfsson 等，2018）：

第一，错误的期望（False Hopes）。对于令人失望的经济增长表现最为简单的解释是，对人工智能的乐观态度是错误且毫无依据的。不能忽视一种潜在的可能性，那就是大数据和人工智能并不会像大家期望的那样具有巨大的变革性①，尽管它们可能对某些特定行业产生引人注目的影响，但它们对于经济增长的总体影响可能并不显著。

第二，错误的测度（Mismeasurement）。这一解释类似于布伦乔尔森对于"零价产品"导致总产出低估的判断。手机应用、在线社交网络以及可下载的媒体资源等许多新技术几乎不涉及金钱成本，但是消费者却在这些技术上花费了大量时间。因此，即使某类技术由于相对价格较低而在 GDP 中所占的份额很小，但它们也可能会带来巨大的实用性。

第三，集中分配与租金浪费（Concentrated Distribution and Rent Dissipation）。由于相关行业的集中度过高（如谷歌和亚马逊占据了绝对的市场地位），因此人工智能带来的大部分收益被少数企业与个人获得，而对于总体生产率的影响却不明显。从分配的角度来说，这是一种集中化分配；从新增投资的角度来说，这是一种租金浪费：少数企业会选择将额外的利润变现而非投入生产。

第四，生效滞后（Implementation Lag）。在上一小节关于"人工智能与组织"的讨论中，我们详细介绍了生效滞后的概念。由于充分利用人工智能这一通用目的技术，不仅需要花费大量时间（通常比专用目的技术所花费的时间更多），也需要投入大量额外的资金和精力，因此人工智能的首次发明与其对经济社会产生全面影响之间存在一定的时间间隔。并且，新技

① 一些研究已经开始关注，有关技术的营销是否在有意夸大技术的革命性，以获取更多媒体关注和投资（Oravec，2019）。

术对于已有经济组织的重构潜能越大、影响越深远,则企业需要作出的改变就越大,那么这一时间间隔就会越长。

在布伦乔尔森等看来,上述第二种解释与第四种解释是当前生产率增长缓慢的最主要原因。因此,我们当前也不必过于质疑人工智能对于经济增长的推动作用,而是应该专注于改善生产率与总产出的统计方法,为人工智能的充分发展创造各种有利条件。

值得一提的是,在阿吉翁等学者(2017)的讨论中,决定人工智能对经济增长影响的一个关键因素,是人工智能对创新与知识生产的作用,但对于这个问题,阿吉翁并没有展开更详尽的分析。阿格拉瓦尔等学者(Agrawal等,2019)专门从知识生产(Knowledge Production)的视角,探讨了人工智能与创新之间的关系。基于马丁·韦茨曼(Weitzman,1998)的知识生产理论,阿格拉瓦尔等强调知识生产过程在很大程度上是一种对原有知识的组合,而不仅仅是对于新知识的挖掘。人工智能尤其是深度学习的发展,既能帮助人们发现新的知识,更有助于人们将既有的知识进行有效组合,Deep-Mind公司的Alpha Fold在蛋白质结构预测上远超人类的表现就是绝佳例证。在具体模型构建的过程中,阿格拉瓦尔等则在琼斯(1995)的经典半内生增长模型中引入了知识组合过程,并通过求解这一模型,分析了人工智能对于创新和经济增长的影响。他们的研究得出结论,人工智能的引入将通过促进知识组合加快创新,进而推动经济实现显著增长。

关于人工智能如何改变经济增长的研究成果则相当丰富。事实上,上文提到的许多研究人工智能与劳动力、企业组织的文献,最终也都讨论了长期增长问题,但由于研究重点的不同我们并没有做太多展开。通过对于上述问题的梳理和分析,我们认为此类研究应重点关注和深入挖掘的是人工智能与创新之间的关系。在上一章中,我们提到了人工智能在感知层次与认知层次上仍有很大的进步空间,而由于过度依赖人工智能和机器人,人类也开始逐渐展现出一定的"学习惰性"与"人工愚蠢"等现象。然而在现有的人工智能与创新的讨论中，罕有涉及以上这些问题和现象，这就导致此类研究的分析不够完整、全面，在之后的研究中应予以改进。

五、人工智能的经济学迷思

与数据经济学相比，人工智能的经济学研究要更加成熟和全面，对于一些关键问题如人工智能与就业之间的关系也早已形成了一些得到广泛共识的系统性判断。

数据经济学与人工智能经济学在研究深度上的显著差异，主要有以下两个方面的原因：其一，相较于没有实体、主要靠影响企业决策而发挥作用的数据资本，实际投入生产的人工智能（机器人、智能服务和无人驾驶汽车等）更容易进行度量、把握和分析；其二，相较于数据对传统资本的替代，人工智能替代劳动力的核心机制要更为直接和具体。

在丰富的理论成果与实证证据的基础之上，人工智能的经济学研究还存在一些已有文献涉及较少、有待进一步深入分析的问题。在此，我们列出比较有价值的三个研究话题，供各位读者参考。

1. 人工智能的异质性问题

正如劳动力存在不同的技能水平，人工智能的应用在适用性方面也存在较大差异。身为围棋高手的智能机器人 AlphaGo，可能并不是担任制造业组装工作的最好选择。而工业机器人巨头发那科（FANUC）公司生产的数控机器人，也不太可能擅长对弈。然而现实是，已有经济学研究大多将人工智能与机器人混为一谈，罕有对其进行系统分类并且充分考虑不同人工智能异质性的研究。

之所以会出现对于人工智能的混淆理解，其背后的原因也很简单：社会科学本质上是研究人的学科，经济学家们受到的训练使他们非常熟悉不同类型的人在生产过程中的作用。然而,绝大多数的经济学研究人员并不是智能算法工程师,他们对于人工智能与机器人的认知程度,不足以让他们在经济学研究中分析人工智能的异质性。从这个角度来说,在进行人工智能相关的经济学研究时,应尽可能多地寻求该领域专家的建议,或者与算法工程师们合作研究,从而避免出现"盲人摸象"与"叶公好龙"的现象。

2. "错误"的人工智能所引起的风险

大多数已有研究都将人工智能视为一种新型劳动力,同自然人相比,人工智能更加高效、更加精确并且在多数情况下成本更低。而先进的人工智能系统,则被认为能够使预测更加便捷和丰富,使组织能够作出更好的决策,并使其中的一些决策自动化(Agrawal,2019a)。在这样的前提和假设下,经济学家大胆断言了人工智能系统的普适性,认为应该在尽可能多的领域使用人工智能系统。但这一乐观判断的背后,是对于人工智能潜在风险的忽视。

在使用人工智能的过程中,可能存在的风险包括:有瑕疵的训练集所导致的错误预测,错误的算法所导致的隐性的、难以识别的歧视性决策,以及错误的人工智能使用所导致的无效投资等,当然还有其他我们尚不知道的潜在问题。错误的预测可能会成为新一轮金融海啸的导火索,算法歧视将引发收入不平等与严重的社会问题,而无效的大规模投资则会蚕食人工智能带来的各种裨益。可以预见,如若不对这些风险发生的可能性及后果进行审慎的预防性研究,一旦风险爆发其后果将是灾难性的。

3. 公共政策的有效性问题

面对人工智能可能会带来的负面影响,已有文献对于多种政策工具的利弊进行了深入讨论,其中最为常见的工具包括:加强对于劳动力的专业教育培训、实行全民基本收入政策,以及对机器人征税等(曹静、周亚林,2018)。然而,这些建议对于消除人工智能的负面影响来说作用寥寥。一方面,已有的政策建议既不够具体也不具有针对性,大多是一些宽泛的口号,如"社会必须重视工作导向的培训与准备""高等教育需要普及更多学生"以及"高等教育需要培训具有专门技能的人才"。另一方面,在目前各国的政治经济体制之下,已有政策建议几乎不具有任何可行性,如从弗里德曼(1962)研究中继承的"全面基本收入政策",以及对于机器人征税的倡议等等。这些政策建议固然具有一定的现实意义,但在现实中却难以实际推进。

从这个角度来说,经济学家应该与政策制定者进一步加强合作,尽可能地在人工智能相关经济政策的"可行性"与"有效性"之间找到一个平衡点。同时,在相关公共政策的推进方面,通过采取模拟仿真、政策实验等方法取得一些有益经验,从而改变在拟定政策建议时"闭门造车""望梅止渴"的尴尬局面。

小　结

从解决现实问题的角度出发,政府不能坐等"象牙塔"中的学者演算出详尽的理论解释,而是应该提升自身处理人工智能所带来的各类问题的技术能力,尽早地对于"错误"的人工智能进行预警式管理,并提前着手设计应对人工智能发展的公共政策。在本书的最后两章中,我们将综合讨论大数据与人工智能带来的各种消费者权益与社会福利问题,并结合已有研究提出解决这些问题的政策思路。

第八章

数智经济中的权益、分配与福利问题

> "曾经,一语既出便消散如雾,一书既毁便化为尘土;但如今,我们的过去就像文身一样镌刻在我们的数字皮肤上。"
>
> ——约瑟夫·D.拉希卡,美国企业家

> "文明的进步等于是对隐私权的剥削。"
>
> ——艾萨克·阿西莫夫,美国科幻小说作家

在数字经济时代,人类有望缔造有史以来规模最大、种类最多、参与度最高的经济产出。大数据与人工智能成为生产要素之后,社会生产活动的效率得到极大提升,生产要素之间的融合与联结变得前所未有的紧密,全球经济增长潜力长期下滑的趋势也将有望得到有效缓解。而供给侧的创新与

变革,反过来又促进了需求的提升与扩张,具体表现为知识经济的崛起、产品种类的增加以及产品质量的提升。

然而,成功做大经济总量的"蛋糕"仅仅只是开始,如何"切好蛋糕",有效解决收入分配问题,保护个体的经济和社会权益,从而确保社会总体福利的持续提升,已经成为摆在各国政府面前的新的现实难题。

古典经济学以来的主流经济理论,大多基于要素边际产出与回报相等这一思路来进行要素收入的分配与市场构建。然而,在管理、技术和知识等虚拟生产要素进入宏观经济理论之后,关于这些生产要素的成本和收益如何定义与测算尚未形成定论,而与之相关的合理分配与权益保护更是难上加难。近几年,大数据与人工智能的崛起,无疑进一步增加了权益保护与收入分配的复杂性和困难性。

除此之外,也为社会福利最大化带来了新的挑战和机遇。一方面,平台型企业对于数据和算力的垄断,以及人工智能对于传统劳动力的替代,使短期内失业率的上升不可避免;另一方面,数字普惠金融①平台在各国的迅速搭建,以及由大数据和人工智能驱动的可持续发展,又为收入差距的缩小以及就业机会的创造提供了新的可能性。

然而,由于缺乏坚实的理论基础与足够丰富的实践经验,无论是各国政府机构还是国际组织,在试图解决大数据与人工智能所诱发的不平等问题时均受到了诸多限制。对于很多涉及权益、分配和福利的经济社会问题,国际社会尚未形成比较系统的解决方案,而已经发布的一些政策也面临着执行效率不高等诸多问题。

---

① 普惠金融(Inclusive Finance),是指立足机会平等要求和商业可持续原则,以可负担的成本为有金融服务需求的社会各阶层和群体提供适当、有效的金融服务;而数字普惠金融,就是通过互联网技术,借助计算机的信息处理、数据通信、大数据分析、云计算等一系列相关技术在金融领域的应用,促进信息共享,降低交易成本与金融服务的门槛,扩大普惠金融的范围与覆盖面。

本章将从以下六个方面探究数智经济中的权益保护、收入分配和社会福利问题。首先,我们关注数据的隐私与安全问题,着重介绍数字隐私悖论及其给数据安全保护带来的诸多困难;其次,我们将梳理数智经济催生出的两种新的垄断形式——数据垄断和算力垄断;之后,我们会着重分析近年来屡见不鲜的大数据"杀熟"现象,以及各国政府针对大数据诱发的价格歧视所提出的解决方案;进一步地,我们将介绍"数字鸿沟"的概念,及其在数字经济时代的主要表现;在这之后,围绕算法这一数智经济的通用"语言",我们将详细解释算法歧视和算法合谋的产生原因及具体表现;在本章的最后一部分,我们将深入探讨基于大数据与人工智能的新技术推动可持续发展、化解不平等与不公平的可能性。

一、数字隐私悖论

随着数智经济的发展和各国数据安全法案的连续出台,民众的数据隐私安全意识开始逐渐觉醒,近年来越来越多的数据隐私侵权事件被曝光,"数据维权"事件也屡见不鲜。

新冠肺炎疫情暴发之后,为了便于进行疫情监控与统一管理,在中国各地均上线了本地化的记录个人信息、健康状况与流调①轨迹的小程序,其中,北京市使用的便是名为"北京健康宝"的疫情防控数据系统。2020年12月28日,据红星新闻报道,"北京健康宝"涉嫌泄露大量个人信息,许多明星的健康宝照片、身份证号码以及相关核酸检测信息被放在网上售卖。在代拍平台上,最开始花费1元人民币仅可以购买1位明星的健康宝照片,后来又出现了"2元打包70位明星的健康宝照片""1元抛售1000位艺人的身份证号"等贩卖个人信息的交易行为。经媒体查证,这些健康宝照片

---

①　流调,即"流行病学调查"的简称,也是疫情应对中一项基本的工作,它为描绘清晰的病毒传播链、判定密切接触者、采取隔离措施以及划定消毒范围提供了依据。

和身份证号码大部分属实，如此大规模的数据泄露引起广大网民的一片哗然。

后续调查显示，之所以会出现这样的泄露事件，主要是因为"北京健康宝"程序存在一个系统性漏洞。通过这一程序下"健康服务预约查询"功能中的"他人核酸检测结果代查"这一选项，输入任何人的姓名与身份证号码，即可获得此人的健康宝照片，甚至可得到该人的核酸检测结果、检测机构及检测时间等一系列详细个人数据与信息。事实上，这一漏洞的出现并非有意，而是出于帮助特殊人群的考虑。考虑到一部分老人、孩子及特殊人群在自主使用该小程序时可能存在困难，"健康宝"程序设计者出于人性化的角度添加了方便他人代查的功能，却反过来造成了如此严重的数据泄露事件。此数据泄露事件一经爆料之后便迅速引起社会热议，事件爆发一天之内，仅新浪微博平台上的相关话题阅读量就已高达 2.2 亿，引发了全社会对于数据隐私安全的大讨论。

1. 数据稳私保护

从逻辑上讲，随着社会与个人对自身数据隐私安全重视程度的普遍提高，数据收集方获取和使用他人数据的过程应该会变得更加困难，因而数据侵权现象应该能够得到有效遏制。如果上述逻辑链条成立，那么从作为规则制定者和秩序维护者的政府的角度来说，应当将工作重点放在提升社会成员的数据隐私保护意识上，从而通过提高全社会对于数据安全的认知度，实现数据相关权益的自我维护。

2020 年一系列政策和立法的出台都表明，我国在国家层面明确了数据的巨大价值，以及确保数据安全和个人隐私的必要性。这些政策和立法将直接倒逼各行业企业在数据采集、使用和流通全环节中重视及投入数据保护。相应地，隐私计算行业也因此迎来重大政策利好。

其一，顶层设计方面，数据价值及数据安全已经得到官方的认可和鼓励。2020 年 4 月 9 日,中共中央、国务院发布《中共中央　国务院关于构建更加完善的要素市场化配置体制机制的意见》,首次将数据定义为新型生产要素,提出要推进政府数据开放共享、提升社会数据资源价值、加强数据资源整合和安全保护、引导培育大数据交易市场。2020 年末,四部委联合发布《关于加快构建全国一体化大数据中心协同创新体系的指导意见》,其中专门谈及了推动核心技术突破及应用强化大数据安全保障。其二,在行业实操方面,立法进程也不断提速。2020 年《中华人民共和国民法典》的颁布、《中华人民共和国数据安全法(草案)》以及《中华人民共和国个人信息保护法(草案)》等的发布都在历年相关立法成果的基础上进一步强化了数据安全的法制基础。

然而,仅仅通过政策与立法来提升全社会的数据隐私保护意识,真的能有效遏制数据侵权事件的发生吗? 近期的一系列研究提出,个人数据隐私安全的认知度提升未必能够增强数据安全性,这就为数据隐私保护增加了额外难度。

2. 数字隐性悖论的产生与隐私保护政策

一个有趣的现象是,在现实中宣称对于个人隐私更加在意的消费者和网络用户,往往比其他消费者和用户更容易共享个人数据,这一行为被斯坦福大学的苏珊·艾希(Susan Athey)教授等经济学家定义为"数字隐私悖论"(the Digital Privacy Paradox),即尽管用户表现得比较关注隐私问题,但是这种态度却不会影响他们的隐私披露行为,最终造成态度与行为相背离的结果。

数字隐私悖论,可以被理解为个人表达出的对于数字隐私的偏好与其在现实中的实际偏好不一致:人们总是不愿意花额外的成本(无论大小)去保护自己的数据隐私,但是如果被问到关于隐私的问题时,却总是会表达出对自身隐私的关注以及对侵犯隐私行为的斥责与不满。通过以下两个行为实验，艾希教授和她的合作者验证了这一悖论的存在。

➤ 比特币钱包实验

第一个实验是在美国麻省理工学院进行的，受试者大多是麻省理工学院的本科生，实验内容是让受试者在四种类型的比特币钱包中进行选择。测试者给予每位受试者相同价值的比特币，受试者可以在四个在线比特币电子钱包中选择一个存入这些比特币。当然，可供选择的四个比特币钱包在隐私性、安全性和便捷性等方面均存在一定差异。

试想一下，如果你是一位生长于互联网时代、接受过高等教育、充分了解数据隐私重要性的受试者，是不是极大可能会选择隐私性最高的那个电子钱包？然而实验结果显示，无论受试者表达出什么样的隐私偏好和风险偏好，他们对于比特币电子钱包的选择几乎不受钱包隐私性、安全性和便捷性等方面特征差异的影响，而是完全由测试者对钱包的介绍顺序所决定。这就在一定程度上验证了数字隐私悖论。

此外，考虑到受试者可能没有注意到"隐私"问题，测试者还给所有受试者一个机会，即通过一个额外步骤对自己选择的比特币钱包进行加密。然而，结果是仅有50%的受试者尝试进行这一额外步骤，而这其中也只有不到一半的受试者真正完成了这一步骤。也就是说，75%以上的受试者最终都选择了更加简单但是安全性低的钱包设置。

➤ 比萨换隐私实验

艾希教授团队做的第二个实验是"比萨换隐私"，实验地点依然是麻省理工学院，受试者仍然是该校的本科生。在实验中，测试者将免费给予受试者一块新鲜出炉的比萨饼，代价是受试者必须提供三个朋友的电子邮箱地址，由受试者选择是否进行这一交易。

相信基于上一个实验的判断，大家可能已经猜到了结果。没错，在这个实验中几乎所有受试者都愿意"出卖"朋友的隐私来换取免费的食物，即使这些受试者并非贫困生,甚至他们中的大部分人都来自生活水平较高的中产家庭。

上述两个实验的结果表明,无论是受试者的个人特征(如性别、年龄等),还是他们所表达出的关于隐私的态度,对于他们实际所做的选择都影响甚微。在现实中,消费者似乎总是愿意为一点点"蝇头小利"(如一份小礼品,或是一块比萨饼)或者一些额外的便携性而放弃自己的数据隐私,即使他们宣称非常在乎自己的数据隐私和数据安全。而这一实验结果与发现,足以让政策制定者在提升居民数据安全意识上作出的努力变成"无用功"。

➤隐私保护政策

根据这一研究我们建议,政策制定者在制定隐私保护政策时,不应让消费者为了保护自己的隐私而不得不付出额外的努力或者必须经过相对来说更加烦琐的过程(如要求消费者在网上注册账户时采取额外的加密手段)——因为这样繁杂的条例往往会被消费者无视,而是应该赋予消费者更加直接的权利。在这一领域,欧盟所推出的"被遗忘权"具有一定的可借鉴性。

2012 年 1 月 25 日,欧洲议会和理事会公布了《关于涉及个人数据分析处理的个人保护以及此类数据自由流动的第 2012/72,73 号草案》,首次提出数据主体应该享有"被遗忘权"(Right to be Forgotten),即数据主体有权要求数据控制者永久删除有关数据主体的个人数据,有权被互联网所遗忘,除非数据的保留有合法的理由。具体来说,"被遗忘权"这一权利包括三个层面的含义:一是在合理的情况下要求清除历史数据的权利;二是要求历史清白的权利,即有权利要求停止数字记忆的永恒性,让用户有机会重新开始;三是用户拥有自由表达的权利。2014 年 5 月 13 日,欧盟法院以欧洲最高审级司法权威部门的地位，最终通过判例①确立了"被遗忘权"的个人权利，该判例使得"被遗忘权"得以成为一项在司法实务中具有可操作性的民事权利。

2018 年 5 月 25 日，欧盟《通用数据保护条例》开始对欧盟全体成员国正式生效。GDPR 规定用户有权"被遗忘"，网络用户可以要求企业删除不必要的个人信息。比如，用户在搜索引擎上搜索自己的名字时，发现了一条很早之前的有关自己的债务信息，有权利要求对方删除链接。一言以蔽之，GDPR 使得公民有权利对信息采集说"不"。

中国政府在数据隐私立法保障方面也不甘落后，2020 年 6 月 28 日，十三届全国人大常委会第二十次会议开始对《中华人民共和国数据安全法（草案）》进行初次审议，拉开了中国人行使"被遗忘权"的序幕。《中华人民共和国数据安全法（草案）》旨在维护国家安全、社会公共利益，保护公民、法人和其他组织在网络空间的合法权益，保障个人信息和重要数据安全。

与此同时，也必须意识到的一点是，虽然万物互联的时代使人类的生活变得前所未有的便利，但人们也更容易沉浸在这种便利性中而忘记其所隐藏的风险，由此落入"技术陷阱"。身处互联网时代的中心，我们每个人都应该明白，技术带来的极高便利性背后往往是以付出个人隐私为代价的。

➤数据共享实验

美国普林斯顿大学讲席教授、香港中文大学（深圳）经管学院院长熊伟

---

① 2010 年 3 月，西班牙男子冈萨雷斯（Costeja Gonzalez）在谷歌网站上搜索自己的名字时，发现一篇 1998 年的新闻提到他因债务危机而被迫拍卖房产。冈萨雷斯认为，他的隐私受到侵犯，且其债务已经还清，于是他起诉了谷歌公司并要求其删除相关搜索链接。2012 年，西班牙的法院判决支持了其对谷歌公司的诉求，紧接着谷歌公司向欧盟法院提出上诉。2014 年 5 月 13 日，欧盟法院作出最终裁定，认为个人应该有"被遗忘权"，若在搜索某人姓名时，搜索结果出现了有该人信息的网页，则数据主体可在某些信息属于"不足够、无关系或已过时"的情况下，向运营商要求删除该搜索结果的链接。

教授与阿里巴巴旗下研究机构罗汉堂的合作研究表明,数字隐私悖论在一定程度上也适用于中国消费者。这一研究也就证明了"数字隐私悖论"是一个具有一定普遍性的经济规律。

具体而言,熊伟教授研究团队首先在支付宝中添加一个第三方小程序,然后通过一项调查获得用户对于数字隐私的偏好,最后再让用户选择是否使用该必须提供个人数据才能运行的小程序。同艾希教授的实验一样,熊伟教授的调查结果显示,那些声称非常在意数据隐私的用户,实际上大多都与第三方小程序共享个人数据。新用户向第三方平台授权其个人数据后,在使用服务的过程中,随着对数字化服务的需求逐渐加大,他们也不得不向平台授权更多的个人数据。而在此过程中,随着授权的数据越来越多,用户对数据隐私的担忧也在逐步增加,但是值得重视的一点是,这种担忧仅仅止步于"担忧",并没有改变其将个人数据共享给第三方平台的行为。

熊伟教授认为,每位用户在决定是否授权小程序进行数据共享时,其实都在进行成本收益分析。当用户认为自己授权数据所能够获得的收益大于付出的成本时,便会选择共享数据。那些调查中宣称在意数据隐私保护的用户,他们中超过60%的人仍然选择授权个人数据以获得更多数字化的服务。这表明,用户的数据授权行为背后是理性的成本收益权衡,在意数字隐私保护的用户实际上认为授权数据虽然有一定的成本,但同时会获得更大的收益。

此外,该项研究还指出,用户对于隐私的担忧以及愿意用数据隐私换取数字服务的行为,彰显了数据分享的价值。数据的分享和流动与数据的隐私和安全之间实际上不存在矛盾,二者相辅相成,这也反映了数据作为一种新型生产要素的价值所在。

3. 数字隐私悖论出现的原因

既然多项实验与研究均证明"数字隐私悖论"确实客观存在且普遍适

用,那么我们自然会想进一步探究,其背后的深层次原因究竟是什么? 为了回答这个问题,我们需要更好地理解作为数据共享的实施者——个人的决策机制。

传统经济理论认为,消费者拥有完全信息(Full Information),并且在了解其行为的经济后果的前提下作出经济决策。但是,如果消费者没有花时间评估所有选择,那么其作出的决策便未必是个体最优的,这就促使企业倾向于减少其给消费者提供的有效信息和选择。那么,为什么消费者会忽视潜在的选择呢? 这既可能是因为消费者具有的心理惰性(潜意识里认为为了数据隐私不值得花费额外的时间与努力),也可能是因为消费者在个人数据的贡献上具有"无论怎么选都不会带来任何改变"的错误认知。

具有讽刺意味的是,大多数互联网服务的使用者已经习惯了各类网站对于个人数据的盗用,或者即使心存不满但由于社交网络的关系也无法轻易更换使用其个人数据的网站、平台与程序。与此同时,总是需要查看的冗余而难以理解的使用条款(在每次使用新设备、新平台或者新程序时都会出现)会助长消费者的惰性,让消费者不自觉地去忽视关于数据隐私共享的不合理条款,而这正是许多设备制造商和平台型企业蓄意为之的结果。

4. 信息获取与数据安全

基于上述对于数字隐私悖论的研究,我们可以明确以下两个关于信息获取和数据安全的基本事实。

第一,提供数据和信息的平台在很大程度上决定了我们能看到什么,以及我们会忽视什么。毫无疑问,人对于网络信息的注意力是有限的。通过在信息展示的过程中给新闻、故事、广告和其他数字化内容进行排序,以及加粗、动画、重复等手段进行强化记忆,平台能够利用人类的心理模式影响我们接收什么信息、忽略什么信息。这种潜移默化的影响难以被个体察觉,却能在很大程度上影响个人的思想认知和行为决策。

第二,主要经济体现有的数据隐私政策和规则性的隐私保护措施,在很大程度上依然存在不足。相较于采取更加严格和复杂的系统性监管措施,让消费者能够以简单直接的方式理解和选择数据共享与隐私保护的尺度更为重要。在设计此类政策和监管措施的过程中,政策制定者必须改变居高临下的强硬管理之心,充分利用心理经济学①(Psychological Economics)等新兴交叉学科提出的方法,因为平台型企业已经在这么做了,正所谓"以彼之道,还施彼身"。

除了数字隐私悖论外,一些企业对于个人数据的隐蔽式收集,事实上也已经接近侵犯个人数据隐私的范畴。2021年年初,杭州一家科创企业的员工对媒体爆料,企业发给他们一批"高科技智能坐垫",这种坐垫不但会感应人体相关的各类数据,包括心跳、呼吸、坐姿等,还会统计落座时长,进而通过手机提示员工站立起来进行放松活动。然而,员工渐渐发现该高科技产品只是公司以关爱员工身体健康为名而对员工进行的"监视"手段。智能坐垫所记录的数据不仅存在于员工个人的手机上,还被秘密发送给了公司的人力资源部门,而人力资源经理可以通过这些数据掌握员工的工作动态(例如离开工位的次数、实际坐在工位上的时长等),进而基于此对员工进行绩效评估。这种隐蔽式收集数据的方式无疑侵犯了员工的个人隐私,然而对于此类数据收集行为,目前国内尚无合适的监督手段与责罚机制,数据安全保护仍然长路漫漫。

二、数智经济中的垄断:数据垄断与算力垄断

在本书中我们已经解释了数据为何已经成为当今世界最重要的生产性资源。事实上,作为生产要素的数据本身并不具有稀缺性,绝大多数企业都

① 心理经济学,又称经济心理学,是研究人们对生产关系、经济政策和经济机制的心理反映规律的科学。心理经济学是20世纪中叶以后逐步形成的,经济学、管理学和心理学相结合的一门新兴学科。

积累了一定规模的数据，政府提供的公共数据也能被广泛用于商业决策。然而，并非所有企业都能充分发挥数据生产要素的规模效应，尤其是在海量数据的收集、存储、共享和使用上，不同企业之间的差距越发明显。于是，继自然垄断（Natural Monopoly）、行政垄断（Administrative Monopoly）和技术垄断（Technopoly）之后的第四类垄断形式——数据垄断（Data-opoly）开始在各个行业逐渐浮现。

所谓数据垄断，一般指大型平台企业通过自身营造的网络生态系统，占据市场绝对地位、吸引绝对流量、汇聚海量信息，以达到对数据资源的垄断性控制。数据垄断提高了市场进入壁垒与转换成本，为数据垄断者带来了赢者通吃（Winner-take-all）的局面，最终使得超级平台成为市场寡头，不利于消费者与中小企业的利益，也不利于行业的良性发展。

1. 数据垄断的危害及各国反垄断政策

在经过对于美国数字市场长达 16 个月的调查之后，美国众议院司法委员会对谷歌、脸书、亚马逊、苹果四家企业的反垄断调查迎来实质性进展，"达摩克利斯之剑"终于落下。2020 年 10 月 6 日，美国众议院司法委员会公布了一份长达 44 页的调查报告，认定以上述四家企业为代表的美国互联网巨头已经在数字市场中具有并滥用了其垄断力量。这些大企业利用垄断地位打压竞争者、压制行业创新，因而该报告建议美国国会对反垄断法进行全面改革，以适应互联网时代的变化。

在这份报告中，美国国会宣称这些互联网企业的反竞争行为抑制了技术创新，减少了消费者选择，甚至在一定程度上削弱了民主。该报告指出，这些曾经微弱而不被看好的初创企业，现已成为我们在"铁路大亨"①和

---

① 科尼利尔斯·范德比尔特（Cornelius Vanderbilt），著名的"铁路大亨"，他白手起家，先后将蒸汽船航运企业和铁路企业发展到自由资本主义阶段所能发展到的极致水平，可以说是美国镀金时代的开创者。

"石油大亨"①时代看到的那种垄断者。而与传统类型的垄断企业如铁路大亨和电信巨头不同,互联网巨头的垄断力量来自其拥有的海量数据,这些数据使其在扩展到其他行业时具有巨大优势。对这四家公司来说,其垄断性主要有如下体现。

谷歌在提供搜索服务时,通过积累用户数据获得了关于什么类型的浏览器最受欢迎的信息与知识,由此形成的产品策略催生了 Chrome 这一目前在浏览器市场占据最大份额(>70%)的产品。除了 Chrome 之外,谷歌旗下的安卓(Android)操作系统在智能手机操作系统中也牢牢占据市场占有率第一的宝座(见图 8-1),通过该系统谷歌掌握了大量用户信息和数据,帮助其进一步巩固垄断地位。

社交平台脸书,则通过其收集的大量用户社交网络数据去识别可能影响其市场份额的竞争者,然后通过收购这些竞争者实现稳固市场地位、形成"超级平台"的目的。2012 年,脸书以 7.15 亿美元收购 Instagram②,短短 7 年之后,2019 年 Instagram 就为脸书带来了约 200 亿美元的广告收入,占当年脸书年收入总额的 1/4。

亚马逊作为美国最大的在线零售商,同时又是管理第三方卖家的运营商,担任着"球员"和"裁判"的双重角色。这样的双重身份和利益冲突,促使亚马逊利用其对数据和信息的访问权限,收集、分析销售和产品数据,一旦发现热销产品便马上进行复制,从而推出自己的竞争产品,导致数百万家独立零售商被迫退出。

---

① 约翰·洛克菲勒(John Davison Rockefeller),闻名世界的"石油大亨",他于 1870 年创立标准石油公司(Standard Oil),该公司在 10 年间累计合并了 40 多家厂商,垄断了全国 80% 的炼油工业和 9% 的油管生意,直至 1882 年成为美国历史上第一个大托拉斯,造就了美国历史上一个独特的时代——垄断时代。1892 年,法院裁定美孚石油为非法垄断企业。
② Instagram,即照片墙,是一款运行在移动端上的社交应用软件,可以快速将你随时抓拍下的图片彼此分享。

図 8-1 中条形图数据:
- Windows Mobile: 0.01%
- KaiOS: 4.13%
- 苹果iOS: 10.63%
- 安卓: 85.23%

（单位：%）横轴刻度：0 20 40 60 80 100

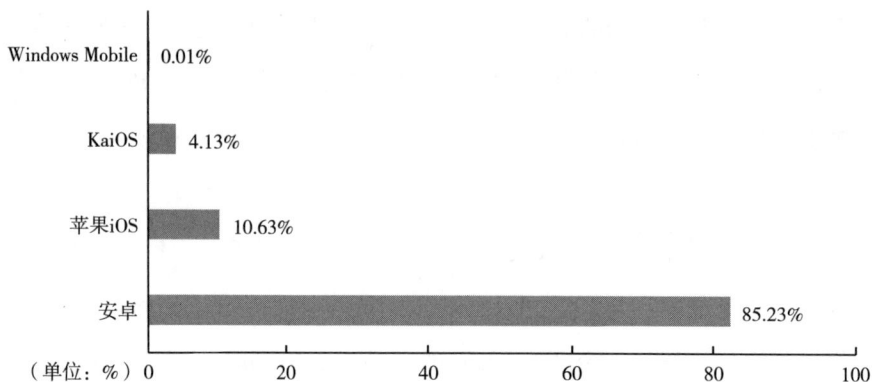

图 8-1　2019 年智能手机操作系统市场占有率

苹果公司利用其对 iOS① 设备应用安装市场的垄断地位,要求用户不能直接向应用程序开发商支付费用而是只能向苹果支付(苹果公司会从中抽取 30%的佣金),因而从应用商店及其服务业务中获得了超乎寻常的利润。除此之外,苹果公司的各项产品和服务构成的封闭生态,也不利于美国数字经济的良性发展。

该报告总结道:"在很大程度上,这些互联网巨头(谷歌、脸书、亚马逊、苹果)成为了他们所在的细分市场的'守门人',抑制潜在竞争,选择市场的赢家和输家。"当然,美国国会的反垄断调查报告还需由法院进行最后裁定。但我们不得不承认,互联网巨头对其所在领域数据的掌控力,正威胁着数字经济的发展,而"拆分科技巨头"的声音在美国社会与政府间均已不绝于耳。

除美国之外,日本、欧盟、加拿大、澳大利亚等国家和地区,也都陆续发布了反数据垄断相关的调查报告,并开始进行相应的立法尝试。其中,德国经过多年的探究,于 2017 年 3 月正式通过《反限制竞争法(GWB)第九次修

_____

① iOS 是由苹果公司开发的移动操作系统,最初是设计给 iPhone 使用的,后来陆续套用到 iPod touch 和 iPad 上。

法》,并于 2017 年 6 月 9 日正式生效。该法明确规定了数字经济下认定多
边市场经营者市场力量的方法,并且在界定市场支配地位时,不但将互联网
创新、数据等相关因素纳入考虑范围,还将创新行业的经营者集中程度也纳
入审查范围,使德国成为全球首个针对数字经济修订反垄断法的国家。

数字经济规模上仅次于美国的中国,在反数据垄断的认识与研究上也
毫不逊色。2017 年 6 月 5 日,在天津举行的"第十一届中国企业国际融资
洽谈会——金融科技发展与安全论坛"上,中国人民银行科技司司长李伟
公开表示:"一些规模较大的机构通过开展综合业务,大量汇集信息流、资
金流与产品流,加之基于网络的云存储技术使金融数据高度聚集,数据寡头
已经产生。要充分关注金融科技快速发展可能带来的风险,防患于未然。"

2019 年,中国人民大学法学院未来法治研究院数字经济竞争法研究中
心、竞争法研究所以及金融科技与互联网安全研究中心,联合发布国内首份
研究数据垄断的学术报告——《互联网平台新型垄断行为的法律规制研
究》。该报告提出,由于互联网具有的"赢者通吃,一家独大"特点,规模较
大的数字平台很容易实现某种程度上的"自然垄断",但传统的反垄断法规
却很难对其实施有效监管,数据垄断便自然形成。一些国内的平台型互联
网企业,实质上已经拥有了中文互联网领域、移动互联网领域操作系统的所
有权与控制权,它们利用自身海量、高黏性的流量的调控和分配,通过"扶
持"或"打压"等策略,构建起了一种基于流量的卡特尔①(cartel)联盟。毫
无疑问,这些通过流量而建立起来的互联网卡特尔,不但危害了行业的健康

---

① 卡特尔——垄断组织的一种重要形式,即由一系列生产类似产品的独立企业所构成
的组织,这些企业正式勾结在一起、共同运作,通过限制其成员的产量以抬高价格、谋取利益。
卡特尔以扩大整体利益作为它的主要目标,为了达到这一目的,在卡特尔内部将订立一系列
协议,来确定整个卡特尔的产量、产品价格,指定各企业的销售额及销售区域等。根据美国反
托拉斯法,卡特尔属于非法。迄今为止世界上最著名的卡特尔当属 OPEC(石油输出国组织)
卡特尔。

发展，也有损互联网"开放分享"的价值观。

然而，新型卡特尔由于其形式的不同于以往和极高的隐蔽性，很难被发现，甚至有时很难被认识到。孟小峰（2020）基于中国数字市场中的 3000 万真实用户和 30 万 APP 的数据，使用权限分析法对 2018 年至 2019 年我国移动应用市场数据收集现状进行分析，发现"二八定律"①在移动应用市场中也适用。具体来说，占所有数据收集者数量 1% 的、具有一百万及以上权限用户的大型 APP 和平台型企业，获取了 92% 的受调查用户的数据。这种极少数的数据收集者掌握绝大多数用户数据的方式，使这些数据收集者——主要是大型 APP 和平台企业在数据驱动的数智经济中取得了巨大的竞争优势。

与传统企业和中小平台相比，大型平台企业既可以更快、更准、更好地制定商业决策，也可以简单地将用户数据进行加密、打包出售以获得利润，逐步形成"超级平台"。事实上，绝大多数国内外的大型互联网平台均已开通基于用户大数据的数字营销服务，而其基础正是这些互联网企业积累的海量权限数据。

从社会福利的角度来看，数据垄断的危害丝毫不亚于传统垄断。

一方面，传统垄断所导致的提高竞争成本、抑制技术创新、减少有效投资、滋生贪污腐败、降低服务质量和侵害消费者权益等结果在数据垄断中依然存在。

另一方面，考虑到数据作为数智经济中核心生产要素的重要地位，对于数据资源的垄断将很可能降低重要产业的综合竞争力与增长潜力，使得中小型企业要么成为大型互联网企业的附庸，要么需要支付相对其营业收入

---

① 二八定律，又名帕累托法则（Pareto's Principle），是 19 世纪末 20 世纪初意大利经济学家帕累托发现的。他认为，在任何一组东西中，最重要的往往只占其中一小部分——20%，而其余 80% 尽管是多数，却是次要的。

来说过于高昂的数据使用费与 APP 接入费,而无论哪种结果都将影响一国的长期经济增长潜力。

为了化解这些负面影响,必然需要采取有效手段遏制数据垄断。然而与传统垄断不同的是,数据垄断具有天然的隐蔽性,平台型企业对于用户数据的收集在大多数情况下是不可觉察的,而当前的监管体制下也欠缺对于平台型企业数据使用过程的有效监督手段。此外,数据垄断还面临着在效率与公平之间进行取舍的问题。作为生产要素的数据,具有显著的规模经济和一定的外部性,数据相关的各类技术更是表现出通用目的技术的特征。数据的规模越大、维度越多、内容越丰富,那么通过分析数据而得到的信息和知识就越多,即使这些信息和知识在一开始由平台型企业垄断,但随着时间的发展最终也能够通过改善整体的资源配置实现社会福利的显著提升。从这一点来看,出于反垄断目的对数据或平台型企业进行打散和分拆,反而可能会造成社会福利的损失。综合以上种种原因,消除数据垄断可谓道阻且长。

2. 算力垄断

除了数据垄断,数智经济中的另一类新型垄断形式是算力垄断。在数智经济中,三类核心经济竞争力分别是数据、算法和算力——这三者也是人工智能的三要素。所谓算力①(Hash Rate,也称"哈希率"),即计算机(CPU)计算哈希函数(Hash Function)输出的速度,是衡量在一定网络消耗下生成新块的单位的总计算能力,也可以说算力是衡量比特币网络处理能力的度量单位。算力是每个企业、机构和组织分析与处理数据的基础能力,同时也是使用大数据与人工智能这两个生产要素的基础设施。可以说,人工智能的发展速度和应用效率在很大程度上是由一个国家或机构的算力所

---

① 例如,当网络达到 10Th/s 的哈希率时,意味着它可以每秒进行 10 万亿次计算。

决定的。如果算力被一个国家或少数机构的研究者操控，那么其他国家和机构在大数据与人工智能上的研究就将受到限制，进而导致不断扩大的技术差距。

弗吉尼亚理工大学的艾哈迈德与西安大略大学的瓦希德整理、调研了 2000—2019 年人工智能领域 57 个顶级会议上发表的 171394 篇论文，描绘了这一领域中的研究分布情况（Ahme 和 Wahed，2020）。他们发现，QS 世界大学排名①前 50 的名校学者参与撰写的文章占顶会文章的 1/3，且这一占比有着显著的逐年上升趋势。与之相对的，那些 QS 世界排名在 300 以后的大学，即使拥有非常优秀的人工智能学者，他们在顶级会议上的论文发表也面临严重"缩水"。

此外，各领域的校企合作论文，尤其是世界名校与互联网巨头"强强联合"的合作论文数量也在不断提升。其中，2019 年知识发现与数据挖掘大会②（Knowledge Discovery and Data Mining，KDD）中的校企合作论文占比超过 50%，国际计算机视觉大会③（IEEE International Conference on Computer Vision，ICCV）中的校企合作论文占比也高达 45%。在所有人工智能相关研究的顶会文章中，发表数量最高的前十家机构均为美国的大学或企业，而我们熟知的谷歌、微软和脸书，分别排在第 1 位、第 6 位和第 8 位。

人工智能的相关研究为何会出现如此高的集中度？两位作者的解释

---

① QS 世界大学排名（QS World University Rankings）是由英国一家国际教育市场咨询公司夸夸雷利·西蒙兹公司（Quacquarelli Symonds，QS）所发表的年度世界大学排名，是参与机构最多、世界影响范围最广的排名之一，与泰晤士高等教育世界大学排名、U.S.News 世界大学排名以及软科世界大学学术排名一起被公认为四大较为权威的世界大学排名。最新发布的 2021 年 QS 世界大学排名中仅有三所中国大陆高校，其中，清华大学排名第 15，北京大学排名第 23，复旦大学排名第 34。

② 知识发现与数据挖掘大会数据挖掘领域中最高级别的国际学术会议。

③ 国际计算机视觉大会由 IEEE 主办，与计算机视觉模式识别会议（CVPR）和欧洲计算机视觉会议（ECCV）并称计算机视觉方向的三大顶级会议，被澳大利亚 ICT 学术会议排名和中国计算机学会等机构评为最高级别学术会议。

是,人工智能中的深度学习等核心技术的发展,对于投入的软硬件和数据集的要求均显著高于传统技术,想要获得有新意的研究成果必然需要很大规模的前期投入,这就进一步放大了顶尖大学和机构在财力、人力、资源等方面的优势,使得人工智能逐渐成为"少数人的游戏"。不难推测,这一趋势如果持续下去,无疑将进一步加大美国与包括中国在内的其他主要经济体之间,以及美国顶尖高校、科研机构、科技企业与其他机构之间的技术差距。

2019 年,牛津大学博士杰弗里·丁(Jeffrey Ding)发布了名为《解密中国的人工智能梦》的综合研究报告。根据硬件、数据、算法和商业四个方面的数据,丁博士估算出中国当前的人工智能发展潜力约为美国的 1/2。在相同研发投入下,中美两国在人工智能上的技术差距可能进一步拉大。可以想象,若算力垄断进一步强化,则很可能将逐渐升级为技术垄断,不仅不利于中国的经济发展、人才培养与综合国力提升,也将影响全球经济发展与人类福祉。

三、屡禁不止的大数据"杀熟"

随着网上购物与在线服务的快速发展,大数据"杀熟"在过去两三年里已然成为国内外网络空间上的最热话题之一。

2018 年 3 月,一批在旅游服务平台携程网上预订旅游服务的"驴友"发现,同一在线旅游服务平台提供的同一时期的机票、酒店和旅游服务,却对不同的账户设定了不同的价格。而与大家所熟悉的老账户、老客户获得"友情价"的预期不同,注册时间更久、总消费金额更多的老客户看到的价格却比刚刚注册,甚至尚未注册的新用户看到的价格更高,服务平台的"杀熟"行为令人寒心。

2018 年,中国青年报社社会调查中心联合问卷网对于 2008 名网上服务用户围绕大数据"杀熟"的话题展开问卷调查。调查结果显示,

51.3%的受访者宣称自己遇到过平台型企业利用大数据进行"杀熟"的情况,59.1%的受访者希望价格主管部门进一步立法规范互联网企业歧视性定价行为。通过交叉分析,该调查还发现在一线城市中,特别是"90后"遇到这种情况的更多,这可能与大城市人群、青年群体网络消费更频繁有关。

在上述调查一年后,由北京市消费者协会发布的大数据"杀熟"问卷调查结果显示,88.32%的被调查者认为大数据"杀熟"现象普遍或很普遍,56.92%的被调查者表示有过被大数据"杀熟"的经历。同时,被调查者认为网购平台、在线旅游和网约车等消费行为下大数据"杀熟"问题最多,其中在线旅游高居榜首。此外,北京市消费者协会的体验调查结果还显示,由于其存在的复杂性和隐蔽性,对于大数据"杀熟"的维权举证困难重重。

1. 为什么会出现大数据"杀熟"现象

想必大家都会感到困惑:根据以往的经验,商家难道不应该给老客户提供更多的优惠吗?为什么反而会对其"痛下杀手"呢?为什么如今的"VIP"竟成为"待宰的羔羊"?

一方面,在大数据时代,商家通过大数据可以轻松掌握用户的消费习惯和用户黏度,对老客户"杀熟"的成本很低、收益却很高。一般来说,老客户对平台与服务的依赖性很强,难以改变其消费习惯。那么,即使商家对这些老客户收取更高的价格,老客户也很难发现,而且即使发现了也不太愿意作出改变。

另一方面,在数字经济时代,"流量为王"是企业经营的基本策略。流量,意味着新增用户对商家来说永远是最为重要的,只有在市场竞争中不断吸引新的用户,才能获得市场话语权,进而才有扩大盈利的可能。尤其是当平台发展到一定阶段、遭遇"瓶颈"之后,商家往往需要以"亏本价"吸引新顾客才能立足,因而便出现了"但见新人笑,那闻旧人哭"的现象。

2. 大数据"杀熟"的起源与发展

事实上,大数据"杀熟"并非一个全新的经济现象,甚至在 20 年前就已出现,只是在过去几年随着中国的互联网及平台经济发展迅速,消费者才逐渐充分认识到这一问题。大数据"杀熟"的"开山鼻祖",正是全球第一电商,市值超过 1.5 万亿美元①的亚马逊公司。

2000 年 9 月,为了获得更高的销售回报,亚马逊公司在其网上商店引入了一种新的价格算法——根据潜在用户的人口统计资料、购物历史、上网行为等数据,在未告知消费者的情况下,对 68 种畅销 DVD 进行差别性定价。一些消费者在试图购买电影《提图斯》(*Titus*) 的 DVD 光盘时发现,亚马逊网站对新注册用户的报价为 22.74 美元,对老用户的报价则为 26.24 美元,价格差距超过 15%。通过这一定价策略,该光盘的销售毛利率得到了显著提升。这一差别定价的逻辑是,亚马逊认为老用户具有更强的购买意愿,因此愿意支付更高的价格,而较低的价格更能吸引新用户进行注册,有利于其客户规模的扩张与网络外部性的发挥。

"提图斯事件"被媒体曝光后,在舆论和消费者的轮番批评下,亚马逊被迫中止了这种区别定价策略。虽然这件闹剧最终以亚马逊 CEO 贝佐斯亲自道歉并对用户退还差价收场,但大数据"杀熟"并没有结束,其他平台企业纷纷效仿这一"机智"的定价策略,时至今日,仍是如此。

2020 年 2 月 25 日,著名的非营利性调查媒体 The Markup 连续刊登了两篇报道——《我们是如何调查好事达车险算法的》和《"冤大头"名单:好事达车险算法是如何秘密压榨大客户的》。这两篇报道公布了他们针对好

① 截至 2021 年 1 月,亚马逊市值为 1.56 万亿美元,阿里巴巴市值为 6587.14 亿美元,亚马逊的市值是阿里巴巴的 2.4 倍。

事达保险公司(Allstate)①的新型汽车保险费率进行调查的详细结果。

The Markup 对好事达公司提供的文件进行分析,他们发现有"世界十大未解之谜"之称的汽车保险费率的计算方式竟然出人意料地简单——好事达公司的新算法实质上建立了一个"冤大头"参保者列表,这些列表上的参保者都是选择缴纳最高档保费的大客户,而好事达公司的新算法会从他们身上榨取比其他客户更多的利润。举例来说,按照这个最新算法,那些在好事达公司投保了最高档车险(大概 1900 美元/半年)的车主在保费到期后,将承担高达 20%的涨幅,而那些投保了较低档保费的车主,却仅会面临5%的涨幅。

除了马里兰州,好事达公司还在美国其他至少 10 个州②也施行了新的保费算法。其中,阿肯色州的发言人詹姆斯(Kenneth Ryan James)向 The Markup 解释说:"阿肯色州不会禁止好事达公司的新算法,因为阿肯色州的法律只禁止保险公司'以种族、肤色、信仰或国籍'的不同歧视客户群体。"也就是说,商家的个性化定价算法中可能包含买家的性别、富裕程度和其他歧视性的细节,而这并不违法。可以说,这次调查事件证实了不仅仅是互联网企业,在保险行业或者说任何一个行业,只要数据量足够大,大数据"杀熟"都不可避免地会发生。

3. 大数据"杀熟"的微观经济理论

根据微观经济理论,大数据"杀熟"本质上属于价格歧视(Price Discrimination)。价格歧视的定义是,生产者或经销商在向消费者提供同质同量的商品或服务时,对于不同的消费者采取不同的销售价格或者收费标准。

① 好事达公司,建于 1931 年,总部位于美国芝加哥,是美国第二大从事个人险种业务的财险和意外险保险公司,并跻身于全美最大的 15 家人寿保险公司的行列。
② 包括亚利桑那州、阿肯色州、伊利诺伊州、爱荷华州、密歇根州、密苏里州、内布拉斯加州、俄克拉何马州、田纳西州等。

英国著名经济学家庇古(Arthur Cecil Pigou)最早提出价格歧视的概念,并根据歧视程度高低将价格歧视划分成三个等级:一级、二级及三级价格歧视(见表8-1)。一级价格歧视,指生产者或供应商根据每一个消费者对产品可能且愿意支付的最大货币量来订价,从而获得全部消费者剩余,是一种完全价格歧视。但由于企业通常不可能知道每一个顾客的保留价格,所以在实践中不可能实行完全的一级价格歧视。二级价格歧视,指生产者或供应商根据不同消费量或者设置不同的"等级"索取不同的价格,并以此来攫取部分消费者剩余,常见的例子是"数量折扣"——如"团购"等。三级价格歧视,是指生产者或供应商根据消费者信息将购买其产品或服务的消费者划分为几种不同的类别,对每类顾客索取不同的价格,这是最普遍的一种价格歧视形式。对于天然气、水、电等有供求矛盾的基础资源,国际可以利用对这些资源的垄断地位,对资源的使用者区别对待,设置不同的价格,以遏制供求矛盾加剧,有效配置资源。譬如,我国民用水与工业用水差别定价,又或者农业用电价格低于有污染的工业企业用电价格。

表8-1　不同等级的价格歧视及其案例

价格歧视类型	理论	案例
一级价格歧视	个体歧视	讨价还价、收藏品拍卖
二级价格歧视	销量歧视	社区团购、景点年票
三级价格歧视	群体歧视	各种成人票、工业用电与家庭用电

按照上述定义,大数据"杀熟"可以被看成是一种基于消费者大量数据(包括消费者的个人信息、消费习惯、上网行为和社交网络等)的动态价格歧视,而歧视等级取决于企业利用大数据进行分析的能力,如果是拥有大量用户数据的平台型企业,会尽可能采取一级价格歧视以实现最大利润。

早在2013年,布兰迪斯大学的本杰明·席勒博士(Benjamin Shiller)便基于网飞公司(Netflix)①的用户数据,比较了不同的差别定价方法对于在线视频提供者的营业利润的影响。如果按照传统人口统计数据如年龄、性别、职业等信息进行差别定价,可以将网飞公司的利润提高 0.8%;如果在制定价格算法时引入基于用户网络浏览历史的 5000 个潜在解释变量,并使用机器学习技术来估算用户愿意支付的最高价格,则可以将网飞公司的利润提高 12.2%。因此,在如此巨大利益的驱使之下,互联网平台企业既有动机尽可能多地获取消费者的浏览历史等个人数据,也有动机通过价格算法为不同类型的消费者设置差异性价格以攫取最大利润。

4. 各国(或地区)治理思路

各国政府与立法机构在大数据"杀熟"上采取了截然不同的治理思路。2015 年 2 月,美国奥巴马政府公布了一份名为《大数据与差别定价》(*Big Data and Differential Pricing*)的政策报告,提出减少价格歧视的两种思路,一是完善已有的反歧视、用户隐私以及消费者保护的相关法律法规,二是让消费者更加清楚地了解企业收集、使用和交易其个人数据的过程,以鼓励竞争和促使消费者理性决策。从报告全文来看,美国政府对价格歧视的态度偏向"中性"。在当前的市场条件下,美国政府不认为大数据"杀熟"是一种普遍或危害很大的现象,对于此类行为的监管没有超出已有的市场监督机制的边界。

与之相对的,欧盟十分重视对于数据引发的价格歧视,在《通用数据保护条例》中明确树立"数据量最小化"原则(Data Minimization),要求电商平台在收集用户信息时应大量减少不必要用户信息的收集,并对数据收集者采取数据保护问责制原则,试图从源头上降低网络用户被大数据"杀熟"的

----

① 网飞公司,是一家会员订阅制的流媒体播放平台,成立于 1997 年,总部位于美国加利福尼亚州洛斯盖图。曾经是一家在线 DVD 及蓝光租赁提供商,如今提供互联网随选流媒体播放,用户可以通过 PC、TV 及 iPad、iPhone 收看电影、电视节目。

可能性。

2020 年 10 月 1 日,中国文化和旅游部发布的《在线旅游经营服务管理暂行规定》正式实施。对于最受关注的大数据"杀熟"问题,该规定明确要求:"在线旅游经营者不得利用大数据等技术手段,基于旅游者消费记录、旅游偏好等设置不公平的交易条件,侵犯旅游者合法权益。"同时,还对与大数据"杀熟"相关的监督检查提出了明确要求:"县级以上文化和旅游主管部门对有不诚信经营、侵害旅游者评价权、滥用技术手段设置不公平交易条件等违法违规经营行为的在线旅游经营者,可以通过约谈等行政指导方式予以提醒、警示、制止,并责令其限期整改。"2020 年 11 月 10 日,市场监管总局发布了《关于平台经济领域的反垄断指南(征求意见稿)》,其中的第二条就是对于"不公平价格行为"的界定。然而,由于基于大数据的定价策略本身难以察觉与监督,该条规定更多的是从平台企业指定的价格"是否明显高于或者明显低于其他平台经济领域经营者",或者"是否超过正常幅度提高销售价格"这两个相对宽泛的标准进行判断的,对于大数据"杀熟"的限制作用较为有限。

5. 几点建议

笔者认为,应当从道德、技术和法律三个层面对大数据"杀熟"进行干预,只有"三管齐下",才能标本兼治。

首先,道德层面的约束不可或缺。古语《孟子》有云,"诚者,天之道也;思诚者,人之道也。至诚而不动者,未之有也;不诚,未有能动者也。"而著名投资家查理·芒格(Charlie Thomas Munger)①也曾说过,"有些事情就算

---

① 查理·芒格,沃沦·巴菲特(Warren E.Buffett)的黄金搭档,有"幕后智囊"和"最后的秘密武器"之称,过去的 46 年他和巴菲特联手创造了有史以来最优秀的投资纪录——伯克希尔公司股票账面价值以年均 20.3%的复合收益率创造投资神话,每股股票价格从 19 美元升至 84487 美元。

你能做,做了不会受到法律的制裁,或者不会造成损失,你也不应该去做。你应该有一条底线,你心里应该有个指南针。这就是我们试图做到的经营方式。"任何商业行为,小到小摊小贩,大至百强企业,都要有最基本的底线——诚信。而大数据"杀熟"的本质就是商家利用信息不对称,摒弃诚信而谋取利润最大化,这样虽能获一时之利,但长此以往必然会引发公众反感,使商家乃至整个市场遭受"反噬"。因此,应由市场监督部门牵头,对大数据"杀熟"的高发行业进行道德宣传,建立透明、诚信的市场秩序。

其次,技术层面的追赶十分重要,由于大数据"杀熟"特有的隐蔽性,如果监管者不升级技术而只强调道德约束,那么面对掌握高级算法的企业,就只能束手无策了。面对大数据"杀熟"这一基于加密算法与海量数据的价格歧视,传统的反垄断措施的作用有限,但这并不意味着我们就应该对大数据"杀熟"举手投降。面对技术带来的伦理困境,就应该尽可能从技术的角度加以解决。

算法公开,至少是对于算法决策的基本逻辑的公开,能够在一定程度上减少定价者与消费者之间的信息不对称,降低价格歧视发生的可能性。在这一过程中,政府应发挥信息编译者的作用,将定价者提供的算法以消费者能够理解的方式展现出来,这就需要政府提升自身的数据与算法治理能力,以适应数智经济发展带来的技术挑战。清华大学法学院副院长程啸指出,"算法问题可以通过技术解决。比如鼓励针对市场有垄断地位企业的算法采取反制措施的算法研究,用算法针对算法,让算法之间形成竞争关系,从而重塑市场竞争机制"。

最后,通过相关立法规范企业行为并提高违法成本,势在必行。大数据"杀熟"首先是一个数据的收集管理问题,现有的《中华人民共和国消费者权益保护法》《中华人民共和国网络信息安全法》《中华人民共和国电子商务法》,以及将要出台的《中华人民共和国个人信息安全法》虽然都对消费者个人信息的保护有所涉及,但无论是其内涵定义、覆盖范围,还是违规惩处力度都还无法达到遏制大数据"杀熟"的程度。因此,亟须出台更加相关的法律规范规制该行为。

四、不断扩大的"数字鸿沟"

从经济学的角度来看,尽显不平等与不公平的数据垄断与大数据"杀熟"并非新鲜事物,其本质上都是传统的垄断行为和价格歧视在数智经济中的新表现形式而已。随着大数据与人工智能的进一步发展,还出现了一些由这些新兴技术诱发的全新的经济社会现象,而"数字鸿沟"(Digital Divide)就是其中最广为人知、最影响深远,也最为普遍的一种。

"数字鸿沟",一般指在全球数字化进程中,不同国家、地区、行业、企业、社区之间,由于对信息、网络技术的拥有程度、应用程度以及创新能力的差别,而造成的信息落差及贫富进一步两极分化的趋势。大数据和人工智能都属于数字技术的范畴,使用这两项技术的知识门槛要高于传统数字技术。因此,在数智经济的发展过程中,"数字鸿沟"无疑会进一步扩大,其包含的内容也会更加复杂。

2020年8月,一段"老人无健康码乘地铁受阻"的视频在互联网上热传,引发了公众对于老年人遭遇"数字鸿沟"窘境的热议,而此次事件的受关注程度之高,正说明了这并非个例。在智能支付特别是"防控疫情,扫码先行"的当下,没有智能手机、不会使用智能手机的老年人似乎已被高科技、智能化的社会所遗忘。北京大学人口所乔晓春教授认为,随着社会的快速发展,尤其是生活服务智能化技术的到来,老年人适应现代生活的能力越来越弱,近些年社会上涌现出了一批"新文盲"——他们并非不识字,其中的许多人还是学富五车的高级知识分子。然而,由于数字技术的普及性教育不足等问题,越来越多的老年人逐渐跟不上现代数字化、智能化的生活方式。

2020 年 11 月 24 日,中国国务院办公厅印发了《关于切实解决老年人运用智能技术困难实施方案的通知》,要求各部门聚焦涉及老年人的高频事项和服务场景,坚持传统服务方式与智能化服务创新并行,切实解决老年人在运用智能技术方面遇到的突出困难。2020 年 12 月 24 日,全国交通运输工作会在京召开。交通运输部相关负责人介绍,交通行业将持续提升交通服务水平,研究解决老年人出行的"数字鸿沟"问题。同时,2021 年将实现 20 个省份普及道路客运电子客票服务,推进实现"刷脸"进站乘车。

1."数字鸿沟"的概念由来及发展

对于"数字鸿沟"的担忧,最早出现于《第三次浪潮》①(The Third Wave)的作者、著名未来学家阿尔文·托夫勒(Alvin Toffler)于 1990 年出版的《权力的转移》(Power Shift)一书。在该书中,托夫勒极具预见性地提出:"世界已经离开了依靠暴力与金钱控制的时代,而未来世界政治的魔方将控制在拥有信息强权的人手里,他们会使用手中掌握的网络控制权、信息发布权,利用英语这种强大的文化语言优势,达到暴力和金钱无法征服的目的。"虽然没有正式提出"数字鸿沟"的明确概念,但托夫勒已然预见了随着信息强权与知识垄断的形成,国家与国家、地区与地区,以及个人与个人之间不断拉大的权力差距。

20 世纪 90 年代中后期,随着数字信息技术的进一步发展,无论是政策制定者还是普通消费者,都开始逐步意识到"信息富有者"与"信息贫困者"在参与经济活动的能力上的差距越发扩大。1999 年,在美国商务部与世界

---

① 该书阐述了由科学技术发展所引起的社会各方面的变化与趋势。该书将人类社会划分为三个阶段:第一次浪潮为农业阶段,从约 1 万年前开始;第二次浪潮为工业阶段,从 17 世纪末开始;第三次浪潮为信息化(或者服务业)阶段,从 20 世纪 50 年代后期开始至今。

经济组织(WEF)举行的多次会议上,《在网络中落伍:定义数字鸿沟》《填平数字鸿沟》《从全球数字鸿沟到全球数字机遇》等极具影响力的政策报告陆续出台,"数字鸿沟"的概念被正式提出,各国及各大国际组织开始纷纷探究填平"数字鸿沟"的方式。

在2000年9月召开的联合国千年首脑会议上,"数字鸿沟"成为世界瞩目的焦点问题。时任中国国家主席江泽民在会上发表讲话谈道:"日益拉大的'数字鸿沟'表明,发达国家和发展中国家在科技水平上存在极大差距,这必然致使南北贫富差距进一步拉大。体现人类智慧和创造精神的先进科技,应该在全球范围内用于促进和平与发展,造福各国人民。"[①]

在2000年11月召开的亚太经合组织(APEC)会议上,美国前总统克林顿也表示,亚太经合组织成员不但需要把"数字鸿沟"转变为"数字机遇"来保持经济增长的势头,同时还需要消除阻碍电子商务发展的障碍,普及有关电脑和互联网的知识。他还强调:"'数字鸿沟'不仅存在于一个国家的内部,还存在于不同国家之间。如果不发展远程教育,向乡村居民捐赠软件和廉价电脑,并教育人们使用这些工具的方法,我们就无法跨越'数字鸿沟'。"

按照美国国家远程通信和信息管理局(NTIA)的定义,"数字鸿沟"代表了这样的一种经济社会现象:"在所有国家中,总有一些人拥有社会提供的最好的信息通信技术,他们能够使用最强大的计算机、最好的电话服务和最快的网络服务,当然也受到了这方面最好的教育;而另外有一部分人,他们出于各种原因不能接触到最新的或最好的计算机、最可靠的电话服务或最快最方便的网络服务。这两部分人之间的差别,就是所谓的'数字鸿沟'。处于这一鸿沟的错误的一边,就意味着很少有机遇参与到以信息为

---

① 《江泽民文选》第三卷,人民出版社2006年版,第109页。

基础的新经济当中,也很少有机遇参与到在线的教育、培训、购物、娱乐和交往当中。"①

2. 新经济与"数字鸿沟"

想要准确地理解"数字鸿沟",首先需要理解上文中提到的"以信息为基础的新经济"。20 世纪末 21 世纪初,以 1992 年比尔·克林顿当选第 42 任美国总统为始、以 2007 年美国次级房贷危机爆发宣告终止,美国经济在这 15 年内经历了一个特殊的历史阶段。在这一时期,美国实际 GDP 年均增长速度超过 4%,劳动生产率相对于前一个时期(1977—1992 年)增长超过 1 个百分点,失业率在 10 年内下降了 2 个百分点,同时通货膨胀维持在 5% 以下的低位。而这一宏观经济基本运转呈现出历史罕见的良性循环态势的发展阶段,被美国《新闻周刊》(Newsweek)杂志定义为"新经济"时期。

2001 年的《美国总统经济报告》中提出,"新经济是指由技术、商业实践和经济政策的相互良性互动,从而产生巨大的经济绩效。其具体表现为快速的经济增长和收入提高、低失业率以及适度通货膨胀"。美国在新经济时期的经济繁荣,是由信息通信技术产业的蓬勃发展、电子商务和知识经济的迅速发展,以及持续提速的技术创新所驱动的,其本质是信息技术革命对宏观经济的全方位转型升级,也是从工业经济向知识经济的历史演变,同时也是基于信息技术发展的一种全新的资源配置形式。

然而,新经济的繁荣更多的是一种总量上的繁荣。随着产出规模的迅速增加,资源、收入和福利分配上的不平等也在逐步扩大,相当一部分国家、地区和居民并没有享受到数字技术带来的福利,而是成为了新经济时代的"弃儿",而这一切正是由不断加深的"数字鸿沟"所导致的。

---

① 美国国家远程通信和信息管理局(NTIA):《在网络中落伍:定义数字鸿沟》,研究报告,1999 年。

3."数字鸿沟"的表现

在国家与国家之间,"数字鸿沟"表现为由于信息化和数字化发展水平不同导致的不同国家对于信息通信技术、数字技术和人工智能等新技术的开发和应用程度上的差异。这一差异会拉大穷国与富国在劳动生产率上的差距,从而导致"南北差距"的进一步拉大。

国际电信联盟(ITU)于2020年发布的《衡量数字化发展》报告显示,全球195个国家和地区中,所有居民都能负担得起互联网连接服务的国家不到15%;全球大约72%的城市居民可在家上网,这几乎是农村地区可上网人数的两倍;最不发达国家中,17%的农村人口生活在完全没有移动网络覆盖的地区,19%的农村人口仅可使用2G网络服务;最不发达国家和内陆发展中国家中约有25%的人口、小岛屿发展中国家中约有15%的人口迄今为止,仍无法使用移动宽带网络。根据联合国儿童基金会的数据,全球有超过20亿名25岁以下的儿童和青少年无法在家中上网,占世界儿童和青少年人口总数的2/3。

而在一国之内,"数字鸿沟"主要表现为区域与区域之间,以及不同阶层、年龄和受教育水平的居民之间,在信息获取和处理能力方面的差异。根据微软公布的调查数据,即使是世界上最发达的国家——美国也有1/2的国民(约1.6亿人)无法使用宽带互联网——这或是由于他们居住的地方没有网络,或是他们无法或不愿付费上网。而即使所在地区接入了互联网,20%的美国农村青年仍无法在家使用宽带网络。法国的互联网覆盖情况也不乐观,存在大量"数字盲区"。截至2017年7月,法国四大电信运营商(Orange、SFR、Bouygues和Free)在法国的电信网络覆盖率仅为47%—74%不等。在欧洲,"数字鸿沟"的另一个主要表现是"代际数字鸿沟"。2019年的一项调查显示,欧盟75岁以上老人中只有20%的人群偶尔或经常使用互联网,而16—29岁年龄段的人群中这一比例高达98%。

在中国,"数字鸿沟"既表现为"代际数字鸿沟",也表现为"城乡数字鸿沟"。中国有 2.5 亿老龄人口(年龄在 65 岁以上),他们中的相当一部分都不会上网、不会使用智能手机,在出行、就医、消费等日常生活中常常遭遇不便,无法充分享受智能化、数字化服务带来的各种便利。

此外,我国城乡网络使用人群规模一直存在巨大差距,第 47 次《中国互联网络发展状况统计报告》显示,我国当前的 9.89 亿网民中,城镇网民占比高达 68.8%,而农村网民仅占 31.2%,且城乡居民在电子商务交易、网络金融和公共服务等领域的互联网使用水平上具有显著差距。

4. 各国填平"数字鸿沟"的政策手段

为了填平"数字鸿沟",各国政府与国际组织均积极采取各类政策手段。以中国为例,2020 年 3 月 4 日,中共中央政治局常务委员会召开会议,提出"要加大公共卫生服务、应急物资保障领域投入,加快 5G 网络、数据中心、人工智能和工业互联网等新型基础设施建设进度",意味着"新基建"开始提速。这无疑是中国政府在化解"城乡数字鸿沟"、实现城乡信息化融合发展上的重要举措。

时任美国总统特朗普于 2018 年 1 月在田纳西州纳什维尔发表演讲,承诺扩大美国农村地区的宽带互联网覆盖,并在之后签署两项相关行政命令,要求联邦政府加速农村地区宽带基础设施建设。为解决"数字盲区"问题,2018 年法国政府与前文提到的四大电信运营商达成协议——运营商将投资 30 亿欧元(约合 235 亿元人民币)确保到 2020 年法国实现 4G 网络全覆盖,从而消除广泛存在于农村地区没有手机信号的"数字盲区"。而 2020 年 6 月底,法国巴黎大众运输公司与巴黎大区运输联合会以及四大移动电信运营商联合宣布,经过数年努力成功实现了 4G 在巴黎地铁和城铁的全覆盖——尽管这与最初所承诺的"实现法国 4G 全覆盖"相去甚远。

5.“数字鸿沟”问题亟待解决

而由于新型技术的不断出现，旧的“数字鸿沟”还未完全消除，新的“数据鸿沟”已经不断产生。以移动支付为例，从输入密码到二维码支付，从指纹识别到面部识别，从绑定银行卡到“花呗”“借呗”等消费信贷产品的出现，“信息贫困者”可能尚未完全掌握旧的数字化产品与服务，新的、需要额外学习的数字化产品与服务已经成为主流。

“数字鸿沟”带来的最大的威胁是什么？对于难以在生活中使用数字技术的人来说，“数字鸿沟”更多地代表了一种生活上的不便，以及无法充分应用数智经济中各项产品与服务所带来的福利下降。更令人担忧的，是“数字鸿沟”导致的机会不均等，以及由于“数字鸿沟”引发的“能力鸿沟”。

数字化程度高、信息基础设施完善、网络条件较好的地区，学生可以通过互联网获取在线课程与丰富的在线教学资源，即使是出现新冠肺炎疫情这种需要人员隔离的情况，仍然可以利用互联网顺利学习。而对于欠发达地区的学生而言，传统的课堂教学仍是获取知识的主要渠道，被迫隔离即意味着完全失去了学习的机会。这势必会进一步扩大本就已经存在的教育机会不均等。

除了教育，就工作方面而言，同样存在的“数字鸿沟”也将增加不同劳动力在学习能力和专业技能上的差距，进而带来收入差距的进一步扩大。

中国正在推进的“新基建”等数字化基础设施建设，虽然能在一定程度上缓解上述问题，但其作用也将是有限的，需要更加直接的、以抹平个体间信息能力差距为目标的公共政策。当然，解决“数字鸿沟”不能依靠简单地进行信息化建设，其前提必然是经济的发展和贫困问题的消除。如今，我国脱贫攻坚战已经取得了全面胜利，现行标准下9899万农村贫困人口全部脱贫，提前十年实现了联合国2030年可持续发展议程的减贫目标，这无疑将给“数字鸿沟”问题的有效解决提供良好前景。

在解决"数字鸿沟"问题上,政府也应充分借助企业的力量。腾讯云金融虚拟营业厅是腾讯云联合合作伙伴基于人工智能和实时音视频等技术打造的线上金融服务解决方案,能够将实时互动视频场景与银行业务系统进行有效整合,助力金融机构为用户提供有温度、有速度、有深度的金融服务,从而有助于破除金融服务上存在的"数字鸿沟"。在最常用的贷款面签场景中,通过虚拟营业厅,用户可以直接通过微信小程序呼叫客户经理,在视频中快速完成金融身份认证、意愿审核、资料收集、尽职调查等全流程,同时借助电子签章服务,签署具有法律效力的电子合同,最快 30 分钟即可以完成以往需要 2—3 天才能实现的贷款全流程。金融虚拟营业厅支撑金融机构实现"7×24 小时"无接触营业,将传统网点柜面的高品质服务延伸至客户身边,给用户尤其是边远山区或行动不便的用户带来了更有温度的金融服务体验,也极大缓解了在疫情等特殊时期网点人群聚集的压力。

当然,信息化、数智化的高速发展所带来的"数字鸿沟"问题是全球性的,亟须世界各国的平等参与和共同管理,而不是由少数几个信息大国掌控"游戏规则",任何国家和国际组织都应该致力于共同缩小和消除"数字鸿沟",也是缩小和消除全人类的发展差距,推动共建人类命运共同体。

五、算法歧视与算法合谋

在大数据与人工智能所造就的不平等中,"数字鸿沟"仅是其中最常见的一种形式。其他类型的不平等往往因其更加难以察觉而常常被忽略——包括算法歧视(Algorithmic Bias)、算法合谋(Algorithmic Collusion)等。

1. 算法歧视

长久以来,人们对计算机、大数据和人工智能存在一个根深蒂固的误解,那就是"数据不会说谎,算法彰显公平"。人们大多认为,由于算法本身关乎方程,而非种族、信仰或性别等其他因素,因此基于算法进行的决策在客观性和公平性上要远远优于人类决策。诚然，人类的决策过程受到不完全信息与诸多有意或无意的偏见影响，因而作出的决策很难公正、客观与理想，这确是事实。与之相对的，基于算法的决策不存在人类决策伴生的主观因素，至少在原理上高于人类决策。这一判断催生了一种利用纯数学方法将人类社会事务量化、客观化的思潮，一些人称之为"数学清洗"（Math Washing），另一些人称之为"数据宗教"（Data Religion），或者说是"数据崇拜"（Data Worship）。

在现实中，数据真的比人类理性吗？算法真的公平吗？过去几年里的很多例子无不表明，大数据与人工智能在很多时候成为了不平等、不公平、偏见和误解的原因而非解决方案，对于数智技术的盲目崇拜并不可取。

2018 年 10 月 10 日，路透社一篇名为《亚马逊的人工智能招聘系统显示出对女性的偏见》的报道，引发了社会对算法歧视的讨论。该报道指出，亚马逊的机器学习开发团队新设计的人工智能招聘系统的算法，对男性应聘者有着明显的偏好。这个新研发的人工智能招聘系统，通过学习过去 10 年间亚马逊公司收到的所有简历，识别 5 万个曾经在简历中出现的术语，并且让算法学习不同的权重进而给每份简历评分，从 1 分到 5 分不等。然而，由于亚马逊身处男性数量占绝对优势的科技行业，其收到的大部分简历都来自男性，且最终成功入职的也大多为男性，因此该招聘系统通过机器学习认为"男性简历加分，女性简历降分"，即显示出对女性的偏见。具体地，当算法识别出"女性""女子"等相关词汇时，该招聘系统会自动"惩罚"包含这些词汇在内的简历，如对备注有"女子足球俱乐部队长"的简历降分，对教育经历为"毕业于某女子学院"的简历降分，等等。

在大众和舆论的批评与指责下，亚马逊最终弃用了该智能招聘系统，但这并不代表以亚马逊为首的一大批科技企业放弃了利用科技取代人类来扩大招聘网络的尝试。这一次是对女性的偏见，下一次又会是什么呢？正如卡内基梅隆大学机器学习领域专家尼哈尔·沙赫(Nihar Shah)教授所说,"如何确保算法是公平的？如何确保算法是真正可以解释的？目前我们离实现这些目标都还十分遥远"。

> 什么是算法歧视

在计算机科学和数学领域,有一句著名的专业俚语——"垃圾进,垃圾出"(Garbage In,Garbage Out,GIGO)。这句话的意思是,输出质量是由输入质量决定的,输入的如果是垃圾数据,那么输出的也将会是垃圾数据。而在大数据领域,也存在一个类似的说法——"偏见进,偏见出"(Bias In,Bias Out,BIBO)。这种先天性的偏见行为被人工智能领域的专家定义为"算法歧视"。

算法歧视又名算法偏见,它描述了电脑系统、在线程序或人工智能中出现的导致不平等或不公平结果的系统性重复错误,例如在网上服务中对于特定人群的差别性对待。除了上文提到的亚马逊公司的人工智能招聘系统,算法歧视的另一个突出案例是 Equivant 公司开发的用于评估被告人员再次犯罪概率的 COMPAS 算法。这一算法基于犯罪嫌疑人的犯罪记录以及其他一系列个人特征,来评估其在未来两年内会因犯罪被再次逮捕的可能性。在美国多个州,这一风险评估结果会被法官参考以决定是否允许犯罪嫌疑人被保释以及对于案件判决的最终决定。

美国达特茅斯学院的法里德与德鲁塞尔发现,COMPAS 算法预测的再犯罪概率大约为 65%——但是事实上,只有 45% 的被告会再度犯罪,而这 20 个百分点的差距就会导致许多错判和重判,并且其中大多数被错判的嫌疑人都是黑色人种(Farid 和 Dressel,2018)。除了对于再犯概率的错误预测外,法里德与德鲁塞尔还通过实验证明,使用 137 个评估因素的 COMPAS 算法,其预测结果不但差于在网上招募的临时工作人员基于人物记录形成的判断,甚至与仅根据被告的年龄和犯罪记录两个因素进行判断的线性算法相比,也没有更好的表现。由此,基于复杂算法而进行决策的公正性与准确性,受到了广泛质疑。

> 算法歧视的成因

当前学界认为,算法歧视可能的形成原因主要有以下两个方面。

其一,算法系统的设计方式带有歧视。一方面,算法系统就像一个不透明的黑盒子——我们将数据输入"黑盒子"之后,难以知道在"黑盒子"中究竟发生了什么,只能接受其输出的结果。而作为人类的我们只有有限的能力去了解算法为什么会作出这样的决定,并且在发现和纠正算法的错误与偏差方面,也依然能力有限。另一方面,程序员在编写算法的过程中,也总会有意或无意地展现自己对于特定问题的看法,进而引导算法的决策方向。

其二,用于算法训练和学习的数据集质量不佳。训练数据集的质量,主要体现在代表性强弱、覆盖面大小、数据规模和实效性等方面。正如前文提到的"偏见进,偏见出",数据本身不正确、不完整或过时,其输出的结果显然就以偏概全、有失偏颇。如果是对所解决的问题不具有代表性的数据,如试图用个人性别特征评估其职业表现,就有可能得到具有歧视性的决策结果。

> 算法歧视的特征

算法歧视广泛地存在于各种网络平台与双边市场,造成了一系列恶劣后果,如侵犯个人隐私——包括数据隐私,以及强化了已有的社会歧视——如性别歧视和种族歧视。2020年11月2日,中国《金融时报》发表题为《大型互联网企业进入金融领域的潜在风险与监管》的文章,明确提出算法歧视是大型互联网企业进入金融领域所带来的主要风险之一,同时指出"大数据、人工智能等技术易导致'算法歧视',严重损害特殊群体利益。相较于传统歧视行为,算法歧视更难约束"。与传统类型的歧视相比,算法歧视主要有以下三个主要特征。

第一,算法歧视的形式隐蔽,难以察觉。尽管各国法律均明令禁止基于种族、性别、信仰等个人和群体特征而进行的歧视行为,但是基于算法的自动化决策常常利用"算法的不可解释性"规避其职责,在不触犯现有法律规定的情况下,侵犯消费者和特定群体的合法权益。

第二,算法歧视维度多元,加大了甄别歧视的难度。无论是个人特征如性别、种族和受教育程度,还是群体性特征如地理位置、方言和宗教,都可能成为算法歧视的对象。而除此之外,算法还能够挖掘更深层次的隐性特征作为歧视的依据——比如消费偏好等。由于歧视行为只有在明确发生之后才能进行甄别,而算法歧视的隐蔽性使得识别此类行为变得异常困难。

第三,算法歧视在很大程度上是由训练数据集所存在的偏差导致的,这就使得从根本上改变算法歧视变得十分困难。出现算法歧视的重要原因在于,程序员和工程师设计算法时为了提高识别速度与算法效率,更多地考虑了个体特征之间的相关关系而非因果关系。而一旦在训练数据集中体现出一些突出的相关性特征,即使这些特征本身并没有绝对的因果关系,或者很多时候只是样本选择性偏误或合成谬误导致的结果,都会导致算法以及基于算法的程序与决策表现出严重的歧视与偏差。

2. 算法合谋

除了一般意义上的算法歧视外,在现实交易中,算法也有可能通过企业间的合谋导致对于消费者的定价歧视。经济合作与发展组织将此类行为定义为"算法合谋"。

➢什么是算法合谋

所谓合谋,是指两个或多个竞争个体(企业或个人)之间策略性的商业协作行为。这种协同行为往往是隐秘而非法的——通过欺骗、误导等方式限制公平竞争,获得不正当的市场优势,损害消费者利益,进而达成利润最大化目的。而算法合谋,是一种新形式的合谋,它通过算法这一工具实现个体之间的自动合谋。伴随着数智经济的迅速发展,在定价商品和服务时,算法逐渐取代了人类决策者,算法合谋也越来越多地取代了传统合谋。

近年来,算法合谋受到了计算机科学、经济学、法律学以及社会学等各领域的关注。2017年6月,OECD竞争委员会以"算法与合谋"(Algorithms and Collusion)为主题,组织各界围绕算法问题展开讨论,并同时发布了《算法与合谋:数字时代的竞争政策》报告,详细梳理了相关法学与经济学的研究成果。在算法合谋问题上,各领域学者暂时没能达成一致。

计算机科学家普遍认为默示价格算法合谋并不如通常所说的那么容易达成和不可避免,其中一些学者最近也指出,算法可以学习如何交流——尽管方式有限。研究实验寡头的经济学家也秉持算法合谋不易实现的观点,实验经济学的研究表明,在给定市场中有两家以上的公司开展竞争时,信息交换对于合谋至关重要。

意大利经济学者埃米利奥·卡尔瓦诺(Emilio Calvano)教授等研究发现,算法合谋可能无须算法设计者的相互沟通自发产生。他们在重复价格竞争的主力寡头模型中,实验研究了由人工智能(Q学习①)主导的算法的行为。他们发现,这些算法始终在学习定一个超级竞争价格,而无须彼此沟通。合谋协同因为惩罚有限而使高价得以维持——这一发现对于成本或需求的不对称性、竞争者数量的变化以及各种形式的不确定性都具有稳健性(Calvano,2020)。

法律界的学者普遍认为算法合谋不仅是可能的而且非常容易,他们更加关注与算法合谋相关的义务、审计、监控算法以及竞争法等法律问题(Schwalbe,2019)。

———————————

① Q学习(Q-learning)算法是一种与模型无关的强化学习算法,以马尔科夫决策过程(Markov Decision Processes,MDPs)为理论基础,这里不做赘述。

➤算法合谋的表现形式

在当前技术水平下,算法合谋目前有三种主要表现形式:明示价格算法合谋(Express Collusion)、默示价格算法合谋(Tacit Collusion),以及机器合谋(Autonomous Machine Collusion)。

明示价格算法合谋,是指经营者通过明示的协商沟通,就价格算法达成合谋以期实现价格垄断。此类算法合谋类似于传统价格合谋,相同或者类似的价格算法是合谋的表现形式。2015年,美国纽约联邦法院判决的亚马逊平台上的托普金斯案,就是明示价格算法合谋的典型案例。

2013年9月至2014年1月,一位名叫大卫·托普金斯(David Topkins)的男子与其他招贴画销售商共谋,试图共同操纵亚马逊第三方市场上的招贴画价格。根据美国司法部的指控,托普金斯开发了一种计算机算法以协调价格变动,并与其他卖家分享招贴画的价格和销售信息。美国司法部指出,这样的做法违反了联邦《谢尔曼法案》(the Sherman Act)①,导致市场上的卖家以"共谋的、非竞争性的"价格销售招贴画,托普金斯的犯罪行为最高可判处10年监禁以及100万美元罚款。

默示价格算法合谋,是指企业之间不进行实质性的联络与沟通,而是通过算法隐秘地实现和维持合谋。例如,一个企业调整网上产品价格后,其他销售相同或类似产品的企业跟随性地调整价格。而随着数智经济的发展,以算法为基础的人工智能已然能够代替商家或个人定价,并自主进行算法分享,从而为经营者提供隐秘的默示价格算法合谋。由于其隐秘性极高、技术性极强,虽然各国反垄断执法机构已经开始重点关注这一合谋类型,但至

① 《谢尔曼法案》制定于1890年,是美国国会第一部反托拉斯法,也是美国历史上第一个授权联邦政府控制、干预经济的法案。该法规定,凡以托拉斯形式订立契约、实行合并或阴谋限制贸易的行为,旨在垄断州际商业和贸易的任何一部分的垄断,或试图垄断、联合或共谋犯罪的行为,均属违法。违反该法的个人或组织,将受到民事或刑事制裁。该法奠定了反垄断法的坚实基础,至今仍然是美国反垄断的基本依据。

今仍没有对默示价格算法合谋进行执法的案例,与之相关的技术支持、法理研究亟须加强。

机器合谋是算法合谋的高阶形式,也是最令人担忧的一种形式。由于算法自我学习能力的加强,即使经营者并无合谋意图,其采用的价格算法也会在无须人为干预的状态下进行高效的反复实验、不断调整价格,最终由算法达成经营者之间的合作性均衡,实现价格合谋的效果,从而损害消费者利益。

机器合谋比明示价格算法合谋和默示价格算法合谋更加危险与隐秘,主要有以下两个原因。其一,机器算法的计算速度与定价效率远高于人类决策,可以在很短的时间内通过多次试验形成合作性均衡的定价策略;其二,机器算法相对于人具有更强的预测能力,基于训练数据集,能够更准确地掌握其他算法和消费者的可能应对方式,并根据这些预测选择个体收入最大化的定价。

2015 年的斯宾塞·梅耶(Spencer Meyer)诉讼优步(Uber)[①]案,就是机器合谋的一个经典案例。在用车高峰时期,所有的优步司机都使用优步公司开发的动态定价算法,这一算法倾向于在用车需求旺盛时提高价格,而更高的价格也使优步公司获得更高的车费提成。试想,如果没有这个算法,司机完全可以与乘客自主协商“车费”,从而可能会选择“背叛”合谋——通过设定比其他司机更低的价格来获得客户,那么市场就会处于更加自由的竞争状态。

虽然优步公司没有任何一名员工直接指使司机在订车高峰期制定高价,但优步公司研发的机器算法事实上已经成为合谋的主导者。2015 年 12 月,斯宾塞·梅耶(Spencer Meyer)作为优步软件的使用者,向优步公司提

---

① 优步,成立于 2009 年,公司总部位于美国硅谷,是美国最大的网约车平台。

起诉讼,目前该案已经进入仲裁程序,优步公司全身而退的可能性不高。

不难想象,随着数智经济的进一步发展,基于算法的决策将变得极为普遍,同时也会更加隐蔽。在存在信息不对称的场景中,算法合谋尤其是机器合谋也更将可能成为常态,造成更加严重的不平等与不公平。为此,中国国家发展改革委于 2010 年制定并发布《反价格垄断规定》,禁止经营者达成在价格方面排除、限制竞争的协议、决定或其他协同行为,即价格垄断协议。但随着人工智能的发展,近年来默示价格算法合谋与机器合谋给《反价格垄断规定》带来了一定的挑战,相关的反垄断法评价和规制也有待更加先进的制度设计与执法实践。

3. 未来展望

无论是算法歧视,还是算法合谋,都给现行市场监管体制与社会管理机构带来了十分严峻的挑战。对于传统意义上的歧视与合谋,市场监察与法律机构总是可以通过细致的调查与分析找到违规行为的蛛丝马迹,从而认定与惩治违法、违规行为。然而,对于算法歧视和算法合谋,上述机构面临的是一个无处下手的"黑盒子":即使程序员和工程师给出了算法的具体内容与基本规则,由机器主导的歧视与合谋也是难以察觉的,甚至是不需要任何人为介入的,这就在无形中破坏了社会运行的基本秩序。

可以说,人们对算法的恐惧其实是来自对未知的恐惧。由于无法获知算法是如何得到结果的,我们自然就无法百分百信任它。谷歌团队的数据科学家金彬(Been Kim)最近研发的一项名为"TCAV"的新技术,似乎为算法歧视带来了一种新的解决思路(Kim,2018)。

TCAV,全称为 Testing with Concept Activation Vectors,意为"概念激活向量测试",技术含义是直观显示神经网络模型运算所依据的概念及其权重。简单来说,TCAV 将算法这个"黑箱子"变得透明了,我们不再对其一无所知,而是能够清晰地看到箱子中发生的情况。如此一来,一旦出现算法歧视,我们就可以获知究竟是哪一个步骤的算法出现了歧视,从而更容易从根本上解决问题。

譬如,一个用于识别"医生"这一形象的算法,根据 TCAV 的结果,按照权重由高至低将其识别概念进行排序,则分别是"白色衣服""听诊器""男性"和"白种人",显然,前两个是识别"医生"这一形象的重要因素,而无论是"男性"还是"白种人"都涉嫌算法歧视,需要进行纠偏。可以说,算法像是练习册后附的参考答案,只有结果没有过程;而 TCAV 更像是将解题过程逐一列出的老师,让我们在获知结果的同时也能理解其过程。如果类似TCAV 这样的测试系统能够更加完善、适用性更强,我们也许会在不久的将来真正获得能够对抗算法歧视与算法合谋的技术武器。

六、大数据与人工智能驱动可持续发展

无论是数据垄断、算力垄断,还是屡禁不止的大数据"杀熟",抑或是上文刚刚探讨的算法歧视与算法合谋,均表明大数据与人工智能的迅速发展对于权益与福利的合理分配带来了严峻挑战。而在人类历史的长河中,这种由技术革命诱发的不平等问题并不罕见,学者也从未停止过探究解决方法的步伐。

1. 技术革命诱发不平等问题的探索

1842—1844 年,暂住在英国的恩格斯目睹了英国工人阶级的悲惨处境,于是之后便完成了《英国工人阶级状况》一书。书中这样描述 19 世纪中期英国工人的居住和生活状况:

"据**盖斯克尔**统计,仅仅曼彻斯特本城就有两万人住在地下室里……在曼彻斯特的郊区,住人的地下室**至少**也和曼彻斯特本城一样多,所以在整个曼彻斯特,连同郊区在内,住地下室的人共有四五万。大城市里的工人住宅就是如此。如何满足住屋的需要,是可以当做一

个尺度来衡量工人其余的一切需要是如何满足的。不难想像,在这些肮脏的洞穴里只有那些穿得很破、吃得很坏的人才能住下去。而实际情形也正是如此……无论是在女人的衣橱里或男人的衣橱里,都几乎根本没有亚麻布和毛织品,只有棉织品。衬衫是用漂白布或是杂色的印花布做的,女人的衣服大部分也是印花布做的,毛织品的裙子很少能在晒衣服的绳子上看到。男人们大都穿着粗布及其他粗棉织品做的裤子和同样的料子做的上衣或夹克。粗布(fustian)甚至成了工人服装这个名词的同义语,工人被叫做 fustian-jackets〔粗布夹克〕,而工人也这样称呼自己,借以和那些穿呢子(broad-cloth)的老爷们相区别,而呢子也就成了资产者的标志。"①

2009 年,牛津大学经济史学家罗伯特·艾伦(Robert Allen)发表了一篇名为《恩格斯停滞:英国工业革命中的技术变革、资本积累与不平等》的论文。该文借用恩格斯的《英国工人阶级状况》中对于 1844 年英国工人阶级收入情况的描述,来解释工业革命中的技术进步导致的收入差距扩大,并将这一种经济持续增长但工资增长停滞不前的现象定义为"恩格斯停滞"。

通过细致分析 1760—1913 年的英国宏观经济数据,艾伦教授按照收入不平等的表现形式将这段时期分为两个阶段。第一个阶段是从 1760 年到 19 世纪中叶,在这段时间内英国工人阶级的工资几乎没有增长,技术进步的利益几乎完全由企业主和资本家所攫取,工人阶级与资本家之间的收入差距迅速拉大;第二个阶段是从 19 世纪中叶到 1913 年,这一时期英国工人阶级的工资开始增长,但仍落后于人均产出的增速,总体上来看收入差距仍然在增加而非缩小。艾伦教授认为,收入分配的不平等结果是核心生产要素由企业主们所控制而导致的,公共政策虽然能够在一定程度上化解这一

---

① 《马克思恩格斯全集》第 2 卷,人民出版社 1957 年版,第 348—349 页。

问题,但作用也比较有限。

2014 年,芝加哥大学著名经济学家布伦特·尼曼(Brent Neiman)和他的合作者发表在《经济学(季刊)》(*QJE*)杂志上的著名文章,系统地梳理了 20 世纪 70 年代后期开始的劳动收入份额(即劳动者报酬占总收入的比例)的趋势性下降(Karabarbounis 和 Neiman,2014)。他们研究认为,造成这一趋势的最主要原因,是技术进步导致的资本品(Capital Goods)价格下降,从而促使企业加大对资本的投入而减少对劳动力的支出。

同样是 2014 年,法国著名经济学家托马斯·皮凯蒂(Thomas Piketty)与他的学生加布里尔·扎克曼(Gabriel Zucman)发表在《经济学季刊》上的文章讲了一个类似的故事,只是文章的标题更加危言耸听——《资本归来:富国的财富收入比(1700—2010)》("Capital is Back:Wealth-income Ratios in Rich Countries 1700-2010")。他们通过研究 1970—2010 年美、日、德、法、英、意、加、澳这八大发达经济体的国家资产负债表,发现近几十年来这些国家的财富收入比均在逐步上升,从 1970 年的200%—300%上升到 2010 年的 400%—600%——而这正是 18—19 世纪欧洲的财富收入比水平(600%—700%)。皮凯蒂和扎克曼认为,这主要是因为长期资产价格复苏(其本身是由世界大战以来资本政策的变化推动的)、生产率下降以及人口增长放缓。这一结论还被皮凯蒂写入其引起广泛讨论的著作《21 世纪资本论》中(见图 8-2)。

➢不平等、不公平问题的成因

为什么技术革命的早期阶段总是会扩大不平等、造就不公平呢? 根据已有理论,至少可以从以下四个方面作出解释。

第一,新技术的拥有者往往是经济活动中拥有更多资金、资本和资源的既得利益者。因此当新技术带来经济回报时,这些拥有技术的社会阶层(往往不是劳动者)自然能从中获得更大的份额,从而加大了收入差距。

（单位：%）

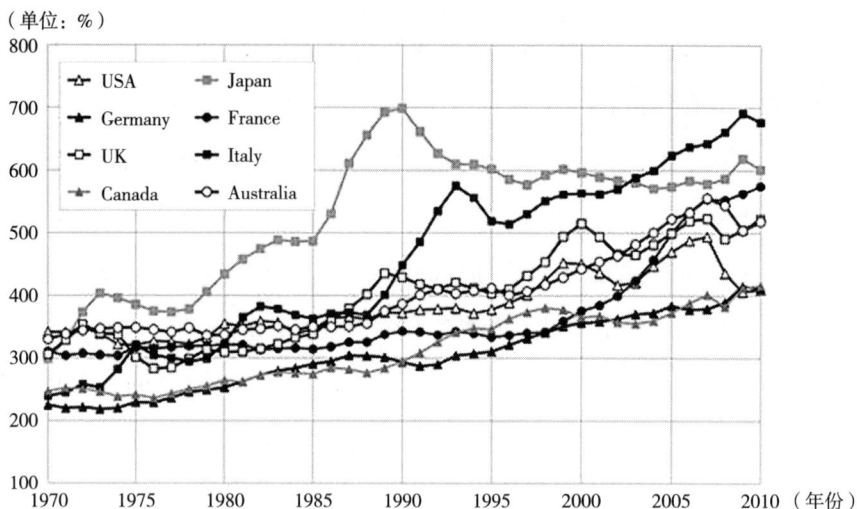

图 8-2　1970—2010 年八大经济体财富收入比

资料来源:托马斯·皮凯蒂:《21 世纪资本论》,中信出版社 2014 年版。

　　第二,与上一点相对的,劳动者在技术革命中总是面临被替代的风险。无论是以蒸汽机的发明和使用为代表的工业革命时期、以交流电和电动机为代表的电力革命,还是当下以数据和人工智能为代表的数字经济时代,都包含了对于传统人力劳动的替代。在新职业、新工作未被创立之前,劳动力市场将必然出现过剩。

　　第三,作为经济主体的个人、企业和政府,接受新技术的能力有高低不同,吸收技术的速度也有快慢差异,这就造成了技术应用与收入提升上的差异性,进而导致不平等与不公平。一般来说,经济发展基础较好的国家和地区,在人力资本、技术资本和学习能力上均有显著优势,在技术革命到来之后能迅速吸收、应用新技术,从而形成"强者恒强,富者恒富"的局面。

　　第四,收入分配、社会福利和权益保护等基础性制度的改变需要时间。作为制度制定者与维持者的政府和法律机构,对于新技术以及新技术所催生的新经济现象的认知需要时间,不会贸然改变成型已久的基础性制度,这就造成了新技术刚刚兴起时的监管真空。

但是,在对于个人权益与社会福利的影响上,以大数据与人工智能为代表的新技术革命,与以往分别以蒸汽机、电力技术为代表的第一次工业革命和第二次工业革命存在两个关键性差异。

其一,大数据与人工智能相关技术作为通用目的技术的渗透性,要强于以往技术革命中占主导地位的关键性技术。相对于其他大多数通用目的技术如蒸汽机和车轮,大数据与人工智能深刻地进入了人类生活的各个方面,经济社会活动的经验逻辑逐渐被算法逻辑所取代,导致一些基础性的权益分配与福利规则被悄然打破。

其二,大数据与人工智能的广泛应用改变了社会生产的基本规律,传统意义上的生产函数不再成立,边际产出递减、市场出清等基础性条件也面临挑战。那么,基于传统生产函数与市场竞争法则的分配规律就不再生效,需要重新撰写数智经济背景下的经济学原理。

诚然,大数据与人工智能对社会福利造成的负面冲击如此令人担忧,然而这些技术的正面影响同样巨大,在本书前面的章节中我们已经进行了详细分析。因此我们必须承认,正因为大数据与人工智能具有的上述特点,其在化解社会不公平、收入不平等与福利分配不均等方面潜力巨大,若能加以善用必然可以有效减少不平等、实现普惠。

2. 数字技术的应用

哈佛大学经济系教授哈吉·柴提(Raj Chetty)的一系列研究表明,大数据可以被用于解决经济与社会发展中的政策难题,通过利用大数据可以设计更好的制度安排与政策选择,从而实现机会均等这一公平竞争的前提条件。柴提教授还专门开设了一门名为"使用大数据来解决经济与社会问题"的本科生课程来介绍相关话题,受到了哈佛大学学生的一致好评,其受欢迎程度甚至超过了该校格里高利·曼昆(N.Gregory Mankiw)教授讲授的久负盛名的"经济学原理"课程。

柴提教授使用大数据进行的各项研究中，"褪色的美国梦"（Fading American Dream）这一关注收入流动性的研究项目知名度最高、影响力最大。采用大数据分析方法，柴提教授的研究团队整理了数百万份匿名的美国人税收记录，发现美国不同收入群体向上的收入流动性均在下降。出生于20世纪40年代这一黄金时代的美国人，其收入超过父母的比例为92%；然而在20世纪80年代出生的美国人，也就是美国的"80后"，其收入超过父母的概率仅为50%。其中，中等收入家庭（占社会总人口的80%）的子女收入下滑趋势尤为明显。

柴提教授认为，上述数据体现美国的不平等加剧主要有以下两个原因：由于整体增长潜力下降导致的GDP增速的持续下降，以及由于新技术等因素导致的新增产出中分配的不平等。这两方面的原因也暗示了化解美国收入不平等的两个潜在办法：重新提升美国的中长期经济增长潜力，或者显著改善美国的收入分配制度，而无论哪一个无疑都依赖新技术发挥作用。已有研究充分验证了大数据与人工智能要素提升经济增长速度的巨大潜力，本书的前七章也对此专门做了介绍；而改善收入分配制度，则需要大力发展基于数字技术的普惠性增长，这一增长模式被国际智库机构罗汉堂①定义为"新普惠经济"。

罗汉堂的研究团队提出，数字技术的三类应用——电子商务、移动支付以及数字化金融服务，能够促进低收入地区和人群向高收入地区和人群收敛，从而有效降低收入差距和进入门槛，最终实现普惠性经济增长。

首先是电子商务。罗汉堂认为，具有开放性的电子商务平台能够帮助

---

① 罗汉堂，2018年6月成立于杭州，是由阿里巴巴倡议、社会科学领域全球顶尖学者共同发起的开放型研究机构，主要研究数字技术对经济和社会的影响。罗汉堂首批学术委员会委员以经济学家为主，包括6位诺贝尔经济学奖得主。

创业者,尤其是欠发达地区的创业者创立企业。原因在于,相较于传统创业模式,电子商务平台具有进入门槛低、对资本和数字技能要求低、互补性资源配置量大(如开放算法、免费或低价的创业服务、网上免费课程等)等优点,能够帮助在传统意义上不具备创业条件的个人与初创企业(尤其是中小微企业)成功创立和逐步成长,从而有效减少市场摩擦和不必要的制度成本,实现普惠性创业。

数字技术推动普惠性经济增长的另外两种渠道是移动支付和数字化的金融服务,这二者是不可分割的。移动支付在很大程度上缓解甚至解决了金融学中的金融排斥(Financial Exclusion)问题,即社会中的某些群体没有能力进入金融体系,没有能力以恰当的形式获得必要的金融服务,这与前面提到的数字排斥具有一定的相似性。

在移动支付发展起来之前,许多欠发达或基础设施薄弱地区的居民就面临金融排斥的问题。即使拥有稳定的收入来源,这些地区的居民也难以开通一个银行账户,更不用说向银行申请一笔创业贷款。移动支付的发展,使这些被排斥在信贷系统之外的个人和企业也能够使用金融服务,即使他们无法参与抵押或者提供银行征信记录。大数据技术会根据他们的用户画像设定合理的信贷规模和贷款利率,提供更加便捷的支付、贷款、保险、理财等金融服务,进而促进收入提升,有效缓解不平等,最终实现包容性增长。特别是在新冠肺炎疫情期间,以移动支付为基础的数字经济生态圈,保障了医疗资源的有效配给,破解了老百姓的生活难题,也使各项帮扶企业的纾困政策和优惠措施得以落实。而在"后疫情时代",金融服务的数字化与智能化必定是未来银行等金融机构的发展方向。

3. 可持续发展战略

中国国家金融与发展实验室发布的《中国普惠金融创新报告(2020)》中指出,数字普惠金融已经成为当前普惠金融发展的主流。然而,在推进数字普惠金融的过程中也会遇到一些现实问题。对于金融企业来说,其提供信贷服务的最终目的是获得与风险对等的利息回报。因此当高风险、低信用评级的客户申请贷款时,逐利的算法有时候就会作出提高利率的判断,甚至还会作出高于法律允许的利率水平的高利息建议,这无疑就需要金融企业在公益性与营利性之间作出权衡取舍。这样的权衡取舍在数智经济中并不罕见,而目前的技术也难以设计出一个完美的算法同时满足个体最优与社会最优。面对这样的问题,亟须为企业决策设定一系列的指导性原则,而"可持续发展战略"就是一个可以参考的答案。

世界环境与发展委员会(WCED)对可持续发展的定义是"既能满足当代人的需要,又不对后代人满足其需要的能力构成危害的发展"。践行可持续发展理念,不仅已经成为全球共识,也是新时代中国经济转型升级、实现高质量发展的必然选择。2016 年 1 月 1 日,由联合国牵头的《2030 年可持续发展议程》正式启动,该议程为 2016—2030 年制定了 17 项可持续发展目标,涉及可持续发展的三个层面:社会、经济和环境(见表 8-2)。联合国秘书长潘基文指出:"这 17 项可持续发展目标是人类的共同愿景,也是世界各国领导人与各国人民之间达成的社会契约。它们既是一份造福人类和地球的行动清单,也是谋求取得成功的一幅蓝图。"

表 8-2　联合国 17 项可持续发展目标

编号	可持续发展目标
目标 1	在全世界消除一切形式的贫困
目标 2	消除饥饿,实现粮食安全,改善营养状况和促进可持续农业
目标 3	确保健康的生活方式,促进各年龄段人群的福祉
目标 4	确保包容和公平的优质教育,让全民终身享有学习机会
目标 5	实现性别平等,增强所有妇女和女童的权能
目标 6	为所有人提供水和环境卫生并对其进行可持续管理

续表

编号	可持续发展目标
目标 7	确保人人获得负担得起的、可靠和可持续的现代能源
目标 8	促进持久、包容和可持续的经济增长,促进充分的生产性就业和人人获得体面工作
目标 9	建造具备抵御灾害能力的基础设施,促进具有包容性的可持续工业化,推动创新
目标 10	减少国家内部和国家之间的不平等
目标 11	建设包容、安全、有抵御灾害能力和可持续的城市和人类住区
目标 12	采用可持续的消费和生产模式
目标 13	采取紧急行动应对气候变化及其影响
目标 14	保护和可持续利用海洋与海洋资源以促进可持续发展
目标 15	保护、恢复和促进可持续利用陆地生态系统,可持续管理森林,防治荒漠化,制止和扭转土地退化,遏制生物多样性的丧失
目标 16	创建和平、包容的社会以促进可持续发展,让所有人都能诉诸司法,在各级建立有效、负责和包容的机构
目标 17	加强执行手段,重振可持续发展全球伙伴关系

资料来源:《2030 年可持续发展议程》。

从技术支持上来说,大数据与人工智能中的各项技术能够为这 17 项发展目标中绝大多数目标的实现提供有利条件。例如,中国科学院的地球大数据科学工程,能被广泛运用于监测评估可持续发展目标,在自然灾害预防和提前预警、污染排放监测、提升对公共机构的信任,以及产生基于实证的决策和倡议等方面发挥重要作用。又譬如,人工智能可以被用于分析和预测环境温度、降雨量、土壤成分、市场实时价格等相关数据,帮助农民提升农作物产量,合理规划农作物生产种植,制定合适的农产品价格。据以色列科技公司 Phytech 公布的报告,其研制的物联网技术能够为农业活动节约 20% 的水资源,同时提高 20% 的生产率。

除了提供技术支持外,大数据与人工智能的持续和健康发展,也应该成为可持续发展的目标之一。通过对大数据、云计算以及人工智能等技术的发展方向进行引导，一些存在已久的经济社会问题——如对于人类经济活动的测度偏差和持续的人口老龄化均有望得到根本性改善。

此外，通过提高算法效率，降低大数据与人工智能训练的资源和能源消耗，也是实现可持续发展的内在要求。近年来，人工智能领域的投资与研发上开始出现"大力出奇迹"的不好势头：为了获得让大众觉得新奇的计算结果以获得市场关注和资本青睐，程序员过度依赖大模型、大数据和大计算来解决人工智能的精度问题，这就不可避免地会消耗大量能源和计算资源。这一势头将导致"算力竞赛"的恶性循环，造成不必要的能源和资源浪费。

据悉，AlphaGo 每下一整盘棋所需要散热的电费成本是 3000 美元，同时其学习与比赛过程中的 CPU 和 GPU 损耗也只高不低。根据马萨诸塞大学研究团队的研究结果，常见的几种大型人工智能模型的训练过程，可排放超过 62.6 万磅二氧化碳——这几乎是普通汽车寿命周期排放量的 5 倍。除此之外，数据集的生成同样成本高昂，若要利用亚马逊的 Mechanical Turk 之类的服务来生成 10 万个样本数据集供人工智能使用，需花费大约 7 万美元。微软在为人工智能降费减耗上起步较早，开发出了高效低耗的主题模型"LightLDA"，梯度决策树"LightGBM"，以及神经语音合成引擎"FastSpeech"。这些高效算法仅是大数据与人工智能驱动的可持续发展的一个开始，相关的技术发展与转型值得持续关注。

小 结

　　大数据与人工智能的广泛应用、平台型企业的迅速扩张，以及近期一系列由数据驱动的经济社会事件，均引发了全社会对于数据垄断与新技术引致的不公平和不平等的深层次担忧。在本章中,笔者试图分析这些担忧背后的深层次原因,也通过研究证实了这些担忧并非杞人忧天。笔者认为,想要化解这些不公平与不平等,一个基本原则是:要将最终决策权牢牢地把握在"人"的手中,让数据和人工智能发挥的作用限制在辅助决策层面。此外,应充分发挥大数据与人工智能在驱动可持续发展上的巨大潜力,以实现普惠性经济增长。在下一章中,作者将从机制设计和治理手段的角度,探究政府在数智经济中的重新定位与身份转变。

第九章

数智经济中的机制设计与政府治理

"做大做强新兴产业集群,实施大数据发展行动,加强新一代人工智能研发应用,在医疗、养老、教育、文化、体育等多领域推进'互联网+'。"

——李克强,中国国务院总理

"我们相信上帝。其他任何人(如果想要我们信任你),请用数据说明。"

——迈克尔·布隆伯格,曾任美国纽约市市长

数智经济的蓬勃发展,对于现代经济体制带来了新的机遇与挑战。大数据和人工智能催生了新的生产组织形式、新的生产过程、新的商业模式以

及新的消费行为,从总体上提升了社会生产率与经济增长潜力。然而,对于大数据和人工智能等资源的不合理分配与滥用,也造就或加深了平台垄断、"信息孤岛"、大数据"杀熟"和"数字鸿沟"等经济和社会问题。这就必然要求政府提高对于数智经济的介入程度,采取机制设计、市场监管、技术管控、标准建立和法律制定等多种手段,有效缓解大数据和人工智能所造成的负面影响。当然,在采取以上手段与措施的时候,政府也必须明确其行为边界,在进行有效监管的同时尽可能促进数智经济的健康有序发展。

在本书的最后一章中,我们将首先从数据产权的角度出发,探讨数据市场应该如何设计,以及数据中介在当前的数智经济体系中是否具有存在的必要性。其次,我们将讨论对于人工智能的监管前景,尤其是在数据隐私保护与经济伦理原则两个层面上。最后,我们将从政府行为的角度出发,探讨数智经济的发展中政府介入的边界在哪里,并给出我们的政策建议。

一、数据产权的机制设计

由于摩尔定律①的作用,过去短短几年间已产生了海量的数据。随着数据量的增多,与数据相关的社会、经济甚至法律问题频出,从而引起了社会各界的注意与思考。事实上,大多数围绕数据产生的利益侵权和社会福利问题都是由于"数据产权"分配不清晰而导致的。

1. 数据产权的概念

在绝大多数情况下,"数据产权"可以被视为"知识产权"的一种扩展与延伸。

---

① 摩尔定律是由英特尔公司名誉董事长戈登·摩尔(Gordon Moore)经过长期观察总结的经验:每个新的芯片大体上包含其前一代2倍的容量,每个芯片产生的时间都是在前一代芯片产生后的18—24个月内。概括而言,就是处理器的性能每隔18—24个月翻1倍,在数智经济中,可以理解成数据规模的指数级增长。

知识产权的基本定义是："人们就其智力劳动成果所依法享有的专有权利"，通常是国家赋予创造者对其智力成果在一定时期内享有的专有权或独占权。从本质上说，知识产权是一种无形财产权。根据 2021 年 1 月 1 日起施行的《中华人民共和国民法典》，知识产权是权利人依法就下列客体享有的专有的权利：（一）作品；（二）发明、实用新型、外观设计；（三）商标；（四）地理标志；（五）商业秘密；（六）集成电路布图设计；（七）植物新品种；（八）法律规定的其他客体。

对于数据库和数据集来说，数据产权可以被视为知识产权中的著作权，并根据数据库和数据集在选择与编排上是否具有独创性加以区分。然而，这一理解仅适用于被整合起来"入库成集"的数据，对于用户的个人数据来说并不适合。基于已有研究，中央财经大学法学院的吴韬教授提出，除了作为知识产权的子类之外，数据产权还可以被视为新型人格权、商业秘密权和数据财产权，分别强调数据的人格主体性、商业秘密性，以及财产所有性。其中，数据产权同时具有"人格性"和"财产性"，是其容易出现利益分配问题的最主要原因。

在数据产权问题上，已有经济学研究大多以消费者剩余和社会总福利最大化作为评判标准，试图通过模型构建、机制设计等方法来比较和评判不同产权分配方式的优劣。需要强调的一点是，这些研究大多以企业能够使用大量用户数据盈利为基准情形，显然这也符合当前数据产权的实际分配情况。

2. 隐私保护与数据共享

卡耐基梅隆大学的阿奎斯蒂教授等学者（Acquisti 等，2016）从隐私经济学的视角，探讨了个人信息的经济价值以及消费者在个人数据的隐私保护与共享之间面临的权衡取舍。在现实中，对于个人数据的使用既可能增加也可能降低社会福利。一方面，数据共享可以减少信息摩擦，促进市场交易活动，从而提升社会整体福利；另一方面，对数据商业价值的利用也有可能导致私人效用降低，甚至导致整个社会福利的减少，譬如，上一章探讨过的大数据"杀熟"、算法歧视等问题。

随着大数据技术的快速发展，企业获取用户数据的手段和能力都在增强，同时也变得更加隐蔽和不易被察觉。消费者虽然可能从基于大数据分析的针对性产品推荐中获益，但也可能因此承受个人隐私被侵犯所带来的货币成本和负效用。虽然市面上已经出现了一些新的技术，使注重隐私的消费者可以定制个性化的控制选项——例如在安装电脑系统时询问用户是否将数据发送给系统提供商，这看似将隐私处理的选择权交还给了消费者，但实际上这类"数据隐私使用征询"选项往往十分隐秘、不易被察觉，大多数消费者就这样在不知不觉或者后知后觉中，放弃了自己的数据隐私。而另一部分相当重视隐私的消费者，最终也因缺乏彻底保护自己数据隐私的能力和手段，不得不屈服于那些对他们的隐私觊觎已久的企业。

总体而言，阿奎斯蒂等学者认为，从数据中汲取经济价值，同个人数据隐私保护并不一定互斥。保护隐私和数据共享的最佳平衡点，在很大程度上取决于信息条件和经济环境，而这些条件也会随着时间的推移发生动态变化。例如，在医疗领域，如果数据隐私的风险得不到有效解决，那么公众对医院广泛收集患者病历这一做法的担忧就会超过支持。因此，阿奎斯蒂等建议，应根据具体情况来制定包括监管干预、技术解决方案和经济激励措施等多种手段的选择组合，并始终以确保隐私保护和数据共享之间的平衡为目标。简言之，就是通过设定一系列监管与开放方案，由消费者根据其对于隐私被侵犯程度的感知，自行决定选择哪种方案。

客观来说，阿奎斯蒂等提出的这一做法弱化了政府在数据产权问题上的作用，而是依赖于身为弱势群体的消费者，这就很可能导致监管缺失和消费者福利受损。譬如，在社交网络领域，由于存在极强的网络效应和社群效应,大多数情况下消费者无法独立选择符合自身隐私偏好的服务与企业,而是需要与其他社群成员保持一致,这就意味着不得不放弃隐私。事实上,脸书就不止一次出现过用户个人数据泄露的风波,而又有多少社交用户因此放弃脸书了呢?

3. 数据产权的分配和机制设计

关于数据产权的分配以及相应的机制设计问题,琼斯和托内蒂(Jones和Tonetti,2020)的研究提供了一个基础性的理论框架。他们以数据的非竞争性为切入点,专门研究数据产权的不同分配方式(由企业拥有或是由消费者拥有)对社会福利的影响。琼斯和托内蒂建立理论模型的基本假设是,企业以"数据换服务"的方式得到消费者数据。

第一种情况,当企业拥有数据的产权时,企业就不会充分尊重消费者的隐私,进而造成对数据的滥用。如果政府出于对隐私权的关注与重视,就会大幅限制企业对消费者数据的使用。政府的这一举措虽然维护了消费者的隐私权益,却也使非竞争性的数据生产要素不能够以最优的规模投入使用,继而导致生产的无效率。如果政府选择不干预市场行为,那么由于数据存在非竞争性,理论上该数据就会被大量企业同时使用,从而产生巨大的社会经济效益。但现实中,拥有数据产权的企业(大多是具有垄断力量的平台企业)会意识到对于数据的分享和出售将会导致"创造性毁灭",即新兴企业的发展会淘汰老牌企业。因而平台企业会尽可能地囤积数据并阻止其他企业使用其数据,使数据的非竞争性无法充分发挥,最终造成无效率的均衡结果。

第二种情况,当消费者拥有与其行为相关数据的产权时,他们会自动权衡保护隐私与出售数据的利弊。如果弊大于利,消费者会选择保护自己的隐私;如果利大于弊,消费者则会出售自己的数据,而由于数据要素的非竞争性这一特征,使数据能够在企业间得到广泛使用,从而提高社会经济效益。

基于上述分析，琼斯和托内蒂（2020）得出结论，数据由消费者所有产生的福利，远高于由企业所有的情况，因此将数据产权赋予消费者可以带来接近社会最优的分配。

通过对于上述两篇关键文献的梳理，我们可以得出三个主要推论。第一，数据产权保护与经济效益之间存在一定的权衡取舍，虽然这一权衡取舍不一定是简单的此消彼长关系；第二，从总体上看，至少应该把部分数据产权分配给消费者——这一数据市场上的弱势方，这样会显著提升社会福利与消费者剩余；第三，企业会尽可能地囤积得到的用户数据，而非分享数据，进而导致数据的非竞争性无法得到充分发挥，最终造成无效率。可以说，已有研究厘清了数据产权分配不当导致的诸多问题，但是尚未给出足够具体的解决方法。

4. 竞争政策的设计

除了产权分配和市场机制问题，在设计数据市场时还需要重点关注与数据相关的竞争政策（反垄断政策）的设计问题。近年来，学界也对数字经济反垄断政策展开了大讨论。一些学者认为，数字经济反垄断不应将"规模"作为其判断标准。夏皮罗和范里安在其重要著作《信息规则》中就曾指出，设计竞争政策或反垄断政策的初衷应当是保护公平竞争，而不是惩罚赢家、保护输家。目前，在数字经济反垄断的相关社会事件中，占有最大市场份额的企业被自然而然地视为垄断者，但从数字经济的发展史上来看，似乎并不存在一个能够完全遏制其他竞争对手进入的垄断者。还有一些学者提出，如果科技巨头和互联网平台企业的行为对社会没有造成明显的负面影响，那么就不应盲目地将其判定为"垄断"，而应从生产效率、社会福利以及激发创新等多个角度来审视企业之间的不正当竞争行为，以更好地反映反垄断政策的初衷。

近年来,各国(尤其是数字经济发展迅速的中国和美国)均诞生了一大批新兴互联网企业,它们虽然对传统企业造成了极大冲击,却也在一定程度上鼓励创新、提高了消费者福利。美国数字支付公司 Stripe 与中国信息科技公司字节跳动等新"独角兽"的崛起,以及它们对于行业巨头的挑战就是极佳的例证。

需要注意的一点是,设立法律的目的不在于惩罚,而在于关怀和保障。平台企业既具有企业的普遍特征,又拥有大量的数据优势与算力优势,甚至在匹配供需双方时还部分地发挥了"市场"的职能。在这种背景之下,如果在垄断事件明确发生后作为"守夜人"的政府才进行介入,届时消费者和其他竞争企业的利益已然受到损害,那么反垄断政策"防患于未然"的功能便已失效。从这个角度来说,政府在数智经济中的身份不应当仅限于"守夜人"和"保育员"而已。

二、数据中介与数据央行

如果纯粹的市场机制无法解决数据产权与福利分配的问题,而政府的介入又会引起对于数据资源配置效率的担忧,那么能否如同金融业或是房地产业等行业一样,通过引入中介来提升数据的供需匹配效率?

1. 数据中介的兴起

实际上,许多平台企业已经在发挥着数据中介(Data Intermediary)的作用,职场社交平台领英(Linkedin)就是一个突出的例子。自 2003 年成立于美国加州后,领英始终致力于打造"一站式"职业发展平台。截至 2020 年,领英已经覆盖了全球 200 多个国家和地区,全球用户数量超过 6.9 亿人,仅美国用户数就超过 6000 万人——约占美国所有社交网络用户的 1/3 左右。领英的主要盈利模式有两种,一是销售类似于其他互联网平台企业的在线广告,二是销售名为"领英人才大数据洞察"(LinkedIn Talent Insights,LTI)

的人才解决方案,通过导出并分享其人才库数据和公司企业数据,或是形成基于用户数据的专题报告,为企业业务决策提供建议。在第二种盈利模式中,领英发挥了实质上的数据中介作用。

2021 年 3 月 31 日,在北京市人民政府的大力推动下,北京市经济和信息化局会同市金融局、市商务局、市委网信办等部门,组织北京金控集团牵头发起成立北京国际大数据交易有限公司。据发布会介绍,北京国际大数据交易所将"以数据技术为支撑,采用隐私计算、区块链等手段分离数据所有权、使用权、隐私权;促数字经济更安全,在金融科技领域率先落地监管沙箱机制;建国际数字贸易港,以解决企业诉求为基点,推动形成国际合作机制。从观念、技术、模式、规则、生态五个方面进行全新设计,着眼于数据要素赋能产业升级,着力于破解数据交易痛点问题,依托'两区'优势资源,打造国内领先的数据交易基础设施和国际重要的数据跨境流通枢纽"。

2. 数据中介的影响

虽然各种类型、各种组织形式的数据中介都在各国兴起,然而已有的相关研究对于数据中介的作用大多持悲观态度。这些研究表明,数据中介的存在会降低社会总福利,且这种负面作用持续存在,不受数据中介的数量和规模等因素影响。

贝格曼和博纳蒂(Bergemann 和 Bonatti,2019)基于已有的关于信息市场的相关研究,分析了数据中介在信息交易过程中的作用,并通过理论建模和机制设计探讨了信息市场与经济福利的关系。在他们的模型中,数据中介从个人消费者那里收集信息并出售给企业,而企业利用这些信息来改进价格和数量决策。因此,数据中介最初并不拥有任何属于自己的信息,而是从消费者那里收集数据,然后在企业之间重新分配。单个企业利用从中介处得到的数据划分市场,并通过大数据"杀熟"等方法实现三级价格歧视。根据信息市场的基本原理,商品价格与消费者支付意愿的相关性越大,企业就能通过价格歧视获得越大的利润,从而蚕食消费者剩余以及社会总福利。

值得注意的一点是,传统价格理论认为,三级价格歧视所造成的社会福利降低最终会使数据中介无利可图,从而退出信息市场。但贝格曼和博纳蒂则指出,如果设定消费者需求存在不确定性,并且给定消费者数据信息含量的范围,那么引入"数据中介能够将单个消费者的信息打包形成总体性知识并销售给企业"这一关键假设①,会导致市场中存在一个消费者数量的临界值。当实际消费者数量高于这一临界值时,数据中介能够进入市场并获得正利润。

在贝格曼和博纳蒂的这一研究中,数据中介除了收集并销售消费者数据外,还部分地发挥了整合、分析、处理和挖掘数据的作用,并在此基础上将从数据中提取的知识销售给企业。数据中介这么做的理由很简单——企业能够利用他们提供的数据和知识获得更大利润,因此也愿意为这些数据和知识支付更多金钱。由此,数据中介的正常商业行为却导致了社会整体福利和消费者剩余的损失,可以说这与设置数据中介的初衷——通过提高数据供需匹配效率而创造价值,背道而驰。

加拿大银行高级经济学家一桥翔太(Ichihashi,2020)构建了一个包含多个数据中介的信息市场模型,以研究数据中介间的竞争对于消费者福利的影响。在该模型中,从中介购买数据的下游企业会通过价格歧视和骚扰广告等方式侵犯消费者权益,因此中介可能会对收集消费者数据的行为进行补偿。这种补偿既可能是货币转移,也可能是其他形式,如免费的在线服务(网络地图、搜索服务和社交网络等)。

考虑到数据具有的非竞争性,如果多个中介机构都提供较高的数据补偿,那么消费者自然就会选择与所有中介机构共享同一套数据,这无疑降低

---

① 这一假设符合我们在前文对于大数据以及数据生态的理解。

316 | 数字经济时代:大数据与人工智能驱动新经济发展

了数据的交易价值,损害了数据中介的收益。与此同时,具有预见性的中介平台早已预测到了这一情况,因而会选择降低补偿或无补偿。这就导致消费者从数字市场的竞争性中得到的福利既少于传统的商品市场,也少于仅存在单一数据中介的情况。

此外,同样是由于数据的非竞争性,新进入的中介试图从消费者那里收集的任何数据可能都已经被在位者获得,因此低效率的现存中介会将高效率的新兴中介排除在信息市场之外,数据壁垒的存在导致"颠覆式创新"无法发生,从而造成整个信息市场呈现出无效均衡。一桥博士在文中还指出,如果中介收集的数据集互斥且向消费者提供足够多的补偿,那么数据集中度越高,中介机构的利润就越高,而消费者的福利越低。这就表明,即使政府要求市场上的数据中介为消费者提供很高的数据补偿,消费者的福利还是会因为信息市场上的垄断而遭受严重损失。

3. 数据中央银行

既然无论是单一中介还是多个中介相竞争的市场格局,私人数据中介总会带来社会福利的损失,那么政府究竟应如何应对呢?对于这个问题,最常见的标准回答是——通过积极的反垄断措施维护消费者权益,然而本章和上一章的案例都充分表明在现实中这并非一件易事。

根据已有的数据经济理论,可以明确得出以下两个结论。第一,数据中介的存在能够明确数据产权,维护消费者权益;第二,数据中介为了追求利益最大化,无论其是否具有垄断地位,都会减少对于消费者的实际补偿。既然如此,是否可以由政府成立"数据中央银行"(Central Bank of Data)?

从逻辑上讲,"数据中央银行"能够充分发挥数据确权①的作用,也能确保对于消费者的合理补偿,同时还能充分监督数据使用企业的数据使用行

---

① 数据确权,即数据产权以及其他数据相关权利的确认和确定。

为。目前看来,数据固然重要,但数据资本对于经济增长的重要性尚不能与
劳动力、资本等传统生产要素相提并论,国民经济中的相当一大部分仍然是
不太依赖于数据的传统经济,设立"数据中央银行"的实际回报与制度成本
不匹配。但是如果数智经济能够保持当前的发展和扩张速度,随着新知识
经济的不断发展以及实体经济"数智化"的进一步加速,届时再将"数据中
央银行"这一概念纳入数据市场构建的政策讨论中,便显得合情合理。

三、对于人工智能的监管

在本书第六章和第七章中,我们详细介绍了人工智能的发展情况与经
济学规律。在人工智能主导的经济模式中,至少有以下两处需要政府的监
管与介入。

1. 政府监管的必要性

首先,是用于训练人工智能的数据集的来源问题,也就是数据隐私问
题。关于数据隐私与数据产权分配的问题,我们在之前的部分中已经做了
介绍。目前社会上也确实存在许多关于人工智能训练是否会泄露个人数
据、侵犯个人隐私的担忧。对于这个问题,许多人工智能领域的研究员和工
程师认为,数据隐私保护不会限制人工智能的性能与发展,因为二者在根本
上并不冲突——隐私保护个体,而学习挖掘整体,算法关注的是从整体数据
中得出的规律性信息,而非单一个体的隐私数据。从这个角度来说,数据隐
私保护的加强不但不会影响人工智能的训练,还会使人工智能使用更多的
加密数据作为"燃料",从而进一步释放机器学习等人工智能方法的发展
潜力。

其次,除数据隐私外,人工智能的应用与发展所面临的另一个突出问
题,是其所必须遵循的伦理性问题。作为一种拟人性技术,人工智能的伦理
性体现在其透明性、可解释性、可预测性、可教性、可审核性和约束性等方

面。本书作为一本经济学类目的著作,从数智经济中政府与市场关系的角度出发,主要关注人工智能的经济伦理问题——人工智能主导或参与的经济活动中的伦理问题,主要体现在交易公平性、技术可靠性和可持续发展三个方面。

其一,人工智能的交易公平性,集中体现在"算法公平"方面。2018 年 8 月刊的《哈佛经济评论》(*Harvard Business Review*,*HBR*)上,弗吉尼亚大学的阿哈迈德·阿巴斯(Ahmed Abbas)等学者联合发布了名为《让"设计公平"成为机器学习的一部分》的评论文章,提出了从根源上减少算法歧视的几种可行办法,如让数据科学家与社会科学家共同参与算法设计,在为数据与影像人为贴标签时足够审慎,将传统的机器学习指标与公平度量相结合,采样时平衡代表性与群聚效应临界点等手段。当然,除了上述技术手段,想要实现算法公平,最重要的是要求程序员和工程师在设计与编写算法时保持公平意识,在模型构建和训练的各个阶段,随时停下检查是否有潜在的歧视因素进入模型。然而,对于企业来说,上述做法无不意味着额外的非营利性投入,因此需要一定的强制性措施才能予以实现。

其二,人工智能的技术可靠性。据《新科学家》(*New Scientist*)杂志报道,以色列巴伊兰大学的研究人员联合脸书公司的人工智能团队①发布了一项关于语音识别的最新研究成果。该研究成果表明,对于音频剪辑的细微调整,会使得语音识别系统曲解这段音频的语义,即使这些细微的调整在人耳听来并没有什么差别,这就证实了语音识别系统确实存在潜在风险,并不可靠。无独有偶,在图像识别和无人驾驶等人工智能的主要应用领域,也出现过类似的问题。如果在正常的输入样本中添加细微的干扰生成"对抗性样本",就可能起到误导人工智能的作用,从而造成错误的分析结果以及

① 有趣的是,他们用于测试的语音软件是谷歌公司的 Google Voice 软件,而非脸书自己的语音识别系统。

严重的实际后果。

　　需要重视的一点是,目前的技术水平还无法找到一种完全避免人工智能系统被对抗性样本欺骗的方法。也就是说,对抗性样本的影响将始终存在,而人工智能的可靠性也将因此画上问号。面对这一问题,当务之急是提高人工智能开发者和使用者的技术可靠性水平。在开发和设计人工智能的过程中,要为以后的人为介入留下空间;在使用过程中,应时刻保持警觉,在人工智能应用出现错误的时候及时接管系统。而这都会给企业带来额外的成本,因此同算法公平一样,政府的介入也是维持人工智能可靠性的必要条件。

　　其三,除交易公平性与技术可靠性外,人工智能与可持续发展的关系也需要得到政策制定者的足够重视。可持续发展一般包括经济的可持续发展、生态的可持续发展以及社会的可持续发展。人工智能的可持续发展则主要体现在以下两个方面。

　　首先,人工智能的自身发展,需充分满足可持续发展原则。事实上,人工智能本身是一项高耗能技术,在训练人工智能学习的过程中,需要大量的硬件设备、电力以及水力(用于冷却设备)资源作为支持。根据 DeepMind 发表的介绍 AlphaGo Zero 学习围棋过程的论文进行推算,完成一次学习实验需要耗费超过 3000 万美元的算力成本,这一庞大的数字甚至还不包括用水、用电以及研究人员工资等其他成本。因此,如何为人工智能"降费减耗",应是人工智能研究和开发团队在下一阶段的关注重点。

　　其次,对于人工智能的应用,不应该对可持续发展造成过度冲击。无论是对于个人还是社会,可持续就业都是实现可持续发展所不可或缺的组成部分。所谓可持续就业,即在可持续发展系统的承载范围内创造更多的就业机会与就业条件,形成公平的劳动交换体系,使每个劳动人口都能获得充分公正的就业机会、良好的就业环境和就业发展能力。

必须承认的是,人工智能的发展对劳动力市场带来了巨大冲击,从短期来看不利于可持续就业的顺利开展。因此,如何利用人工智能创造出更多的、具有可持续性的就业岗位,缓解甚至抵消该技术对于就业市场的负面影响,应当是人工智能的生产者与使用者,以及就业政策制定者所共同面对的一大难题。

2."监管失当"造成的问题

上述研究与案例皆验证了政府的监管与介入对于人工智能发展的必要性。然而,对于人工智能的"监管失当"也可能造成一些问题,我们不应忽视这种可能性。一些已有研究就提出,对于人工智能的不当监管很可能不利于其在企业部门的应用与发展。

斯坦福大学 FSI 国际研究所的李容锡等学者(Lee,2019)通过随机在线实验,调查了公司管理层在面对不同的人工智能监管情景时,将会如何改变他们的人工智能使用计划。通过整理实验结果李容锡等发现,获悉有关人工智能的监管信息,将降低公司管理层在商业运行中使用人工智能的意愿。而在关于人工智能的监管信息中,通用监管信息(对所有人工智能均使用的监管内容)的影响要远大于行业性监管信息和数据隐私监管信息。此外,人工智能的监管信息披露,还提高了公司管理层对于人工智能应用的伦理问题的重视程度。

李容锡等还研究了对于不同规模的公司,监管信息的影响有何不同。实验结果证明,相较于大企业,人工智能的监管信息对中小企业冲击更大,原因在于中小企业在考虑到人工智能监管成本的上升后,会选择减少在该项技术上的投入,从而在竞争中落于下风。

3. 人工智能监管方法与政策

根据上述结果,李容锡等提出两点建议:其一,政府在监管人工智能的使用时,应尽可能分行业进行,避免全盘监管,以减少监管措施的负外部性;

其二,政府在发布监管文件前,应尽可能明确说明监管目标,也应深刻地意识到其监管行为对于劳动力、企业以及消费者的长期潜在影响。

OpenAI 公司的杰克·克拉克(Jack Clark)与多伦多大学的基里安·哈德菲尔德(Killian Hadfield)共同提出了监管人工智能的一个新方法。他们认为,应跳出传统的"政府主导"的监管思路,将人工智能的监管市场化。人工智能的变化日新月异,就要求监管者不断创新以适应技术的进步。然而,现有的由政府部门主导的监管机构,既缺乏作出巨大调整的动力,也不具有能够充分适应新技术的灵活性,更加缺少充分掌握、解读人工智能算法的技术能力。

按照这一逻辑,他们提出应该建立以监管人工智能和应用为目标的,包括监管对象企业、私人监管者以及政府三方在内的全球监管市场(Global Regulatory Markets)。简言之,由政府要求人工智能的使用者购买私人监管者的监管服务,而政府则只用监督私人监管者即可。通过建立这一全球监管市场,政府赋予了私营企业开发出创新的监管技术和商业模式的动力与自主性,并且政府自身也无须再在人工智能背后苦苦追赶。

虽然这一市场设计颇为新颖有趣,但是我们并不认同这一做法,原因有三。第一,该设想忽视了监管对象企业和私人监管者进行合谋的可能性,实际上二者合谋的可能性极高,且其所带来的社会效益损失也极大;第二,人工智能监管技术需要时刻随着人工智能的发展而不断升级,其难度之大使得中小型企业没有实现该技术的能力,而大型企业成为私人监管者又容易形成新的垄断——这无疑违背了该机制的初衷;第三,大型企业没有大规模投资于监管技术的商业动机,一是因为有政府的参与则其直接经济回报不可能太高,二是因为其开发的监管技术可能被用于监管自身业务——正如"自断双臂"。因此,人工智能的监管仍应由政府主导,只不过政策制定者需要慎之又慎。

4. 主要经济体对人工智能的监管

同对于数据使用和数据市场的监管相比,对于人工智能的监管与政府介入相对较晚,主要原因是人工智能的普遍应用要晚于前者。2020 年被广泛视为是人工智能的监管元年。在这一年内,多个主要经济体均专门针对人工智能发布了正式监管文件。当然,在监管思路、监管办法和监管强度上,不同经济体之间存在较大差异。

2020 年 1 月,美国白宫正式发布了《人工智能应用监管指南备忘录(草案)》,该备忘录从监管和非监管层面提出了人工智能应用相关原则和建议。在监管原则上,美国政府提出增进公众对人工智能的信任、公众参与规则制定、科研诚信与数据质量等十条原则,强调人工智能的发展过程中应以促进创新、增强信任和保护美国的核心价值观为三个核心目标。不难看出,该备忘录本质上是一种依赖于标准制定和政策指南,发展优先于管控的"弱监管"模式。

相比于美国,欧洲对待人工智能的态度更为谨慎。2020 年 2 月,欧盟发布《人工智能白皮书:通往卓越与信任的欧洲之路》,明确了"人工智能应该服务于人类生活福祉的提升和社会更好的发展"这一发展目标,强调了对于使用人工智能过程中产生的各类风险的合理应对。在具体监管手段的选择上,欧盟提出构建人工智能"可信任生态系统"作为其监管框架的核心,通过事先规制以及对于技术开发和应用的条件设置,确保人工智能在欧洲的发展遵守欧盟的基本准则(如保护消费者权利、反垄断等)。

与美国的监管方案相比,欧盟的"可信任生态系统"无疑属于"强监管"的范畴。此外,欧盟的《人工智能白皮书》还对人工智能进行了严格的风险评级,对于"高风险"人工智能进行为严格的监管,且高风险的判定标准比较宽泛(医疗、交通、能源和其他公共领域的人工智能都自动视为高风险)。美国和欧盟在人工智能监管政策上的不同,体现了这两大经济体在人工智能相关风险感知方面的差异,也为其他国家设计和开展人工智能监管提供了两种截然不同的可行思路。

四、数智经济中的政府行为

无论是数据的产权分配与机制设计所面临的障碍,还是人工智能在数据隐私与经济伦理上的监管难题,都反映出在当前的数智经济发展中政府所发挥的作用相对不足的事实。回顾人类的技术发展史,在新技术、新产业发展的前中期,政府介入不足、垄断问题严重等现象往往集中出现。下面,就以美国通信行业的发展为例进行介绍。

1885年,贝尔电话公司将其正在开发的全美范围的长途业务项目分割出去,建立了一家名为美国电话电报公司的独立公司。基于强大的技术优势和广泛的基础设施覆盖度,美国电话电报公司在美国的通信行业迅速占据垄断地位,甚至在成立后的近80年内都始终维持着95%的市场占有率。直到1984年被强制拆分前,美国电话电报公司在美国电话电报市场的占有率仍然超过90%,且其当年的营业额超过了当时美国三大实体企业(埃克森石油、美孚石油和通用汽车)的总营业额。美国电话电报公司通过提高行业准入壁垒与控制本地电信网络,实现了长达一个世纪的垄断,不利于美国通信行业的健康发展与技术革新,也间接地导致了美国电信通信基础设施薄弱,相关技术上的优势渐渐被后来者(主要是中国)缩小甚至反超的现实情况。

然而,在美国电话电报公司形成垄断地位之后,足足经历了近一个世纪才被政府强制拆分,而此时其对于美国电信通信业造成的伤害已经积重难返。因此不难预见,在数智经济中,表现为数据垄断与算力垄断的平台垄断一旦形成,由于其对社会生产所需的关键新要素(大数据与人工智能)的囤积与独占,那么其对于国民经济的负面影响将比美国电话电报公司对传统电信行业的影响更为深重,需要政府及时、尽早地作出反应。

1. 各经济体数智经济反垄断立法

2017年6月,《德国反限制竞争法第9次修订法》正式生效,使德国成为世界上第一个明文规定数据市场反垄断法的国家。仅三年后,《德国反限制竞争法》又进行了第10次修订,强调数据在平台竞争中的作用。2017年12月,美国国会提出两党法案——《人工智能未来法案》,该法案致力于使人工智能以一种更有利于社会、企业和劳动者的方式被利用。然而,截至本书完稿时该法案仍未通过,这一次美国没能够在技术立法上取得优势。与之相对的,2020年10月,欧洲议会通过了有关欧盟人工智能监管的三份立法倡议报告,以推动人工智能的立法进程。欧盟议会和欧盟委员会还指出,新的法律框架旨在避免欧洲在人工智能开发、部署和使用方面落后于其他国家及地区,并希望通过制定新的规则助力欧盟在这一领域的领先地位。

2021年2月7日,中国国务院反垄断委员会正式发布了《关于平台经济领域的反垄断指南》,这是全球第一部由官方正式发布的专门针对平台经济的系统性反垄断指南,为平台经济反垄断问题的界定与规则细化打下了非常坚实的基础。

诚然,法律与规则的制定是政府治理中相当重要的一部分,上述各主要经济体在数智经济领域的立法尝试具有十分重要的现实意义。然而,立法与立规只是政府治理的一方一隅,在监管实践以及相关政策的制定上,各国政府不应局限于传统的反垄断框架,而是应该基于数智经济的技术特点与基本特征作出适当调整。

2. 数智经济中的政府作用

基于已有研究,本书特此对数智经济中政府应如何发挥作用提出以下四条具体建议,以供各位读者与有关部门参考和判断。

第一,大数据和人工智能所带来的问题,需要从技术中寻找解决方案。

面对大数据"杀熟"、算法歧视和算法合谋等问题，如果仅靠监管机构与监管人员的努力，既难以识别，也很难从技术角度提出很好的解决方案。所谓"解铃还须系铃人"，如果能够充分使用大数据与人工智能手段，就能更为准确并及时地识别企业在数据收集和算法使用上的不当行为，从而实现有效监管与高效治理。

例如，中国证监会早已于2018年便出台了《中国证监会监管科技总体建设方案》，详细分析了证监会监管信息化现状、存在的问题以及面临的挑战，提出了监管科技建设的意义、原则和目标，明确了监管科技1.0、2.0、3.0等各类信息化建设的工作需求和工作内容。其中，监管科技3.0规划提出，以建设一个运转高效的监管大数据平台为目标，综合运用电子预警、统计分析、数据挖掘等大数据技术，围绕资本市场的主要生产和业务活动进行实时监控和历史分析调查，并辅助监管人员对市场主体进行全景式分析，实时对市场总体情况进行监控监测。这种利用大数据技术的先进监管方案，无疑能够有效提高金融监管的效率。

事实上，一些政府管理中面临的"历史遗留问题"，也可以通过数字化手段予以解决。广东省政府基于一体化数字政府整体能力，致力于解决市场主体在"招商、开办、筹建、经营、退出"全生命周期中面临的各种问题，于2020年8月推出面向全省1200万商事主体的涉企移动政务服务平台"粤商通"。"粤商通"平台依托"数字政府"政务云平台、大数据中心、电子证照库等基础支撑体系，将涉及企业的政务服务和信息服务集成到移动端，并根据企业在线办事实际需要，设置政策发布、政务服务、政企互动、企业中心4个板块，为企业提供"一站式、免证办、营商通"的447项贴身便捷服务。该平台通过接入总计308项市场主体服务事项，将分散在各部门的高频事项集成到移动平台，并第一次将各地市的热点服务事项汇聚到这个平台，全省企业办事只需一次登录，即可享受"一站式"指尖办理多项服务的流畅体验,真正实现了手机随身、政务随行。

第二,鉴于目前绝大多数消费者和中小企业的技术能力还不足以识别企业使用的大数据分析方法与智能算法,政府应要求数据密集型企业提高其数据收集和使用过程中的透明度以及算法的可解释性。

首先,提高数据收集和使用过程中的透明度。虽然大多数平台企业在收集和使用用户数据前都会与用户签署用户协议,但这些协议往往晦涩而冗长,充斥着专业的技术和法律术语,使普通人难以理解。因此,政府应当要求平台企业简明扼要地说明其对于用户隐私数据的处理方法,同时杜绝具有强制性和胁迫性的用户数据使用(如不提供私人无关的隐私信息就不允许使用相关平台服务)。

其次,提高算法的可解释性。依据进行算法解释的过程,算法的可解释性方法可以大致划分为三类:在建模之前的可解释性方法、建立本身具备可解释性的模型,以及在建模之后使用可解释性方法对模型作出解释。从用户维权与政府监管的角度,建立本身具备可解释性的算法模型无疑是最优方案,也是相关部门在制定智能算法的监管政策时应对企业提出的要求。在这一方面,一些数据密集型企业已经作出了一些有益的尝试。以"人工智能至上"为公司战略的谷歌公司,于 2019 年 11 月推出谷歌模型卡(Google Model Cards)这一情景假设分析工具集,其功能是为算法的运作过程提供一份解释文档。使用者可以通过查看该文档,了解算法模型的运作原理与性能局限。简言之,模型卡以人类能够看懂的方式来呈现算法的运作原理,实现了两个维度的可视化:显示算法的基本性能机制,以及算法的关键限制要素。谷歌的这一做法为提高算法的可解释性提供了一个可行方案。

第三,保持良性竞争和鼓励创新,应当是政府治理方案的核心目标。

杨东和臧俊恒(2021)认为,数据集中是平台经济发展的充分必要条件,数据只有在被利用、分析和流动的过程中才能产生价值,这也是数据作为生产要素由市场评价、按贡献分配的逻辑基础。因此,需要鼓励数据集中与开放,在规模经济基础上实现数据的确权、定价与交易,为数据治理赋能。数据集中与保持良性竞争本身并不冲突,数据具有的非竞争性,能够确保数据在被集中后仍能被不同企业用于创造价值。这就凸显了在本章的前一部分我们所探讨过的建设"数据中央银行"的重要性。此外,同保护良性竞争一样,对于创新的鼓励与保护也至关重要。数据垄断是人工智能的天敌,如果没有足够的数据集用于训练,人工智能的发展速度、应用空间和经济效益都将受到严重限制。对于数据密集型企业而言,阻止竞争对手获得相同或相似的数据,就能影响对手的创新速度,从而使自己在竞争中获得优势。这就是越来越多的媒体平台、设备平台和社交网络逐渐从开放转向封闭的重要原因之一。毫不夸张地说,这一趋势对于技术创新和数智经济的发展百害而无一利,需要政府的积极介入与合理应对。

第四,政府在制定其他公共政策时,也应充分考虑数智经济与平台经济的潜在影响。

例如,伴随数智经济的发展而产生的新型就业关系,影响了社会保险体系的可持续性(徐晓新,2020),需要政府作出相应调整。平台经济催生了外包程序员、人工智能训练师和网络主播等新型职业,推动就业模式从"雇主+员工"的稳定就业转向"平台+个人"的灵活就业,而由大量短期灵活工作构成的"零工经济"的兴起,也对现存的社会保险体系带来了新的挑战。根据中国信通院发布的《2021 数字化就业新职业新岗位研究报告》,以数字生态为代表的数字化就业规模快速增长。2020 年,微信生态蕴含的就业机会达到 3684 万个,同比增长 24.4%。其中,微信小程序等数字化工具在疫情中发挥了重要的促销费、稳就业作用,小程序的开发、产品、运营等工作机会超过 780 万个,同比增长 45.6%。2020 年年初上线的微信视频号也在视频拍摄、直播带货等方面产生了 334 万个就业机会。据调研测算,2020 年仅小程序、企业微信、微信支付等服务商就带动了 290 万个新就业机会。以社会保险为例,由于单笔收入相对偏低、收入不确定性较高等因素,许多灵活就业者在参保时选择低缴费基数,且总缴费率较"雇主+员工"共同缴费模式偏低,而这两种模式在未来的基础养老金支出则相同,这就增加了社保基金在未来的支出压力。

根据封进等学者(2018)的实证研究,可选择是否参与社会保险的灵活就业者,其医疗支出明显高于强制参保的正式就业职工,说明这种自愿性的保险减缴对于灵活就业者来说可能是一种短视的选择。此外,灵活就业群体可选择性参与社会保险,在一定程度上打破了社会保险原有的"强制性"和"义务性"原则,社会保险的福利保护与责任贡献机制受到严峻挑战。徐晓新(2020)强调,零工经济的崛起从根本上动摇了工业革命后以稳定雇佣关系为基础,以雇主和员工共同缴费为支撑的社会保险模式,政府尤其是社保部门必须对社会保险体制作出基础性调整以适应新就业关系。此外,在教育体系的改革中,也应该更为强调基础性的大数据分析使用以及算法使用能力的普及,以有效提升全社会的数智能力。

从总体上看,政府在数智经济中发挥的作用,与传统经济中既有相同之处又有区别。相同之处在于,无论在何种经济模式下,政府都需要正确地处理改革、开放和稳定三者之间的关系,以维护健康的经济生态与良好的市场秩序。在数智经济的发展过程中,改革意味着技术变革,开放意味着良性竞争,稳定则可以被理解为有效监管。区别则主要体现在,数智经济中政府所采取的治理模式、监管方式和政策手段均需作出重大创新,不能简单套用传统经济中所采取的模式、方式和手段。

在 2021 年的全国"两会"上,全国政协常委、清华大学中国经济思想与实践研究院院长李稻葵教授提交了《关于成立数字经济发展与监管委员会、促进数字经济长期健康发展的提案》。在这一提案中,李稻葵教授建议在国务院的统一领导下,成立数字经济发展与监管委员会,专门负责推动包括互联网平台在内的数字经济长期健康发展。通过该委员会,充分协调"发展"与"监管"两者之间的关系,提升对包括互联网平台在内的数字经济企业的治理能力,推动参与全球数字经济的规则制定。这是一个既符合数字经济尤其是数智经济当前的发展要求,又具有一定中国特色的有力提案,相信能引起政策制定者的足够重视与认真思考。

小　结

　　在本章中,我们简单介绍了与数智经济中的机制设计和政府治理相关的理论基础与案例实践。归纳下来,当前数智经济的市场机制具有两大特点——许多的交易都不涉及货币(数据换服务),以及政府的介入程度相对不足(绝大多数国家都没有专门设置负责管理和监督大数据与人工智能的政府部门)。交易不涉及货币,增加了监管交易活动以及进行合理的利益分配的难度;政府介入不足,则导致那些在技术、市场地位上具有优势的企业在交易中占据绝对优势。以上这些问题,都需要通过更加合理的机制设计与更加有效的政府治理加以改进。然而,同我们在第二部分中介绍数据经济时强调的一样,这也是一个问题多于答案的领域,需要更为深入的研究才能形成共识性的判断。

参 考 文 献

中文文献

1．阿里研究院:《重构增长力量——2019企业数智化转型发展报告》,研究报告,2019年。

2．阿尔弗雷德·马歇尔:《经济学原理》,商务印书馆1890年版。

3．阿尔文·托夫勒:《第三次浪潮》,中信出版社2018年版。

4．安筱鹏:《通用目的技术(GPT)与两化深度融合》,《中国信息界》2018年第2期。

5．保罗·萨缪尔森、威廉·诺德豪斯:《经济学》,商务印书馆2013年版。

6．彼得·德鲁克:《不连续的时代》,机械工业出版社1969年版。

7．彼得·蒂尔、布莱克·马斯特斯:《从0到1:开启商业与未来的秘密》,中信出版社2015年版。

8．H.W.布兰兹:《黄金时代:小人物在大时代的处境和选择》,北京联合出版公司2016年版。

9．曹建峰:《人工智能迫切需要一个"伦理转向"》,《光明日报》2021年2月1日。

10．曹静、周亚林:《人工智能对经济的影响研究进展》,《经济学动态》2018年第1期。

11．陈永伟:《人工智能与经济学:关于近期文献的一个综述》,《东北财经大学学报》2018年第3期。

12．费方域、闫自信等:《数字经济时代数据性质、产权和竞争》,《财经问题研究》2020年第2期。

13．封进、王贞、宋弘:《中国医疗保险体系中的自选择与医疗费用——基于灵活就业人员参保行为的研究》,《金融研究》2018年第8期。

14．弗里德里希·冯·哈耶克：《货币的非国家化》，海南出版社 2019 年版。

15．格里高利·曼昆：《宏观经济学（第十版）》，中国人民大学出版社 2020 年版。

16．金星晔、伏霖、李涛：《数字经济规模核算的框架、方法与特点》，《经济社会体质比较》2020 年第 8 期。

17．李晓华、王怡帆：《数据价值链与价值创造机制研究》，《经济纵横》2020 年第 11 期。

18．刘金琨、邓守强：《专家系统发展的历史及趋势》，《计算机时代》1995 年第 5 期。

19．罗汉堂：《新普惠经济：数字技术如何推动普惠性增长》，中信出版集团 2020 年版。

20．吕普生：《数字乡村与信息赋能：弥合城乡数字鸿沟的可行能力框架》，《中国高校社会科学》2020 年第 2 期。

21．孟小峰：《破解数据垄断的几种治理模式研究》，《人民论坛》2020 年第 27 期。

22．皮埃罗·斯加鲁菲：《人工智能通识课》，人民邮电出版社 2020 年版。

23．乔治·吉尔德：《后谷歌时代》，现代出版社 2018 年版。

24．桑文锋：《数据驱动：从方法到实践》，电子工业出版社 2018 年版。

25．司晓、曹建峰：《欧盟版权法改革中的大数据与人工智能问题研究》，《西北工业大学学报（社会科学版）》2019 年第 3 期。

26．唐·泰普斯科特：《数据时代的经济学：对网络智能时代机遇和风险的再思考》，机械工业出版社 2016 年版。

27．托马斯·弗里德曼：《世界是平的：21 世纪简史》，湖南科学技术出版社 2015 年版。

28．王永：《数字技术驱动全球生产力升级》，《人民日报》2017 年 11 月 14 日。

29．维克托·迈尔-舍恩伯格、肯尼斯·库克耶：《大数据时代》，浙江人民出版社 2012 年版。

30．维克托·迈尔-舍恩伯格、托马斯·拉姆什：《数据资本时代》，中信出版社 2018 年版。

31．威廉·配第：《赋税论》，华夏出版社 1899 年版。

32．吴冠军：《"人工愚蠢"的时代？》，《光明日报》2019 年 4 月 11 日。

33．肖峰：《人工智能与认识论的哲学互释：从认知分型到演进逻辑》，《中国社会科学》2020 年第 6 期。

34．谢康、夏正豪、肖静华：《大数据成为现实生产要素的企业实现机制：产品创新视角》，《中国工业经济》2020 年第 5 期。

35．谢志刚：《从比特币看经济理论中的计算问题——基于计算主义的思考》，《经济学动态》2020 年第 12 期。

36．徐清源、单志广、马潮江：《国内外数字经济测度指标体系研究综述》，《调研世界》2018 年第 11 期。

37．许宪春:《新经济的作用及其给政府统计工作带来的挑战》,《经济纵横》2016 年第 9 期。

38．徐翔、赵墨非:《数据资本与经济增长路径》,《经济研究》2020 年第 12 期。

39．徐晓新:《数字经济发展促社会政策转型》,《中国社会科学报》2020 年 2 月 25 日。

40．吴军:《智能时代》,中信出版社 2020 年版。

41．杨东、臧俊恒:《数字平台的反垄断规制》,《武汉大学学报(哲学社会科学版)》2021 年第 2 期。

42．曾刚、何炜等:《中国普惠金融创新报告(2020)》,社会科学文献出版社 2020 年版。

43．招商证券:《昔日汽车第一帝国:通用汽车(GM)的百年繁荣与衰落》,研究报告,2019 年。

44．中国电子学会:《新一代人工智能发展白皮书(2017 年)》,研究报告,2018 年。

45．中国人民大学竞争法研究所:《互联网平台新型垄断行为的法律规制研究》,研究报告,2019 年。

46．中国银保监会、中国人民银行:《2019 年中国普惠金融发展报告》。

英文文献

1．Abbasi, A., Li, J., Clifford, G. and Taylor, H., "Make 'Fairness by Design' Part of Machine Learning", *Harvard Business Review*, 2018.

2．Abis, S. and Veldkamp, L., "The Changing Economics of Knowledge Production", *Available At Ssrn* 3570130, 2020.

3．Acemoglu, D. and Restrepo, P., "Artificial Intelligence, Automation and Work" (No. w24196), *National Bureau of Economic Research*, 2018.

4．Acquisti, A., Taylor, C. and Wagman, L., "The Economics of Privacy", *Journal of Economic Literature*, Vol.54, No.2, 2016.

5．Adams, R., Kewell, B. and Parry, G., "Blockchain for Good? Digital Ledger Technology and Sustainable Development Goals", in *Handbook of Sustainability and Social Science Research*, Springer, Cham, 2018.

6．Aghion, P., Jones, B.F. and Jones, C.I., "Artificial Intelligence and Economic Growth" (No.w23928), *National Bureau of Economic Research*, 2017.

7．Agrawal, A., Gans, J. and Goldfarb, A., "What to Expect From Artificial Intelligence", *Mit Sloan Management Review*, 2017.

8．Agrawal, A., Gans, J.S. and Goldfarb, A., "Artificial Intelligence: The Ambiguous Labor

Market Impact of Automating Prediction", *Journal of Economic Perspectives*, Vol. 33, No. 2, 2019a.

9. Agrawal, A., Gans, J. and Goldfarb, A., *The Economics of Artificial Intelligence: An Agenda*, University of Chicago Press, 2019b.

10. Ahmed, N. and Wahed, M., "The De-Democratization of AI: Deep Learning and The Compute Divide in Artificial Intelligence Research", *Arxiv Preprint Arxiv*: 2010. 15581, 2020.

11. Allen, R. C., "Engels' Pause: Technical Change, Capital Accumulation, and Inequality in the British Industrial Revolution", *Explorations in Economic History*, Vol.46, No. 4, 2009

12. Arntz, M., Gregory, T. and Zierahn, U., "The Risk of Automation for Jobs in Oecd Countries: A Comparative Analysis", 2016.

13. Athey, S., Catalini, C. and Tucker, C., "The Digital Privacy Paradox: Small Money, Small Costs, Small Talk" (No.w23488), *National Bureau of Economic Research*, 2017.

14. Athey, S. and Luca, M., "Economists (and Economics) in Tech Companies", *Journal of Economic Perspectives*, Vol.33, No.1, 2019.

15. Autor, D.H., Levy, F. and Murnane, R.J., "The Skill Content of Recent Technological Change: An Empirical Exploration", *The Quarterly Journal of Economics*, Vol.118, No.4, 2003.

16. Barefoot, K., Curtis, D., Jolliff, W., Nicholson, J. R., Omohundro, R., *Defining and Measuring the Digital Economy*, Us Department of Commerce Bureau of Economic Analysis, Washington, 2018.

17. Baumol, W.J., "Macroeconomics of Unbalanced Growth: The Anatomy of Urban Crisis", *The American Economic Review*, Vol.57, No.3, 1967.

18. Begenau, J., Farboodi, M. and Veldkamp, L., "Big Data in Finance and The Growth of Large Firms", *Journal of Monetary Economics*, 2018.

19. Belo, F., Gala, V., Salomao, J. and Vitorino, M.A., "Decomposing Firm Value" (No. w26112), *National Bureau of Economic Research*, 2019.

20. Benzell, S.G., Kotlikoff, L.J., Lagarda, G. and Sachs, J.D., "Robots Are Us: Some Economics Of Human Replacement" (No.w20941), *National Bureau of Economic Research*, 2015.

21. Bergemann, D. and Bonatti, A., "The Economics of Social Data: An Introduction", 2019.

22. Bresnahan, T. F. and Trajtenberg, M., "General Purpose Technologies 'Engines of Growth'?", *Journal of Econometrics*, Vol.65, No.1, 1995.

23. Brynjolfsson, E., Collis, A., Diewert, W.E., Eggers, F., Fox, K.J., "Gdp-B: Accounting For The Value of New and Free Goods in the Digital Economy" (No. w25695), *National Bureau of Economic Research*, 2019.

24 . Brynjolfsson, E. , Hitt, L. M. and Kim, H. H. , "Strength in Numbers: How Does Data-Driven Decision Making Affect Firm Performance?", Available at Ssrn 1819486.

25 . Brynjolfsson, E. and Mcafee, A. , "The Business of Artificial Intelligence", *Harvard Business Review*, 2017.

26 . Brynjolfsson, E. and Mcelheran, K. , "Data in Action: Data-Driven Decision Making in Us Manufacturing", Us Census Bureau Center for Economic Studies Paper No. Ces – Wp – 16–06, Rotman School of Management Working Paper, 2016.

27 . Brynjolfsson, E. and Mcelheran, K. , "The Rapid Adoption of Data-Driven Decision-Making", *American Economic Review*, Vol. 106, No. 5, 2016.

28 . Brynjolfsson, E. and Mitchell, T. , "What Can Machine Learning Do? Workforce Implications", *Science*, Vol. 358, No. 6370, 2017.

29 . Brynjolfsson, E. , Rock, D. and Syverson, C. , "Artificial Intelligence and the Modern Productivity Paradox: A Clash of Expectations and Statistics", in *The Economics of Artificial Intelligence: An Agenda*, University of Chicago Press, 2018.

30 . Bughin, J. , "Ten Big Lessons Learned From Big Data Analytics", *Applied Marketing Analytics*, Vol. 2, Vol. 4, 2017.

31 . Calvano, E. , Calzolari, G. , Denicolo, V. and Pastorello, S. , "Artificial Intelligence, Algorithmic Pricing, and Collusion", *American Economic Review*, Vol. 110, No. 10, 2020.

32 . Chetty, R. , Grusky, D. , Hell, M. , Hendren, N. , Manduca, R. and Narang, J. , "The Fading American Dream: Trends in Absolute Income Mobility Since 1940", *Science*, Vol. 356, No. 6336, 2017.

33 . Cisse, M. , Adi, Y. , Neverova, N. and Keshet, J. , "Houdini: Fooling Deep Structured Visual and Speech Recognition Models with Adversarial Examples", in Proceedings of the 31st International Conference on Neural Information Processing Systems, 2017.

34 . Clark, J. and Hadfield, G. K. , "Regulatory Markets for AI Safety", Arxiv Preprint Arxiv: 2001. 00078, 2019.

35 . Conway, D. and White, J. , "Machine Learning for Hackers", O'Reilly Media, Inc, 2012.

36 . David, B. , "Computer Technology and Probable Job Destructions in Japan: An Evaluation", *Journal of the Japanese and International Economies*, No. 43, 2017.

37 . Dixon, J. , Hong, B. and Wu, L. , "The Robot Revolution: Managerial and Employment Consequences For Firms", *Nyu Stern School of Business*, 2020.

38 . Dressel, J. and Farid, H. , "The Accuracy, Fairness, and Limits of Predicting Recidivism", *Science Advances*, Vol. 4, No. 1, 2018.

39 . Farboodi, M. , Matray, A. , Veldkamp, L. and Venkateswaran, V. , "Where Has All the

Data Gone?" (No.w26927) , *National Bureau of Economic Research* ,2019.

40 . Farboodi , M. , Mihet , R. , Philippon , T.and Veldkamp , L. , "Big Data and Firm Dynamics" , in Aea Papers and Proceedings , Vol.109 ,2019.

41 . Farboodi , M. and Veldkamp , L. , " Financial Technology , Unpredictability and Illiquidity in the Long Run" , Working Paper ,2017.

42 . Farboodi , M.and Veldkamp , L. , " A Growth Model of the Data Economy" , Working Paper , Mit ,2019.

43 . Farboodi , M.and Veldkamp , L. , "Long Run Growth of Financial Data Technology" , *Centre for Economic Policy Research* ,2020.

44 . Faroukhi , A.Z. , El Alaoui , I. , Gahi , Y. and Amine , A. , "December. Big Data Value Chain : A Unified Approach for Integrated Data Quality and Security" , in 2020 Ieee 2nd International Conference on Electronics , Control , Optimization and Computer Science (Icecocs) , Ieee ,2020.

45 . Fjelland , R. , "Why General Artificial Intelligence Will Not Be Realized" , *Humanities and Social Sciences Communications* , Vol.7 , No.1 ,2020.

46 . Fountaine , T. , Mccarthy , B.and Saleh , T. , "Building the Ai-Powered Organization" , *Harvard Business Review* , Vol.97 , No.4 ,2019.

47 . Frey , C.B.and Osborne , M.A. , "The Future of Emplayment" , Working Paper ,2013.

48 . Frey , C.B. , *The Technology Trap : Capital , Labor , and Power in the Age of Automation* , Princeton University Press ,2020.

49 . Friedman , M. , *Capital and Freedom* , The University of Chicago Press ,1962.

50 . Goldfarb , A. and Tucker , C. , " Digital Economics" , *Journal of Economic Literature* , Vol.57 , No.1 ,2019.

51 . Haltiwanger , J.and Jarmin , R.S. , *Measuring the Digital Economy* , Understanding the Digital Economy : Data , Tools and Research ,2000.

52 . Hanson , R. , "Economic Growth Given Machine Intelligence" , Technical Report , University of California , Berkeley ,2001.

53 . Hopfield , J.J. , " Neural Networks and Physical Systems with Emergent Collective Computational Abilities" , *Proceedings of the National Academy of Sciences* , Vol.79 , No.8 ,1982.

54 . Ichihashi , S. , "Non-Competing Data Intermediaries" , Bank of Canada ,2020.

55 . Jackson , M.O. and Kanik , Z. , " How Automation That Substitutes for Labor Affects Production Networks , Growth , and Income Inequality" , *Growth , and Income Inequality* ,2019.

56 . Jones , C.I.and Tonetti , C. , "Nonrivalry and the Economics of Data" , *American Economic Review* , Vol.110 , No.9 ,2020.

57 . Jorgenson , D.W. , "Information Technology and the Us Economy" , *American Economic*

Review, Vol.91, No.1, 2001.

58. Kim, B., Wattenberg, M., Gilmer, J., Cai, C., Wexler, J. and Viegas, F., "Interpretability Beyond Feature Attribution: Quantitative Testing With Concept Activation Vector", in International Conference on Machine Learning, Pmlr, 2018.

59. Kubina, M., Varmus, M., Kubinova, I., "Use of Big Data For Competitive Advantage of Company", *Procedia Economics and Finance*, 2015.

60. Lasica, J.D., "The World Wide Web Never Forgets", *American Journalism Review*, Vol.20, No.5, 1998.

61. Lee, Y.S., Larsen, B.C., Webb, M. and Cuéllar, M.F., *AI Regulation and Firm Behaviour*, 2019.

62. Lipsey, R. G., Carlaw, K. I. and Bekar, C. T., *Economic Transformations: General Purpose Technologies and Long-Term Economic Growth*", OUP Oxford, 2005.

63. Liu, Z., Sockin, M. and Xiong, W., "Data Privacy and Temptation", Working Paper, 2020.

64. Mcafee, A., Brynjolfsson, E., Davenport, T.H., Patil, D.J. and Barton, D., "Big Data: The Management Revolution", *Harvard Business Review*, Vol.90, No.10, 2012.

65. Mesenbourg, T.L., "Measuring the Digital Economy", Us Bureau of the Census, No. 1, 2001.

66. Miller, H.G. and Mork, P., "From Data to Decisions: A Value Chain for Big Data", *It Professional*, Vol.15, No.1, 2013.

67. Mit Technology Review Insights, "The Rise of Data Capital", *Mit Technology Review*, 2016.

68. Müller, O., Fay, M. and Vom Brocke, J., "The Effect of Big Data and Analytics on Firm Performance: An Econometric Analysis Considering Industry Characteristics", *Journal of Management Information Systems*, Vol.35, No.2, 2018.

69. Oravec, J.A., "Artificial Intelligence, Automation, and Social Welfare: Some Ethical and Historical Perspectives on Technological Overstatement and Hyperbole", *Ethics and Social Welfare*, Vol.13, No.1, 2019.

70. Provost, F. and Fawcett, T., "Data Science and Its Relationship to Big Data and Data-Driven Decision Making", *Big Data*, Vol.1, No.1, 2013.

71. Rock, D., "Engineering Value: The Returns to Technological Talent and Investments in Artificial Intelligence", Available at Ssrn 3427412, 2019.

72. Romer, P.M., "Increasing Returns and Long-Run Growth", *Journal of Political Economy*, Vol.94, No.5, 1986.

73. Rosenblueth A, Wiener N, Bigelow J. Behavior, *Purpose and Teleology*, *Philosophy of*

Science, Vol.10, No.1, 1943.

74 . Sadowski, J., "When Data is Capital: Datafication, Accumulation, and Extraction", *Big Data & Society*, Vol.6, No.1, 2019.

75 . Schaefer, M. and Sapi, G., "Learning from Data and Network Effects: The Example of Internet Search", Working Paper, 2020.

76 . Schwalbe, U., "Algorithms, Machine Learning, and Collusion", *Journal of Competition Law & Economics*, Vol.14, No.4, 2018.

77 . Shiller, B.R., "First Degree Price Discrimination Using Big Data", *Brandeis Univ.*, *Department of Economics*, 2013.

78 . Silver, D., Schrittwieser, J., Simonyan, K., Antonoglou, I., Huang, A., Guez, A., Hubert, T., Baker, L., Lai, M., Bolton, A. and Chen, Y., "Mastering the Game of Go Without Human Knowledge", *Nature*, Vol.550, No.7676, 2017.

79 . Simon, H.A., "Why Should Machines Learn?", in Machine Learning, Morgan Kaufmann, 1983.

80 . Statistics Canada, "Measuring Investment in Data, Databases and Data Science: Conceptual Framework", Working Paper, 2018a.

81 . "Statistics Canada, The Value of Data In Canada: Experimental Estimates", Working Paper, 2018b.

82 . Švarc, J. and Dabić, M., "Evolution of the Knowledge Economy: A Historical Perspective with an Application to the Case of Europe", *Journal of the Knowledge Economy*, Vol.8, No.1, 2017.

83 . Turing, A.M., *Computing Machinery and Intelligence*, Springer, Dordrecht, 1850.

84 . Veldkamp, L. and Chung, C., "Data and the Aggregate Economy", *Preparation For the Journal of Economic Literature*, 2019.

85 . Veldkamp, L. and Chung, C., "Data and the Aggregate Economy", in Annual Meeting Plenary(No.2019-1), Society for Economic Dynamics, 2019.

86 . Vives, X., "Digital Disruption in Banking", *Annual Review of Financial Economics*, Vol.11, 2019.

87 . Weitzman, M.L., "Recombinant Growth", *The Quarterly Journal of Economics*, Vol.113, No.2, 1998.

88 . Zeira, J., "Workers, Machines, and Economic Growth", *The Quarterly Journal of Economics*, Vol.113, No.4, 1998.

后　记

　　在数字经济时代,唯一不变的就是变化。这并非什么故作高深之语,而是持续的技术更新、组织革新和经济创新所共同造就的现实动态。

　　对于个人来说,想要更好地融入数智经济,就需要不断提升自己的大数据能力与算法编辑能力,以应对工作内容的不断变化与人工智能的持续冲击;对于企业来说,关键在于提高自身的数据资本规模,找到引入人工智能的正确方式,逐渐将自身转化为数据密集型企业,或者进行深入的数智化转型;对于政府来说,需要充分意识到参与市场机制设计和制定技术政策的重要性,通过市场机制设计和政策措施,在数智经济的健康发展和有效监管中找到一个平衡点。

　　诚然,无论是个人、企业还是政府,想要充分适应数字经济时代都并不容易,也没有太多先例可以遵循。但是,只要明确了改变的方向,个人、企业和政府就都拥有在这一时代取得过去难以想象的巨大成功的可能性。

　　2021年3月,世界银行发布了题为《让数据创造更好生活》的世界发展报告。该报告提出,数据的空前增长和无所不在,显示着数据革命正在改变世界,而数据也日益成为一个争议焦点。有些人认为,数据所创造的价值可能以牺牲人权为代价，而即使如此，仍然无法从大数据技术的发展中受益；另一些人则认为，如果通过必要的保障措施增强各方对数据系统的信心，同时建立一个为所有人提供平等机会的公平竞争环境，那么就可以利用数据来推动经济和社会进步。上述哪种观点会占上风，取决于各国能否在加强国际合作的同时努力改善国内数据治理。归根结底，这取决于能否建立以价值、信任和公平原则为基础的数据社会契约。

我写作这本书的主要目的，就是希望能够帮助大家更好地理解数据经济与人工智能经济的基本经济学规律，进而建立对于我们所处的数字经济时代的信心。

本书是国家社科基金重大项目（21ZDA032）、重点项目（18AZD007）、高等学校学科创新引智计划（B20094）、北京高等学校卓越青年科学家计划（BJJWZYJH01201910034034）等课题的研究成果，也是中央高校基本科研业务费专项资金、中央财经大学 2020 年度"青年英才"和科研创新团队培养支持计划与清华大学中国经济思想与实践研究院资助的成果。感谢上述项目组织者与研究机构对本书的大力支持。

我要向我的导师——清华大学中国经济思想与实践研究院院长李稻葵教授表示深深的谢意，感谢他一直以来对我学习、生活的引领和帮助。本书中的许多研究方法和学术观点均来源于李稻葵教授对我的指导，也希望以此书答谢李老师十年师恩。

感谢中央财经大学经济学院以及中国互联网经济研究院对本书的支持。我要特别感谢孙宝文教授、李涛教授、陈斌开教授、郭冬梅教授、赵丽芬教授、蒋选教授、史宇鹏教授、严成樑教授、张舰教授、兰日旭教授、赵文哲教授、伏霖副教授、刘航副研究员、金星晔副教授、田子方副教授、胡思佳博士及何毅老师对我所做研究的支持与指点，感谢他们提供的热心帮助和精辟建议。感谢我的长期合作者赵墨非副教授对于本书微观理论部分提出的见解与建议。此外，我还要感谢协助我完成此项研究的陈兰荣、田晓轩、李帅臻和温建寅等同学，他们杰出的研究助理工作提升了本书的学术价值。其他经济学院和中国互联网经济研究院的前辈、同僚和同学们也不吝时间地对我的工作给予了莫大帮助，这里不能一一列出，再次向他们致谢。

同时，感谢清华大学中国经济思想与实践研究院（ACCEPT）对本书的支持。我要感谢厉克奥博副院长、王红领研究员、袁钢明研究员、杨学军研究员、冯明研究员、吴舒钰研究员、龙少波研究员、李菁老师、高圣老师、陈小帅老师，以及其他各位老师对本人学习、工作上的支持。感谢研究院一直以来的栽培，使我已过而立之年却仍保持着初读博士时的热忱与激情。

我还要特别感谢为我提供许多帮助的人民出版社编辑和领导，他们的专业与智慧提升了本书的质量与可读性，帮助这本书能够顺利问世。

我要感谢我的家人。感谢父母虽远在家乡，仍然理解、支持我的研究工作。感谢我的爱妻微微在我写作、修改本书时给予的无限支持，尤其是她对于本书内容上的建议与写作上的帮助，没有她就没有这本书的出版。

最后，我要感谢读到这里的每一位读者。你们的支持是我继续努力研究、深入思考与认真写作的动力。对于本书可能存在的不足之处，真诚欢迎各位读者批评、指正。

徐　翔

2021 年夏

责任编辑:李甜甜
封面设计:刘　哲
版式设计:胡欣欣
责任校对:周晓东

图书在版编目(CIP)数据

数字经济时代:大数据与人工智能驱动新经济发展/徐翔 著. —北京:
　人民出版社,2021.8(2022.6重印)
ISBN 978－7－01－023495－3

Ⅰ.①数…　Ⅱ.①徐…　Ⅲ.①信息经济-研究　Ⅳ.①F49

中国版本图书馆 CIP 数据核字(2021)第 116978 号

数字经济时代:大数据与人工智能驱动新经济发展
SHUZI JINGJI SHIDAI DASHUJU YU RENGONG ZHINENG QUDONG XIN JINGJI FAZHAN

徐　翔　著

人民出版社 出版发行
(100706　北京市东城区隆福寺街 99 号)

北京汇林印务有限公司印刷　新华书店经销

2021 年 8 月第 1 版　2022 年 6 月北京第 7 次印刷
开本:710 毫米×1000 毫米 1/16　印张:22.25
字数:273 千字

ISBN 978－7－01－023495－3　定价:68.00 元

邮购地址 100706　北京市东城区隆福寺街 99 号
人民东方图书销售中心　电话 (010)65250042　65289539